Marcinkowski

Was glückliche Menschen anders machen

Was glückliche Menschen anders machen

Dein Begleiter auf dem Weg zum Glück

Nathalie Marcinkowski

TRIAS

Bibliografische Information der Deutschen Nationalbibliothek

Die Deutsche Nationalbibliothek verzeichnet diese Publikation in der Deutschen Nationalbibliografie; detaillierte bibliografische Daten sind im Internet über http://dnb.d-nb.de abrufbar.

1. Auflage 2019

Rüdigerstr. 14
70469 Stuttgart
Deutschland

www.trias-verlag.de

Printed in Germany

Programmplanung: Celestina Filbrandt
Projektmanagement: Kathrin Hage
Redaktion: Bettina Snowdon
Umschlaggestaltung: CYCLUS Visuelle Kommunikation, Stuttgart
Satz: Ziegler und Müller, Kirchentellinsfurt
gesetzt in APP/3B2, V.9
Druck: Westermann Druck GmbH, Zwickau

ISBN 978-3-432-10875-9   1 2 3 4 5 6

Auch erhältlich als E-Book:
eISBN (epub) 978-3-432-10876-6

FSC www.fsc.org MIX Papier aus verantwortungsvollen Quellen FSC® C110508

Liebe Leserin, lieber Leser,
hat Ihnen dieses Buch weitergeholfen?
Für Anregungen, Kritik, aber auch für Lob sind wir offen. So können wir in Zukunft noch besser auf Ihre Wünsche eingehen. Schreiben Sie uns, denn Ihre Meinung zählt!   Ihr TRIAS Verlag

Kontakt: kundenservice.thieme.de

Lektorat TRIAS Verlag, Postfach 30 05 04,
70445 Stuttgart
Fax: 0711-8931-748

Lassen Sie sich inspirieren!
www.printerest.com/triasverlag

Besuchen Sie uns auf facebook!
www.facebook.com/trias.tut.mir.gut

Für das lebendige Leben auf dieser Erde.

Die Autorin

Nathalie Marcinkowski ist Psychologin und hat sich auf angewandte positive Psychologie spezialisiert. Aus diesem Studium, zusammen mit einer tiefer werdenden Meditationspraxis, erwuchs die folgende Erkenntnis: »Echtes Glück bedeutet, mehr Glück in diese Welt zu bringen.« Ihrer Begeisterung ist sie gefolgt und hat einen Happiness-Kurs entwickelt, der Stresshormone, negative Gefühle und Stress senkt und die Zufriedenheit steigert. Nun ist sie als Coach und Dozentin tätig, stärkt in Workshops und Kursen die Ressourcen, Selbstfürsorge und Achtsamkeit von Lehrerinnen und Lehrern und bildet Happiness-Trainerinnen und -Trainer aus. Vor ein paar Jahren hat sie passend dazu den Blog »Happyroots« zum Leben erweckt, durch den sie ihre beiden Herzensthemen Glück und bewussten Lebensstil miteinander verbinden kann. Sie möchte damit deine Selbstliebe stärken, dir helfen, deine Potenziale und deinen Herzensmut zu entfalten, um aufzublühen und dein Glück zu finden. Auch als Coach und Mentorin begleitet sie Menschen in ein erfülltes Leben. Mehr erfahrt ihr unter:
https://happyroots.de/

Inhalt

Deine Reise beginnt

Wie schön, dass du dieses Buch in Händen hältst. Denn es bedeutet, dass dir dein Wohlbefinden, dein Glück, dein erfülltes Leben wichtig sind – und du dir mehr davon wünschst: mehr Tiefe, mehr Leichtigkeit, mehr Kraft und Vertrauen in Herausforderungen. Es bedeutet vor allem auch, dass du zumindest ein klein wenig daran glaubst, dass all dies möglich ist. Und es bedeutet, dass du dir erlaubst, diesem Wunsch nachzugehen. Das ist der erste und allerwichtigste Schritt.

Dieses Buch ist eine Einladung an das sprudelnde Glück, das in dir schlummert, an dein erfülltes Leben, das auf dich wartet, und es ist eine Einladung an dich, auf glückliche Weise immer mehr du selbst zu werden – und dadurch Glück in die Welt zu bringen.

Gehe einmal kurz ein paar alltägliche Handlungen durch. Wofür hast du dieses Buch beispielsweise in die Hand genommen? Was treibt dich dazu, während eines langweiligen Vortrags auf dein Handy zu sehen? Warum triffst du deine Lieblingsmenschen? Warum weichst du unangenehmen Situationen aus? Du möchtest glücklich sein!

Glücklich zu sein ist der Wunsch, der alle anderen Wünsche begleitet. Er ist der grundlegendste Wunsch. Dieser Wunsch (und der, Unglück zu vermeiden) ist in unserer Biologie eingeprägt und durchzieht jede unserer Handlungen. Das wäre nicht so, wenn wir nicht glücklich sein dürften. Es wäre auch nicht so, wenn Glück unerreichbar wäre.

Und tatsächlich darfst du darauf vertrauen, dass du alles bereits in dir hast, um ein tiefgreifend erfülltes Leben zu führen. Ich heiße dich herzlich willkommen auf der Reise in dein inneres Glück, in dein erfülltes Leben.

Ein Buch als dein Reisebegleiter

Dieses Buch versteht sich als Reisebegleiter. Als Psychologin werde ich etwa 190 wissenschaftliche Studien als Wegmarker und Trittsteine nutzen. So viele wunderbare, ermutigende und revolutionäre Erkenntnisse sind in den letzten Jahrzehnten entstanden – und die kann ich dir einfach nicht vorenthalten.

Gleichzeitig ist dieses Buch darauf ausgerichtet, dich diese Erkenntnisse selbst direkt erleben zu lassen – und sie zu nutzen, um dein eigenes Leben zu verwandeln. Dazu laden dich viele spielerische Experimente, angeleitete Erfahrungen und tiefgehende Reflexionen ein. Mehr als zehn dieser Glückserfahrungen unterstützen dich auch als Audioanleitung. Du findest sie unter www.happyroots.de/buch/glueckserfahrung

Glück ist eine Reise und ein Wachstumsprozess

Es ist sehr hilfreich, eine Art Landkarte davon zu haben, wie »sehr glückliche Menschen« leben (ja, dass es überhaupt möglich ist, aufzublühen!). Auch das Wissen darüber, was wirklich zählt für das erfüllte Leben, ist sehr hilfreich. Manchmal ist beides sogar notwendig, um Orientierung und den eigenen Mut wiederzufinden. Und doch wird Glück nicht über Karten und nicht über Wissen, sondern nur über dein tatsächliches Gehen, dein tatsächliches Wachsen in dein eigenes Leben fließen.

Langfristiges Glück und ein erfülltes Leben zeichnen sich durch bestimmte Merkmale oder Prinzipien aus, die grundlegend sind, damit beides entstehen kann. Zugleich ist das erfüllte Leben ebenso facettenreich wie es unterschiedliche Menschen gibt. Weil es das Leben ist, in dem *du* ganz authentisch glücklich bist.

In diesem Sinne ist dieses Buch ein Reisebegleiter zu deinen eigenen Antworten. Zu deinem eigenen Weg. Zu deinem ganz einzigartigen, erfüllten Leben. Glück als Wachstumsprozess wird uns durch die drei Hauptteile – die Wachstumsschritte – hindurch begleiten. So wie ein Baum, der durch das Vertiefen seiner Wurzeln, sein beständiges

Wachsen, sein Blühen und seine Früchte immer mehr er selbst wird, so werden auch wir immer mehr wir selbst, wenn wir unserem Inneren Glück folgen. Das ist es, was sehr glückliche Menschen ausmacht: Sie sind sie selbst[1] (und das macht nochmal verdammt glücklich).

Die drei Wachstumsschritte

Wurzeln schlagen: Dein Glück ist wichtig. Es ist deine Basis, deine Wurzel, aus denen du Kraft und sicheren Halt ziehst. Wir beginnen damit, die Verbindung zum Glück wiederzuentdecken, uns hilfreiche Bedingungen zu schenken und unser Vertrauen und unsere Widerstandskraft in Herausforderungen zu stärken.

Wachsen: Dein Glück möchte wachsen. Und es ist dein Kompass bei der Entfaltung deines ganz individuellen Potenzials. Wir entdecken deinen Schatz an Lieblingsmenschen, Stärken, Fähigkeiten und Leitsternen, nähren deine bedingungslose Selbstliebe, räumen mit falschen Annahmen über dich und dein Glück auf und verknüpfen die Fäden zu deinem einzigartigen Weg, zu deiner Bestimmung.

Blühen: Dein Glück möchte blühen. Und es ermöglicht dir, deiner Mitwelt genau das zu geben, was sie wirklich braucht: dich! Wir erfrischen deinen Mut, deinen Weg zu gehen und du selbst zu sein, entdecken und stärken deinen wertvollen, einzigartigen Einfluss auf die Welt, tauchen ein in unser Vernetzt-Sein und … gehen den Weg.

Selbstverständlich bist du herzlich eingeladen, in die Kapitel zu springen, die dich gerade am lautesten rufen. Doch wie bei der Entfaltung einer Pflanze im Laufe ihres Wachstums folgt auch dieses Buch einem Entfaltungsprozess, bei dem die Kapitel aufeinander aufbauen.

Besondere »Glücksbringer«

Besondere Glücksbringer in diesem Buch sind die »Win-Win-Win-Entscheidungen«, zu denen du am Ende vieler Kapitel eingeladen bist. Damit erlangst du einen dreifachen Gewinn: Zunächst sorgst du damit gut für dich selbst – das ist das erste »Win«. Mit dem zweiten »Win«

tust du gleichzeitig etwas Gutes für andere. Und da Glücklich-Machen glücklich macht,[2] verdoppelt sich dein Glück sogar. Das geheimnisvolle dritte »Win« ist das für diese Erde. Damit vervielfältigt sich dein Glück weiter. Denn erhältst du diese Erde, erhältst du deine Grundlage fürs Glücklich-Sein – und die aller anderen Menschen auch.

Jede Win-Win-Win-Entscheidung, aber auch jedes Experiment, jede angeleitete Erfahrung und jede Reflexion sind Einladungen. Sie können dich auf deinem Weg, in deinem Wachstum unterstützen und dein inneres Glück lebendiger, kraftvoller oder zugänglicher machen. Doch du entscheidest Seite für Seite dieses Buches und Schritt für Schritt, was du umsetzen willst und darfst für dich passend abwandeln.

Glück als Reise und als Wachstum wird uns in unterschiedlichen Geschichten, Bildern und Vergleichen begegnen. Neben dem Wissenszugang und dem eigenen Erfahrungszugang sind sie kraftvolle Brücken zwischen dir und deinem erfüllten Leben.

Und damit beginnt deine Reise.

Dein kleiner Reiserucksack

Was dich auf dieser Reise sehr unterstützen wird, sind die folgenden Dinge (geordnet nach Wichtigkeit):

- Entdeckerfreude und Abenteuerlust.
- Offenheit dafür, dass das, was du entdecken wirst, dein (Er-)Leben von Grund auf verändern kann.
- Wenn du es wirklich ernst meinst: Ein großzügiges Notizheft oder Notizbuch in DIN A5 oder DIN A4 sowie dein Lieblingsstift.

Dieses Buch ist eine Einladung an das sprudelnde Glück, das in dir schlummert, an dein erfülltes Leben, das auf dich wartet und an dich: Eine Einladung an dich, auf glückliche Weise immer mehr du selbst zu werden.

Nimmst du die Einladung an?

Deine Nathalie

Wurzeln schlagen

Sehr glückliche
Menschen
schlagen Wurzeln
im Glück

Dein Glück möchte Wurzeln schlagen

Dein Glück ist wichtig. Sehr, sehr wichtig. Es ist die Basis, aus der du sicheren Halt und Kraft ziehst. Ein Baum ist nur so stabil und kann nur so weit wachsen, wie auch seine Wurzeln in die Tiefe reichen.

Wenn du auf deine Fähigkeit, dich gut um dich zu kümmern und kleine Funken von Glück immer in dir zu finden, vertrauen kannst, dann verlieren auch Stürme, Dürren oder graue Tage ihre Bedrohlichkeit – und damit einen Großteil ihrer Macht über dich und dein Glück.

Gleichzeitig ist dieses Grundvertrauen auch die Basis dafür, wachsen zu können. Sicherlich kennst du Phasen aus deinem Leben, in denen deine Basis erschüttert wurde oder du mit Herausforderungen zu tun hattest. Jede dieser Phasen ist unglaublich wertvoll, denn wir gehen mit gestärkten Wurzeln aus ihr hervor. Bedenke: So schlimm diese Phase auch war, sie liegt hinter dir und jetzt gerade begibst du dich auf die aktive Reise zum Glück. Du gehst weiterhin Schritt für Schritt den Weg der Gestaltung deines erfüllten Lebens.

Während dieser Phasen jedoch hast du vermutlich all deine Kapazitäten darauf verwendet, der Herausforderung zu begegnen und weniger darauf, dich weiter zu entfalten. Wenn unsere Wurzeln gestärkt und stabil sind, können wir diesem Fundament auch bei Herausforderungen vertrauen und von hier aus weiterwachsen.

In diesem ersten Wachstumsschritt geht es also darum, deine Basis zu finden, zu stärken und dich in dir und deinem inneren Glück zu verankern. Dafür begeben wir uns auf die Spur des inneren Glücks und der Wege, die dich immer wieder zu ihm (zurück-)führen. Wir entdecken, wie du tatsächlich bei dir selbst und dem, was jetzt gerade wichtig ist, ankommst, dort Wurzeln schlägst und gut für dich sorgst. Und wir erproben, wie du Herausforderungen hilfreich begegnest und dafür nutzt, dich zu stärken, anstatt dich geschwächt zu fühlen.

Glück ohne Funkloch

Du sitzt am Strand – genauer: Am schönsten Strand, an dem du jemals warst. Das Wasser glitzert türkisblau, der warme Sand schmeichelt deinen Füßen und hier und da lugen bunte Muscheln hervor. Die angenehm frische Brise lässt die Baumkronen rauschen und weht den verheißungsvollen Duft von frischen Früchten von der Strandbar herüber. Neben dir sitzt dein Lieblingsmensch, in der einen Hand hältst du dein Lieblingserfrischungsgetränk.

Mit der anderen Hand bedienst du dein Smartphone. Dein Chef hat eine Frage zu deiner Kalkulation im Projekt »X Profit«. Nachdem du diese Frage endlich beantwortet hast (und in dir bereits eine Mischung aus Druck, Genervtheit und Widerwillen brodelt), wendest du dich rasch der Planung für den morgigen Tag zu. Es muss festgelegt werden, wohin es geht und wann ihr dafür losmüsst. In der Infobroschüre deiner Unterkunft erhältst du auch direkt die Preise und den Abfahrtsort. Na toll – für die Lieblingstour kommt ein ordentlicher Batzen Geld drauf. Aber du bist ja im Urlaub … Du liest weiter und entdeckst, dass ihr dafür um sieben Uhr morgens an einem Busbahnhof sein müsst, der fünf Kilometer entfernt ist. Aber du bist doch im Urlaub!

Dein Lieblingsmensch fasst liebevoll deine Hand und deutet auf das Wasser. Eine Gruppe Delfine ist in einiger Entfernung gesichtet worden und – du hebst deinen Blick und entdeckst aus den Augenwinkeln eine ziemlich attraktive Person, genau der Typ, der deinem Lieblingsmenschen gut gefällt. Du grübelst über deine Strandfigur nach, die zu wünschen übrig lässt und dein misslungenes Fitness-Vorhaben. Dann erinnerst du dich, dass deine Haare nach einem Bad im Salzwasser immer unglaublich spröde und furchtbar aussehen und … In dem Moment hörst du ein Raunen um dich herum: Man konnte zwei Delfine aus dem Wasser springen sehen!

Die hast du leider verpasst. Stimmt ja, du bist im Urlaub …

So unangenehm diese Momente sind, sie sind deine Chance. Denn sie zeigen dir: Du kannst am schönsten Strand der Welt sitzen, mit deinem Lieblingsmenschen und dem köstlichsten Getränk in der Hand – doch wenn du das nicht wahrnimmst, oder auch nur kurz vergisst, verpasst du das Glück. Du kappst in diesen Momenten die Verbindung, schaltest auf Gedanken-Modus und begibst dich in ein Funkloch. Doch wenn du die Verbindung kappen kannst, dann bist es auch du, der sie wiederherstellen kann.

Wie erschaffen wir dieses Funkloch? Und wie verbinden wir uns wieder mit dem Glück?

Dem Funkloch auf der Spur

Das Funkloch entsteht, wie wir am Strand gesehen haben, durch viele *Auslöser.* Die dringliche Mail vom Chef. Den ersehnten Tagesausflug, der geplant werden muss. Die Erinnerung an unsere eigenen »Unzulänglichkeiten« durch die attraktive Person. Durch solche Situationen entwickelt sich häufig die Überzeugung, dass diese *Auslöser* tatsächlich die *Ursache* für unsere gekappte Verbindung zum Glück sind. Doch ist das so?

Stell dir vor, du wirfst einen Stein in einen stillen See und schaust den Wellen zu, die sich kreisrund ausbreiten. Der Auslöser dafür ist der Stein – doch es hätte viele Auslöser geben können. Ein Ring, eine Muschel, das »Liebesschloss«, von dir und deiner Ex-Liebschaft, das du von einer Brücke abgesägt hast, dein Handy. Doch ohne dich als Werfer wären diese Wellen nicht aufgetreten. Du bist in diesem Beispiel die Ursache, nicht der Stein.

Erforschen wir die Ursache des Funklochs. Um der Ursache des Funklochs auf die Spur zu kommen, entdecken wir vielleicht folgende Dinge, die dahinter stehen – und ohne die der jeweilige Auslöser überhaupt nichts bewirkt hätte: Den Druck, zu glauben, dass wir im Urlaub dem Chef eine Frage beantworten müssen (ja, dass wir überhaupt unsere Mails abrufen müssten!). Den Drang, alles, was geht, aus dem Urlaub herauszuholen. Dem Vergleich, bei dem wir schlechter abschneiden und uns in Selbstabwertung verlieren.

Hier sind wir im Stein-und-Werfer-Gleichnis bereits bei der Hand angelangt, die den Stein wirft. Aber gibt es noch eine tiefere Ebene? Woher kommen diese nagenden, drängenden Stimmen, die rufen: »Hier noch nicht!«, »Jetzt noch nicht!«, »Ich sowieso nicht!«, »Weiter!«?

Der Antrieb dafür kommt aus unserer tiefen Sehnsucht, glücklich zu sein und Unglück zu vermeiden. Da dieses Bedürfnis in all unsere anderen Bedürfnisse eingewoben ist, ist der Wunsch, glücklich sein zu wollen, in keiner Weise falsch – er ist es nicht, den wir über Bord werfen sollten! Was jedoch ein genaueres Hinschauen wert ist, wenn wir in verlässlicher Verbindung zum Glück stehen möchten, ist:

- *Wo* suchen wir das Glück – und können wir es dort finden?
- *Wie* suchen wir das Glück – und kann es uns auf diese Weise überhaupt begegnen?

Wo ist der Ort des Glücks?

Den Ort, an dem wir das Glück suchen, entdeckte bereits Michael Fordyce, der von mir hochverehrte Glückspionier der 1970er-Jahre während einer Datenauswertung, die die Geheimnisse sehr glücklicher Menschen enthüllen sollte.[3] Ich lade dich nun ebenfalls zu der Aufgabe ein, die auch er damals einer Reihe von Personen stellte. Vervollständige einmal den folgenden Satz:

»Ich werde glücklich sein, wenn …«

Wie du dir vorstellen kannst, erhielt er jede Menge unterschiedliche Antworten. Von »… wenn er endlich um meine Hand anhält.« über »… wenn ich das Studium abgeschlossen habe.« oder »… wenn ich finanziell abgesichert bin.« bis hin zu »… wenn die Rockets das nächste Spiel gewinnen.« Vielleicht ähnelt deine Antwort ja der einen oder anderen. Was all diese Antworten gemeinsam haben, sind zwei Dinge:

Wo das Glücklichsein gesucht wird, ist
in der Zukunft und
in äußeren Umständen oder anderen Menschen.

Hedonistische Tretmühle nennt die Wissenschaft dieses Phänomen,[4] sein Glück an das Eintreten bestimmter äußerer Bedingungen in der Zukunft zu knüpfen. Das Problem daran ist nicht das Wort »hedonistisch«, das für das Genießen schöner Momente steht. Das Problem ist die »Tretmühle«, die bereits ein vergebliches Abstrampeln und Hinterherjagen andeutet. Dieses Hinterherjagen können wir in uns selbst entdecken, wenn wir unserem Gedankenhamsterrad lauschen.

Kommen wir durch die Tretmühle dem Glück näher? Die Antwort ist sehr klar: nein.

Wir verpassen durch die ständige Rastlosigkeit nicht nur das jetzige Glück, das um uns herum und in uns aufblüht, sondern wir glauben auch Versprechungen aus der Tretmühle, die niemals eintreten werden.

Sowohl die Wissenschaft als auch deine Erfahrung zeigen: Bei jedem schönen Ereignis steigt dein Glücksempfinden an. Der Genuss dieser vergänglichen Momente, das Auskosten dieser schönen Augenblicke, ist sehr, sehr wichtig und wunderbar. Aber weil sie vergehen, sind sie es nicht, die uns langfristiges Glück bringen können. Tatsächlich entdeckten auch Forscher, dass das Glücksempfinden nach überraschend kurzer Zeit wieder auf sein vorheriges Ausgangsniveau zurücksinkt. Das gilt für das Stück Schokoladenkuchen genauso wie für den Lottogewinn,[5] die Hochzeit oder die Geburt des ersten Kindes.[6]

Mehr noch: Weil wir uns so sehr daran gewöhnt haben, in der Zukunft zu suchen, verpassen wir sogar das schönste Ereignis direkt vor unserer Nase oder wir nehmen es nur kurz und oberflächlich wahr – und sind in Gedanken wieder ganz woanders. Denn die Tretmühle läuft einfach weiter, unabhängig davon, was wir gerade Schönes erleben (könnten).

Was ist diese Tretmühle denn nun genau?

Die Tretmühle, die ständig den »Kanal Glück« blockiert, äußert sich in unablässigem, sprunghaftem, rastlosem, suchendem Denken. Wir mögen sie »unsere Gedanken« nennen, und natürlich gibt es individuelle Nuancen. Der eine findet seinen Traumstrand auf einer kleinen Insel in der Ostsee, der andere an einem österreichischen Bergsee. Aber der zugrunde liegende Mechanismus, das Sehnen und danach Streben – die Tretmühle – ist der Gleiche. Das Erleben einer konstanten Gedankenflut ist bei jedem gleich. Unsere starke Identifikation mit ihr und der feste Glaube an sie sind gleich. Und das, was sie uns erzählt, ist im Kern das Gleiche: »Du bist hier, das ist das Ideal, und der Abgleich sieht gar nicht gut aus, mein Freund.«

Das ist es, was Gedanken tun: Sie analysieren (den Ist-Zustand), projizieren (das Ideal), vergleichen (den Ist-Zustand mit dem Ideal) und ziehen Bilanz (in der Regel: »Das sieht gar nicht gut aus, mein Freund.«). Was hinzukommt, ist: Das Ideal, das sie uns vorsetzen, ist nur im besten Fall ein wirkliches Ideal. In der Regel ist es von allerlei Selbstzweifeln und ungeprüften Glaubensmustern geprägt.

Unsere Gedanken, die tatsächlich ein sehr hilfreiches, grundlegendes Werkzeug sind, mit dem wir viel vollbracht haben, dienen uns nicht länger. Sie sind vollkommen außer Kontrolle geraten. Dieses Gedankenhamsterrad ist die Maschinerie, die fortwährend das »Hier noch nicht!«, »Jetzt noch nicht!«, »Ich sowieso nicht!«, »Weiter!« ausspuckt. Tatsächlich klinken wir uns mit genau dieser rastlosen Gedankenflut aus dem Funkkanal des jetzigen Momentes aus, dem einzigen Ort, an dem es Glück überhaupt geben kann.

Fazit: Wenn es also etwas gibt, das unablässig mit Steinchen bis Brocken um sich wirft, in der Hoffnung, dass diese Wellen erzeugen, dann ist es das Gedankenhamsterrad. Es ist die Ursache dafür, dass wir auf bestimmte Auslöser im Außen reagieren – und sehr viele schöne Dinge, wie den stillen See vor uns, einfach verpassen.

Wie man sich vorstellen kann, erzeugt das Gedankenhamsterrad einiges an Lärm, wenn wir ihm unsere Aufmerksamkeit schenken – und genau hier können wir niemals das Glück finden. Genau hier sind wir im Funkloch.

Deine Verbindung beginnt mit deinem Ausstieg

Glück ist möglich. Genauso, wie die Wissenschaft nachgewiesen hat, dass alle Mühe mit der hedonistischen Tretmühle vergeblich ist, zeigt sie ebenso, dass es möglich ist, langfristig glücklicher, energiegeladener und mit mehr Wohlbefinden zu leben.[7] Es *ist* möglich, das eigene Glücksniveau dauerhaft anzuheben. Wäre es nicht so, dann gäbe es dieses Buch nicht. Wäre es nicht so – und würdest du es nicht auch tief in dir drin zumindest für möglich halten –, würdest du diese Zeilen hier nicht lesen.

Was ist also der allererste, grundlegende Schritt? Werfen wir dazu einen erneuten Blick auf die Forschung von Fordyce, der seine Probanden dazu aufforderte, den Satz »Ich werde glücklich sein, wenn …« zu vervollständigen. Dabei wollen wir uns vor allem auf die Antworten *sehr* glücklicher Menschen fokussieren. Bei diesen entdeckte Fordyce eine erstaunlich andere Haltung zum Glück und den Bedingungen, unter denen es auftritt: Diese Menschen strichen den Satz »Ich werde glücklich sein, wenn …« einfach durch und schrieben: »Ich bin jetzt glücklich.«

Selbstverständlich deutet diese Art der Antwort zum einen darauf hin, dass sich diese Menschen bereits ein wirklich erfülltes Leben geschaffen haben. Gleichzeitig zeigt sie aber auch, dass sie dem Glück nicht mehr hinterherlaufen. Dieser Satz bringt auf den Punkt, wo das Glück ist: Glück kann niemals in der Zukunft liegen. *Der einzige Ort, an dem wir glücklich sein können, ist genau hier und genau jetzt.*

Was wäre also, wenn das Glück mit dem Innehalten beginnt – und sich nur daraus zu deinem erfüllten Leben entfalten kann? Was wäre, wenn der erste Schritt der ist, dich für das Glück zu entscheiden und aus dem Gedankenhamsterrad auszusteigen?

Glück braucht deine Aufmerksamkeit

Das hebräische Wort für »Aufmerksamkeit« bedeutet wörtlich »sein Herz auf etwas setzen«. Wenn du dein Herz auf das Glück setzt, ändert das alles.

Das ist der erste Schlüssel:
Glück braucht deine Aufmerksamkeit.

Für sehr lange Zeit vielleicht haben wir unser Herz auf das Gedankenhamsterrad gesetzt. Wir haben unsere kostbare Aufmerksamkeit in die Tretmühle investiert, die uns niemals ans Ziel bringen konnte. Doch was ändert sich, wenn wir unser Herz auf das Glück setzen? Immerhin wollten wir auch mithilfe der Tretmühle das Glück erreichen.

Mache deine Glückserfahrung: Glücksausrichtung

Ich lade dich zu einem kleinen Experiment ein. Setz dich dafür bequem hin und stelle dir selbst die folgende Frage:

»Wo werde ich das Glück finden?«

Vielleicht kommen automatisch ein paar Antworten in der Art auf, in der du sie gerade gelesen hast. Unabhängig davon: Wo bist du mit deiner Aufmerksamkeit? Und: Wie fühlt sich das an?

Lass die Frage dann los und lockere ganz bewusst deine Schultern ein kleines bisschen. Stelle dir dann die folgende Frage:

»Wo entdecke ich Glück jetzt gerade?«

Beobachte wieder, was auftritt. Wo bist du mit deiner Aufmerksamkeit jetzt? Und: Wie fühlt sich das an?

Wenn du magst, halte ein paar deiner Beobachtungen in deinem Notizbuch fest, bevor du weiterliest.

Die erste Frage »Wo werde ich das Glück finden?« war eine Frage im Tretmühlen-Modus. Hier haben wir unsere Aufmerksamkeit weiterhin auf unsere Gedanken gerichtet. Denn eine Frage, die sich an die Zukunft richtet, kann man nur mit Gedanken beantworten. Vielleicht hast du sogar automatisch gedacht »Ja, natürlich hier und jetzt!«, weil du es vorher gelesen und für plausibel befunden hast.

Doch – *warst* du dadurch auch im Hier und Jetzt? *Warst* du mit dem Glück tatsächlich in Kontakt? Oder hast du das Gedankenhamsterrad weiterrattern hören »... Das hat sie doch gerade geschrieben. Was für eine blöde Frage. Natürlich nur hier und jetzt ...« Wenn du mit dem Glück in Kontakt gekommen bist, dann dadurch, dass du den Gedanken *genutzt* hast – und ausgestiegen bist.

Die zweite Frage hingegen »Wo entdecke ich Glück jetzt gerade?« ist eine viel direktere Einladung, tatsächlich am richtigen Ort danach zu suchen. Diese Frage ist deshalb eine Frage, mit der wir die Tretmühle leichter verlassen können. Sie ist eine Frage, mit der wir unser Herz tatsächlich auf das Glück setzen.

Unser Herz auf das Glück zu setzen, bedeutet im Kern, uns dafür zu öffnen, dass es genau jetzt schon da sein könnte. Es bedeutet, aus dem Gedankenhamsterrad auszusteigen, das Funkloch zu verlassen – und in Verbindung zu gehen.

Glück braucht deine Aufmerksamkeit. Und das Schöne ist: Dann kannst du es entdecken. Manchmal nur als kleine Lichtblicke in einem Haufen von Schwierigkeiten, manchmal trotz schwerer dicker Regenwolken. Aber oft auch auf dem Präsentierteller vor dir angerichtet. Dann brauchst du nicht erst den schönsten Strand, den passendsten Menschen oder die Schokolade in der hintersten Regalecke zu finden.

Und das noch Schönere ist: Wenn du dein Herz auf das Glück setzt und dann einem Stück Schokolade begegnest (ganz zufällig natürlich), dann erlebst du tatsächlich das Glück, ein Stück Schokolade zu essen. Ohne faule Ablenkungen. Ohne Heißhunger. Ohne Funkloch.

Sei freundlich zu dir

Gleichzeitig benötigst du etwas freundliche Geduld mit dir selbst. Das Hamsterrad hat so viel von deiner Aufmerksamkeit bekommen – es hat sich verselbstständigt. Die Gewohnheit, immer wieder mitzustrampeln, ist groß. Doch mit jedem Ausstieg schwächst du die Verbindung zum Hamsterrad – und stärkst deine Verbindung zum Glück. Jeder Ausstieg zählt! Egal wie kurz er vielleicht nur dauern mag.

Lass die Frage »Wo kann ich jetzt gerade Glück entdecken?« deinen Alltag begleiten. Sie wird dich dabei unterstützen, immer wieder in Verbindung zu gehen und dein Herz auf das Hilfreiche auszurichten.

Damit dir der Ausstieg noch leichter gelingt, lade ich dich zudem zu einer sehr kleinen und sehr effektiven abendlichen Übung ein.

Mache deine Glückserfahrung: drei glückliche Dinge

Diese Übung ist diejenige, die ich wahrscheinlich am häufigsten weitergebe. Das liegt an drei Dingen. Erstens: Sie ist superkurz und einfach umzusetzen. Zweitens: Sie ist erstaunlich effektiv. Und drittens: Das bestätigt sogar die Wissenschaft.[8] Ob Coaching-Klienten oder Studierende, Blog-Leserinnen oder -Leser oder Lehrkräfte – die Menschen, die sie tatsächlich ausprobiert haben, waren erstaunt und teilweise berührt von ihrer Wirkung.

Schreibe in den kommenden Tagen jeden Abend vor dem Zubettgehen drei Dinge auf, die dich an diesem Tag glücklich gemacht haben. Das können ganz kleine Dinge sein, wie der Sonnenstrahl, der durch die Wolkendecke brach, ein nettes Gespräch mit einer Kollegin oder der Sport am Abend. Auch größere Dinge darfst du selbstverständlich festhalten. Beginne dein Abendritual stets mit der Frage:

»Wo habe ich heute das Glück entdeckt?«

Und halte dann für zwei bis drei Dinge fest:

»Wie habe ich dazu beigetragen?«

Schenke dir ein paar Tage Zeit, diese Übung zu machen und wirken zu lassen.

Deine Win-Win-Win-Entscheidung: Lieblingsquelle

Für eine sichere Verbindung mit der richtigen Quelle zu sorgen, stiftet auch in deinem Zuhause Glück. Aus welchen Quellen soll der Strom kommen, der dein Zuhause zum Leuchten bringt und dir hilft, Genuss auf deinen Teller zu zaubern? Finde den Stromanbieter, der ein Angebot hat, das dir sympathisch ist und deiner Umwelt guttut.

Rein in die Fülle

Jetzt gerade bewegen sich deine Augen über ein weißes Blatt Papier mit schwarzen Linien, Bögen und Punkten darauf. Währenddessen strömt dein Atem sanft ein und aus, ohne dass du irgendetwas dafür tun müsstest. Dein Gehirn setzt aus den Linien, Bögen und Punkten in Sekundenbruchteilen Wörter und Sätze zusammen. Von dir unbemerkt schicken sich für diese Meisterleistung Milliarden von Zellen winzige Impulse und Botenstoffe zu und bilden eine gigantische, perfekt aufeinander abgestimmte Symphonie. Der Atem füllt deine Lungen mit Sauerstoff und lässt dein Herz schlagen, genau jetzt, während du mit Leichtigkeit die ungeheure Komplexität vollbringst, diese Sätze zu verstehen. Die Symphonie formt dein Verstehen und dein aktuelles Erleben. Während deine Hände dieses Buch halten, gleicht dein Nervensystem das Verstandene mit deinem Erleben ab. Das führt vielleicht dazu, dass deine Gesichtsmuskeln ein Stirnrunzeln oder ein Lächeln formen. Vielleicht führt es dazu, dass du Wärme im Oberkörper spürst oder ein kaum merkliches Kribbeln im Bauch.

Kein Zweifel: du lebst. In diesem Moment pulsiert gerade Leben durch dich hindurch, Moment für Moment. Und du bist dir dessen bewusst.

Deine Hinspür-Pause Wie viel Leben entdeckst du jetzt gerade in dir und um dich herum? Schenke dir eine kurze Hinspür-Pause.

Diese Zeilen schreibe ich auf einer Bank im Essener Stadtpark. Die Sonne scheint wärmend und das satte Grün eines Magnolienbaums erstreckt sich über mir. Beruhigend rauscht die Teichfontäne im Hintergrund vorbeiziehender Gespräche. In mir pulsiert gerade Leben, genauso wie in all den Menschen, Kindern, Hunden, Kaninchen, Tauben, Bäumen und Blumen um mich herum.

Was musste seit diesem Moment, in dem ich im Stadtpark saß, alles zusammenkommen, damit du dieses Buch nun in Händen halten kannst? Damit wir beide uns nun auf diese Weise über Glück austauschen? Kein Zweifel: Von meinem Schreiben zu deinem Lesen ist ungeheuer viel Leben pulsiert. In uns beiden. Um uns beide herum. Und direkt in die Erstellung dieses Buches hinein.

Das immer volle Glas

Es gibt zwei Wege, dieses Leben zu leben. So, als gäbe es keine Wunder und so, als wäre alles ein Wunder.

Albert Einstein

Welchen Weg möchtest du leben? Wahrscheinlich kannst du dir bereits denken, welcher dieser beiden Wege Glück bedeutet – und welcher »Funkloch« heißt.

Wissenschaftlich betrachtet haben wir sehr, sehr wenig Ahnung davon, was das Wunder ist, von dem wir in jeder Sekunde Teil sind. Wir wissen nicht einmal, wie es kommt, *dass* wir wissen. Das menschliche Sich-bewusst-Sein ist eines der größten Mysterien der Forschung –[9] und bereits Albert Einstein wusste das. Zum Glück müssen wir nicht auf die wissenschaftliche Enträtselung des Mysteriums warten, um es für unser Glück zu nutzen.

Mache deine Glückserfahrung: Wunder-Sammlung Teil 1

Nimm dein Notizbuch zur Hand und schlage es auf einer neuen Seite auf. Vielleicht möchtest du bunte Stifte nutzen, wenn du sie griffbereit hast. Schreibe oben auf die Seite die Überschrift: Wunder-Sammlung.

Schreibe nun alle Momente, Dinge, Menschen und Umstände auf, die dein Leben wertvoll machen.

Welche kleinen und großen Wunder entdeckst du in deinem Leben und in dir?

Wenn du im Plus bist, bist du in der Fülle

Erinnerst du dich an die Momente,in denen du so tief, ruhig und zufrieden bist, dass du nichts brauchst, dass alles so bleiben kann, wie es ist? Die Momente, in denen du dich im Fluss fühlst und dich vollständig in eine Tätigkeit vertiefst? Die Momente, in denen dich etwas freut und du ganz spontan lächelst? Die Momente, in denen du »platzen möchtest vor Glück«? Die Momente, in denen du »die ganze Welt umarmen könntest«?

Glück ist überfließend. Wann immer du ein schönes Gefühl erlebst, möchte es nach außen strömen. Das hat einen sehr simplen Grund: In deinem Innern ist Fülle und Reichtum.[10] Du bist emotional im Plus. Diese Fülle ist Glück. Das ist der Zustand, nach dem wir uns sehnen.

Manchmal ist diese Fülle überwältigend offensichtlich. Wenn wir ein großartiges Naturschauspiel erleben. Wenn wir uns mit einem anderen Menschen auf ungekannte Weise verbunden fühlen. Wenn wir Zeuge einer Geburt oder einer Hochzeit werden. Wenn sich ein langersehnter Traum erfüllt. Wenn wir einem musikalischen Meisterwerk lauschen oder in einem Restaurant einen kulinarischen Glanzpunkt erleben.

In anderen Momenten tritt sie weniger offen zutage. Irgendetwas fehlt, irgendetwas müsste anders sein, irgendwie ist ein Minuszeichen vor unserem Erleben. Wir befinden uns im Mangel-Modus.

Es ist grundlegend und wichtig, dass wir uns Herausforderungen zuwenden und hilfreich mit ihnen umgehen. Es ist sehr wichtig, gut für uns zu sorgen, wenn ein Schicksalsschlag in unser Leben tritt. Dunkle Zeiten sind Teil vom menschlichen Leben. Doch wie oft befinden wir uns vorrangig deshalb im Mangel-Modus, weil wir nicht genau wissen, wie wir in die Fülle kommen?

Es scheint paradox: Auf der einen Seite erleben wir Mangel, er ist Teil unserer menschlichen Erfahrung. Auf der anderen Seite ist da Fülle; und sie ist viel näher, als wir aus dem Mangel-Modus heraus glauben.

Was wäre, wenn Mangel maximal die halbe Wahrheit ist?

Was wäre, wenn Fülle, wenn das volle Glas, immer da wäre? Jetzt gerade, in diesem Moment, in dem dein Atem fließt – sanft und verlässlich. In dem du das einatmest, was Bäume ausatmen, und das ausatmest, was Bäume wieder einatmen. In dem du über deine Sinne auf magische Weise mit deiner Mitwelt verbunden bist. In dem dein Nervensystem all diese Eindrücke zusammenführt und dein jetziges Erleben kreiert. Jetzt gerade, wo dein Wunderwerk Körper dich diesen Moment erfahren lässt. In diesem Moment, in dem du das, was ich gerade unter einem Magnolienbaum im Essener Stadtpark schreibe, Monate später – und doch genau jetzt – mit deinem einzigartigen Erfahrungsschatz verbindest.

Das Leben feiern

Zum Verlieben, dieses Leben!

Fiona Baer

Lebensfreude zeigt sich in den Momenten, in denen wir es lieben, am Leben zu sein, in denen wir das Leben genießen und feiern. Schauen wir etwas genauer hin, können wir entdecken, dass diese Liebe zum Leben nie ganz fehlt. Auch wenn uns das Gedankenhamsterrad ganz fest im Griff hat, ist diese Liebe zum Leben auf einer Ebene immer da.

Dein Körper liebt es, am Leben zu sein. Er atmet, verdaut, nimmt wahr und verarbeitet, so gut es ihm unter den Umständen möglich ist, in denen du dich befindest und die du für ihn erschaffst. Selbst in dem Moment, in dem sein Ende naht, gibt er alles, bis zum Schluss. Genau wie das Bedürfnis nach Glück in unsere Biologie eingewoben ist, so ist der Wunsch zu leben in unsere Biologie eingewoben. Sonst würdest du nicht essen, schlafen, trinken und ganz bestimmt würdest du nicht dieses Buch zu deinem Inneren Glück in Händen halten.

Alles was lebt, möchte leben und liebt es, am Leben zu sein. Jeder Schmetterling, jede Blume, jedes Kind. Das bedeutet Lebensfreude und wir können hier und jetzt wieder damit Kontakt aufnehmen.

Mache deine Glückserfahrung: Lebensfreude im Körper spüren

Lehne dich zurück und wende dich deinem Körper zu.

Wo entdeckst du jetzt gerade die Freude in deinem Körper, am Leben zu sein?

Vielleicht magst du eine Hand auf dein Herz legen und spüren, wie es schlägt. Vielleicht magst du deinem Atem nachspüren, wie er in die Lungen strömt und sie wieder verlässt. Vielleicht magst du mit den Zehen wackeln oder deine Augen im Spiegel betrachten, die sehen, dass du sie siehst.

Finde deinen Weg, die Lebensfreude aufzuspüren, die sich jetzt gerade in deinem Körper ausdrückt.

Der direkteste Weg in die Fülle ist die Wertschätzung[11] – sie untergräbt die hedonistische Tretmühle.[12] Und sie ist der entscheidende Faktor für langfristiges Glück. Selbst wenn du aus dem Gedankenhamsterrad ausgestiegen bist und die Verbindung zum Glück zulässt, ist es wert-*los* für dein inneres Glück, wenn du nicht wert-*schätzt*, was du vorfindest. Das wäre, als stündest du vor dem weit geöffneten Tor zur Fülle, ohne einzutreten, und drehtest dich mit einem Achselzucken wieder um, um zurück ins Gedankenhamsterrad zu springen.

Du bist es, der den Dingen Wert gibt. Wenn du damit aufhörst, verlieren sie ihren Wert. Selbstverständlich werden sie nicht an sich wertlos. Wenn du aufhörst, sie wertzuschätzen, verlieren sie aber ihren Wert für dein Glück.

Wie schnell wir damit aufhören, konnten Wissenschaftler nicht nur nachweisen, sie gaben dem Phänomen sogar einen eigenen Namen. Dieser Begriff, der zur hedonistischen Tretmühle gehört und den ich bisher verschwiegen habe, ist die hedonistische Adaptation.[13] Beide Begriffe werden als Synonyme gehandelt und gehören zum gleichen Phänomen. Allerdings spiegeln sie zwei unterschiedliche Aspekte davon wider. Die Tretmühle veranschaulicht so schön, was wir machen, wenn das Glück steigt und wieder nachlässt (wir jagen es weiter). Bei der hedonistischen Adaptation sind wir hingegen bei der Ursache für den rapiden Abfall unseres Glücks angekommen: Es ist die Gewöhnung.

Wann immer etwas wirklich Schönes in unser Leben tritt, gewöhnen wir uns verblüffend schnell daran. In wirklich schönen Momenten haben wir für kurze Zeit das Gefühl, angekommen zu sein, bevor sich das Gedankenhamsterrad einfach weiterdreht und wir hinterherrennen.

Dieser Gewöhnung kannst du hier und jetzt deine aktive Wertschätzung entgegensetzen. Das ist es, was sehr glückliche Menschen konstant tun – sie haben einen nahezu durchgehend wertschätzenden Blick auf alles, was sie umgibt.[14]

Der zweite Schlüssel ist:
Glück braucht deine Wertschätzung.

Was Wertschätzung ist, drückt vielleicht am besten das englische Wort »cherish« aus. Denn Wertschätzung allein kann durchaus etwas Kühles, Rationales an sich haben: »Ja, wirklich außerordentlich schön hier. Im Vergleich zum letzten Jahr ein deutlicher Zuwachs an Grünflächen.« Solch eine »Wertschätzung« stammt im Endeffekt ebenfalls aus dem Gedankenhamsterrad. Ein Merkmal, an dem wir das erkennen ist der Vergleich, der sich in unser »Wertschätzen« einschleicht. Ein anderer ist, dass wir nicht wirklich *fühlen*, etwas wertzuschätzen, sondern eher aus der Distanz darauf schauen (wie auf das offene Tor zur Fülle, ohne einzutreten).

»Cherish« hingegen bedeutet, etwas mit ganzem Herzen zu schätzen, es zu feiern und wie für einen wertvollen Schatz gut dafür sorgen zu wollen. Es ist die Art von Wertschätzung, durch die wir tatsächlich berührt werden von dem, was wir wertschätzen. Es ist die Art von Wertschätzung, in der wir uns für das öffnen, was vor uns ist.

Mache deine Glückserfahrung: Herzenswert in der Wunder-Sammlung

Kehre zurück zu deiner Wunder-Sammlung. Wähle drei recht verschiedene Dinge aus, die du in dir und in deinem Leben als kleines oder großes Wunder entdeckt hast.

Wofür schätzt du diese Dinge von Herzen wert?

Notiere zu jedem einzelnen der drei Punkte deine Wertschätz-Gründe.

Achte darauf, dass du von deinen Gedanken immer wieder zu einer klaren Wahrnehmung zurückkommst. Es *gibt* diesen anderen Menschen. Es *gibt* deinen Körper. Es *gibt* diesen Moment, der dein Leben geprägt hat. Möchtest du dich noch ein kleines bisschen mehr für seine Schönheit öffnen?

Deine Aufmerksamkeit, die du vom Gedankenhamsterrad auf die Fülle richtest und dein Herz, das diese Fülle wertschätzt, gehören nicht dem Gedankenhamsterrad. Beides mag sich zuweilen so anfühlen, als seien sie mit dem Hamsterrad verklebt. Diese Momente kennen wir alle. Aber du kannst diese Verklebung lösen, immer wieder neu, mit beharrlicher Übung – und mit Überraschungen.

Um den Griff des Gedankenhamsterrades noch wirksamer zu lockern, in die Fülle einzutauchen und sie zu feiern, spielt dein Körper eine entscheidende Rolle. Der Körper ist viel weiter weg vom Gedankenhamsterrad, als die Dinge, die du dir vorstellst oder über die du nachdenkst. Lenkst du deine Aufmerksamkeit auf deinen Körper statt auf deine Gedanken, ist der parasympathische Teil deines Nervensystems, der für Erholung zuständig ist und in Verbindung mit positiven Emotionen steht, aktiver.[15] Ist deine Aufmerksamkeit aber bei deinen Gedanken, ist der Sympathikus aktiver, der das Stresssystem steuert. Deswegen ist der Körper eine wichtige Basis für unseren Schritt in die Fülle.

Mache deine Glückserfahrung: die Fülle feiern

Wirf noch einmal einen Blick auf deine Wunder-Sammlung und spüre dabei in deinen Körper hinein.

Wie möchtest du jetzt gerade diese Fülle feiern? Wie kann dich dein Körper dabei unterstützen?

Folge *deinem* ersten Impuls, er ist der beste! (Egal wie verrückt er dir vorkommt. Es sieht ja keiner. Und wenn doch, setze ihn direkt um, wenn du für dich bist.) Vielleicht möchtest du dich mit allen Sinnen auf ein Wunder einlassen. Vielleicht möchtest du dich sanft bewegen oder tanzen. Vielleicht möchtest du dich kreativ ausdrücken, singen oder laut »Juhu« rufen. Dieser Ausdruck entspricht dem, wie du jetzt gerade bist.

Schenke dir von nun an täglich ein kleines bisschen Feier-Zeit, zum Beispiel am Morgen oder am Feierabend. Dafür sind deine eigenen Impulse immer die besten. Folgende Ideen holen dich sogar aus handfestem Mangel-Modus in die Fülle:

- Höre, singe und tanze dein Lieblingslied mit ganzem Herzen.
- Drücke dich kreativ aus – in all deinen Formen, Klängen und Farben.
- Mache einen Luftsprung.
- Mache einen Spaziergang in der Natur und balanciere dabei auf Mäuerchen, entdecke neue Wege oder klettere auf Bäume.
- Gehe auf einen Spielplatz, um zu schaukeln und zu rutschen.

Für die maximale Wirkung kannst du dein Feiern ein klein wenig verrückt und abenteuerlich gestalten. Überrasche dich selbst – das wirkt Wunder.

Wie möchtest du jetzt gerade das Leben feiern?

Deine Win-Win-Win-Entscheidung: Fülle-Freiheit

Genieße die Fülle, die das Leben in deine Wohnung gezaubert hat. Entdecke die Fülle in deinem Kleiderschrank. Vielleicht magst du sie auf einer Kleidertauschparty teilen und erneuern. Wenn du etwas brauchst, findest du es auch Secondhand? Und wenn du mutig bist: Wie wär's, dir einen shoppingfreien Fülle-Monat zu gönnen?

Angekommen

Du bist angekommen. Nun atme durch.

Thich Nhat Hanh

Du sitzt am Fuß eines großen, alten Baumes, der am Rand einer Waldlichtung wächst. Deine Hände berühren den Waldboden unter dir, der von weichen Moosgewächsen in saftiges Gras übergeht, welches die Lichtung überzieht und Wildblumen beheimatet. Für ein paar Augenblicke streichst du über das Moos und das Gras und erforschst die unterschiedlichen Texturen.

Dann streckst du dich genüsslich auf dem weichen Untergrund am Fuß des Baumes aus und schließt die Augen. Kein Muskel muss noch etwas halten, du atmest tief ein und während du ausatmest spürst du, dass Anspannung von dir abfällt und du dein Gewicht an die Erde abgibst. Unter dir, bis tief in die feste Erde, die dich trägt, erstrecken sich die Wurzeln des Baumes. Und während du diesen Moment genießt, ist es dir fast, als würdest auch du Wurzeln schlagen.

Wie fühlt es sich an, angekommen zu sein?

Ankommen ist in jedem Moment möglich: Wenn wir nirgendwo anders hingelangen wollen, sind wir angekommen. Die sehr glücklichen Menschen aus der Umfrage von Michael Fordyce brachten es auf den Punkt: »Ich bin doch jetzt glücklich! Ich muss nirgendwo anders hin.« Sie sind angekommen.

Gleichzeitig haben wir gesehen, dass die Rastlosigkeit und das stetige Suchen einen Ursprung haben. Das Einzige, das uns daran hindert, anzukommen, ist das Gedankenhamsterrad. Du hast den Ausstieg aus der Tretmühle gewagt, um das Glück wiederzuentdecken. Du bist in die Fülle eingetaucht. Immer wieder, wie kurz auch immer, hast du dein Herz auf das Glück gesetzt. *Nun ist es an der Zeit, deinen Platz im Glück einzunehmen.*

Erst, wenn du ankommst, kannst du Wurzeln im Glück schlagen. Ein Baum, der ständig umgepflanzt und in neue Erde gesetzt wird, hat mitunter Schwierigkeiten, weiter zu wachsen, da seine Wurzeln sich nicht fest und tief verankern können.

Dein Ankommen beginnt hier und jetzt, ganz egal, wie deine Lebensumstände gerade aussehen. Denn du schlägst nicht in deinen Lebensumständen Wurzeln. Du schlägst Wurzeln in dir selbst. Du schlägst Wurzeln in deiner Entdeckung, dass du die Verbindung zum Glück selbst wiederherstellen kannst. Du schlägst Wurzeln in deiner Entdeckung, dass Fülle immer da ist, dass Lebensfreude immer da ist.

Der erste Schlüssel war:
Glück braucht deine Aufmerksamkeit.
Der zweite Schlüssel war:
Glück braucht deine Wertschätzung.
Der dritte Schlüssel ist:
Glück braucht dein Ankommen.

Und hiermit sind wir beim »Wie« vom Glück.

Das Wie vom Glück

Zu Beginn am Strand (du erinnerst dich, als wir die Delfine verpasst haben) haben wir uns gefragt, wo wir Glück eigentlich suchen und ob es da zu finden ist. Während wir diese Frage bereits etwas beleuchtet haben, ist die zweite Frage, *wie* wir unser Glück suchen, bisher noch nicht so klar beantwortet worden.

Nun ist es an der Zeit, dies aufzugreifen. Denn die beiden Modi von Mangel und Fülle können uns über das *Wie* etwas unschätzbar Wichtiges sagen und werden uns Schritt für Schritt ankommen lassen. Das hintergründige Mysterium mag nicht gelüftet sein, diese beiden Modi hingegen sind sehr gut erforscht.

Mache deine Glückserfahrung: Plus und Minus

Erinnere dich an eine Situation, in der du dich im Mangel befunden hast. Wähle ein Erlebnis, das dich höchstens ein wenig belastet. Lasse die Situation deutlich und lebhaft vor deinem inneren Auge auftauchen.

Spüre nun in deinen Körper hinein. Wie fühlen sich Bauch und Brust, Rücken und Schultern, Kiefer und Gesicht bei dieser Erinnerung an?

Lasse die Situation dann langsam in den Hintergrund treten. Wende dich nun einer schönen und angenehmen Erinnerung zu. Einer Situation, in der du mit der Fülle in Kontakt warst. Nimm dir auch hier einige Augenblicke Zeit, diese Erinnerung lebendig werden zu lassen.

Spüre erneut in deinen Körper hinein. Wie fühlen sich dein Bauch und Brustkorb, Rücken und Schultern, Kiefer und Gesicht jetzt an?

Bist du im Plus – erlebst also positive, angenehme Gefühle – ist dein Körper möglicherweise energievoll, möglicherweise entspannt. Dein Muskeltonus ist jedoch unverkrampft[16] und erlaubt fließende, flexible Bewegungen. Deine Adern sind geweitet, der Blutdruck sinkt,[17] dein Herz-Kreislauf-System ist entspannt aktiv, es liegen deutlich geringere Werte von Stresshormonen und Entzündungsmarkern vor.[18] Bist du dauerhaft glücklich und zufrieden, steigt deine Lebenserwartung.[19] Gleichzeitig weitet sich plötzlich dein Blickfeld – im übertragenen Sinne und buchstäblich, in deinem Wahrnehmungsradius messbar.[20] Kreativität sprudelt stärker und es tun sich neue Lösungen für komplexe Probleme auf.[21] Erinnere dich an das letzte Mal, an dem du fröhlich unter Menschen warst. Wie hast du dich verhalten?

Kurz: Positive Gefühle schaffen physiologische Entspanntheit, Weite und Offenheit, weil sie uns er-füllen. Durch Weite und Offenheit wiederum kann mehr Fülle entstehen. Dieser selbstverstärkende Effekt klingt nicht nur nach einer Aufwärtsspirale, er *ist* eine Aufwärtsspirale, wie Dr. Barbara Fredricksen in Studien belegen konnte.[22]

Wir sehen erneut: Jedes Ausrichten auf Fülle, jeder Ausstieg aus dem Gedankenhamsterrad lohnt sich, denn es ist ein Impuls für deine Aufwärtsspirale.

Bist du im Minus – erlebst also negative Gefühle – ist dein Erleben hingegen deutlich anders. Vielleicht hast du auch im Selbstexperiment bemerkt, dass Teile deines Körpers angespannt waren. Deine Muskeln und deine Adern verengen sich in solchen Situationen und dein Blutdruck steigt,[23] die Ausschüttung von Stresshormonen[24] und das Risiko von Herz-Kreislauf-Erkrankungen[25] sind erhöht. Auf der Wahrnehmungsebene verengt sich unser Blickfeld, wir bekommen weniger mit[26] und Denkblockaden und Grübelschleifen werden wahrscheinlicher.[27] Statt Entspanntheit, Weite und Offenheit sind da Anspannung, Enge und Tunnelblick.

Erleben wir unangenehme Anspannung oder Schmerzen im Körper, ist es ein natürlicher Reflex, noch etwas stärker anzuspannen. Auch von der tunnelartigen Grübelschleife unseres Gedankenhamsterrades wissen wir aus Erfahrung, dass sie sich gern selbst verstärkt.

Wie können uns diese Erkenntnisse darüber, was Fülle und Mangel jeweils ausmacht, nun weiterhelfen?

Dein Körper ist deine Unterstützung. Wenn Mangel Anspannung und Enge bedeutet und Fülle Entspanntheit und Offenheit, kannst du in deinem Körper beginnen, aus dem Mangel-Modus auszusteigen und die Weichen für Fülle zu stellen (tatsächlich machen positive Emotionen auch die körperlichen Effekte von negativen Gefühlen rückgängig).[28]

Das ist das *Wie* vom Finden des Glücks. Ein eher angestrengtes, angespanntes Suchen hält uns im Suchen und im Mangel fest. Ein etwas offeneres, etwas entspannteres Ankommen macht es möglich, dass wir fündig werden.

Auf körperlicher Ebene macht sich das daran bemerkbar, dass unser sympathisches Nervensystem stark aktiv ist, wenn wir die Aufmerksamkeit auf unsere Gedanken richten. Das sympathische Nervensystem ist vor allem für Alarmbereitschaft und den Umgang mit Stress zuständig. Richtet sich die Aufmerksamkeit hingegen mehr auf den Körper selbst, fährt die Aktivität im sympathischen Nervensystem herunter und das parasympathische Nervensystem wird aktiver. Dieser Teil ist für den Abbau von Stressreaktionen verantwortlich und leitet Erholung, Entspannung und Kraftschöpfen ein.[29] In diesem offeneren, etwas gelösteren Ankommen bauen wir unsere innere Stabilität und Basis auf und schlagen Wurzeln.

Aus zwei Gründen ist dein Körper nicht nur für dein Leben, sondern auch für dein Ankommen im Glück also unersetzlich:

Dein Körper ist schon angekommen. Wenn du in deinem Körper ankommst, schaltest du nicht nur auf Erholung. Du verankerst dich auch in einer sehr soliden Basis, aus der dich das Gedankenhamsterrad nicht so leicht mitreißen kann.

Dein Körper ist der direkte Weg zu dir. In jedem Augenblick gibt dir dein Körper sehr klare Rückmeldungen zu deinem (Wohl-)Befinden. Deshalb kannst du hier beginnen, Anzeichen vom Mangel-Modus aufzuspüren und zu lockern.

Gelöstheit und Entspannung im Körper sind sehr wohltuend. Den lockeren, entspannten und glücklichen Körper kann man ganz gut mit einem Grashalm vergleichen. Ein Grashalm ist an keiner Stelle hart oder angespannt. Er ist unglaublich biegsam, weich und flexibel. Und dennoch ist er aufgerichtet und energievoll. Gelöstheit und Entspannung bedeuten daher nicht, dass wir wie ein nasses Teebeutelchen am Tassenrand kleben (wie es sich bei Erschöpfung anfühlen kann). Sie bedeuten vielmehr, dass wir in uns ruhen und zugleich wach, energievoll, aufgerichtet und präsent sind.

»Komfort« assoziieren wir oftmals mit Dingen wie einer Sitz- und Lenkradheizung, einem kuscheligen Polster und der Möglichkeit, schnell, trocken und ohne sich selbst zu bewegen von A nach B zu kommen. Doch Komfort heißt etwas anderes: Die beiden Silben »con« und »fort« bedeuten zusammen »mit Kraft (oder) Stärke«.

So betrachte ich auch die Entspannung, von der ich hier schreibe. Der wahre Luxus von Komfort ist, so wenig Verspannungen mit uns herumzutragen, dass wir uns kraftvoll und doch natürlich aufrichten können. In dem Moment, in dem wir in unseren Körper spüren, erlauben wir uns bereits, anzukommen. Mit der Einladung, dass sich Verspannungen ein kleines bisschen lockern und lösen dürfen, vertiefen wir dieses Ankommen.

Um dich für Fülle zu öffnen, muss dein Körper nicht vollkommen locker sein. Gerade hier gilt: Bereits die Aufmerksamkeit freundlich auf unseren Körper zu richten, öffnet dich für das Plus. Bei jeder Erlaubnis, dass angespannte Körperstellen ein kleines bisschen weicher werden dürfen, bist du bereits angekommen – unabhängig davon, ob sie tatsächlich weicher werden.

Mache deine Glückserfahrung: im Körper ankommen

Finde genau jetzt Momente zum Hinspüren für dich. Ich lade dich ein, in diesem Moment anzukommen. Da ist die Sitzunterlage, die dich trägt. Da ist die Erde unter deinen Füßen. Du darfst dich zurücklehnen und etwas Gewicht an sie abgeben. Jetzt gerade ist nichts weiter zu tun.

Spüre in deinen Körper hinein. Wo entdeckst du jetzt gerade ein angenehmes, wohliges Körperempfinden? Gib diesen Empfindungen Raum. Vielleicht magst du sie sogar ein klein wenig genießen.

Richte deine Aufmerksamkeit dann erneut auf deinen ganzen Körper.

Wo ist Anspannung in deinem Körper, die du gerade nicht brauchst?

Erlaube diesen Körperstellen, ein kleines bisschen weicher zu werden. Wenn du magst, nimm einen tiefen Atemzug und lasse mit dem Ausatmen zu, dass sich etwas von dieser Spannung löst.

Welche Muskeln möchten sich jetzt ein klein bisschen lockern?

Was passiert, wenn du das angespannte Suchen des Mangel-Modus ein klein wenig lockerst?

Was wäre, wenn du bereits angekommen bist?

Richte deine Aufmerksamkeit, dein Herz, nun auf das Glück, das du jetzt gerade in dir oder um dich herum entdeckst. Wo entdeckst du Anzeichen von Fülle?

Lande hier. Komme ganz hier an. Du darfst deinen Platz im Glück einnehmen – und Wurzeln schlagen.

Eine Audioanleitung zu dieser Übung findest du auf meiner Website unter happyroots.de/buch/glueckserfahrung.

Dein Körper ist in jedem Moment bereits angekommen, er ist niemals in der Tretmühle. Diesen direkten Zugang zum Ankommen im Glück darfst du jederzeit nutzen, um deine Wurzeln zu stärken. Dafür lade ich dich ein, deine Form zu wählen, die dich dabei am besten unterstützt. Vielleicht ist es die Übung »Im Körper ankommen«. Vielleicht ist es die Geschichte vom Liegen unter dem Baum am Anfang dieses Kapitels. Vielleicht ist es dein ganz eigenes Entspannungsritual.

Um auch im Tagesgeschehen die Weichen für den Fülle-Modus zu stellen, kann dich zudem die folgende Frage unterstützen: Welche Muskeln möchten sich jetzt gerade ein klein wenig lockern?

Du darfst deinen Platz im Glück einnehmen. Du darfst dich im Glück verwurzeln.

Deine Win-Win-Win-Entscheidung: Genuss mit Wurzeln

Während deine Wurzeln wachsen, magst du vielleicht auch den Wurzeln von Sprossen, Salat, Kräutern, Beeren oder Gemüse beim Wachsen zusehen. Vieles Leckeres kann bereits auf deiner Fensterbank gedeihen – und gibt deinen inneren Wurzeln nebenbei die besten Nährstoffe. Wenn du beim Einpflanzen auch auf Bio-Qualität deiner Samen oder Jungpflanzen achtest, schenkst du dir und deinem Genuss damit die beste Qualität.

Sorge gut für dich selbst

Du sitzt mit dem Kind, das du sehr ins Herz geschlossen hast, im Flugzeug. Die Stewardessen führen ihre Choreografie durch und der kleine Mensch neben dir kichert. Plötzlich kommt die Durchsage: »Bitte seien Sie nun besonders aufmerksam – gerade wenn Sie mit älteren Menschen oder Kindern zusammen reisen!« Tatsächlich horchst du auf und schaust genauer hin. Der Hinweis: Bei einem plötzlichen Druckabfall in der Flugzeugkabine ist es sehr wichtig, dir zuerst selbst die Atemmaske aufzusetzen, bevor du dem Kind neben dir hilfst. Das hat einen sehr einfachen Grund, den wir so oft vergessen: Nur wenn du für dich selbst gesorgt hast, kannst du auch für andere sorgen. Denn sonst könnte es sein, dass dir die Luft ausgeht, bevor du anderen oder dir geholfen hast.

Selbstfürsorge ist nicht egoistisch. Für dein eigenes Glück zu sorgen ist die Grundlage dafür, dass du für andere da sein kannst, die dir am Herzen liegen. In diesem Sinne darfst du nicht nur gut für dein Glück sorgen, du hast sogar die wichtige Verantwortung dafür – dir selbst *und* anderen gegenüber.

*Deine eigenen Bedürfnisse dürfen da sein.
Du darfst dich um dich selbst kümmern, damit
deine Wurzeln stark und stabil werden.*

Wie heikel und herausfordernd das Ausbalancieren der eigenen Wünsche mit denen der anderen ist, kennen wir alle sehr gut. Doch Selbstfürsorge umfasst auch, dass wir »Nein« sagen dürfen. Je klarer und frühzeitiger wir mit uns in Kontakt sind, desto entspannter können wir zu uns stehen und desto besser können wir einen gemeinsamen Weg ausloten. Dafür hat Marshall Rosenberg mit der gewaltfreien Kommunikation ein unschätzbar hilfreiches Werkzeug hinterlassen.[30]

Die Basis dafür ist, bei dir selbst zu sein. Zu wissen, was in dir vorgeht, zu wissen, was dir gerade guttut und was eher nicht, zu wissen, was du dir wünschst. Damit geht dein Ankommen weiter. Damit du gut für dich sorgen kannst, bist du eingeladen, bei dem anzukommen, was dich unterstützt und nährt.

Schaffe dir gute Bedingungen

Eine Blume braucht gute Bedingungen, damit sie wachsen und blühen kann. Sie braucht Licht und Wasser, nährstoffreichen Boden und eine angenehme Temperatur. Genauso unterstützen gute Bedingungen auch unser Wohlbefinden. Und wir haben die Möglichkeit, selbst für gute Bedingungen zu sorgen.

Die folgende Liste ist nicht vollständig, enthält jedoch äußerst hilfreiche Bedingungen, die wir möglicherweise häufiger außer Acht lassen, wenn es um unser Glück geht:

Schlaf. Die meisten von uns (mich eingeschlossen) brauchen davon sieben bis acht Stunden pro Nacht.[31] Gerade wenn du nun schnaufst oder bitter auflachst: Du darfst und sollst dir hin und wieder auch mal zehn Stunden Schlaf gönnen.

(Wasser) trinken. Bereits bei geringer Dehydrierung, lange vor dem Durstgefühl, lässt unsere Konzentrationsfähigkeit und unsere Flexibilität im Denken eklatant nach.[32]

Essen, das dir guttut. Nicht zu viel und nicht zu wenig davon. Dazu zählen frische Lebensmittel und eine ausgewogene Balance an Nährstoffen. Pflanzlich basierte Mahlzeiten tun nicht nur gut,[33] sondern machen auch glücklich.[34]

Bewegung. Schon kleine Einheiten am Tag, wie das Treppensteigen, machen einen Unterschied.[35] Als Sportmuffel kann ich dir empfehlen: Mach das, was dir Freude macht. Ich tanze zum Beispiel im Wohnzimmer.

Positive Beziehungen sind der allerwichtigste Glücksfaktor.[36] Menschen, die dir guttun, die dich wertschätzen und denen du etwas bedeutest, sind die Menschen, mit denen du am meisten Zeit verbringen darfst.

Zeit für dich allein. Viele von uns (mich eingeschlossen) tanken damit erst richtig auf.[37] Egal, ob du weniger oder mehr Zeit alleine benötigst: Erst so kommst du bei dem Menschen an, mit dem du dein ganzes Leben verbringst.[38]

Inspiration. Inspirationen beflügeln, schenken uns Vertrauen, dürfen uns aber auch zum Wachsen herausfordern. So sorgen wir für hilfreiche seelische Nährstoffe – denn unsere Erfahrungen haben einen Einfluss auf unsere Gehirnstruktur.[39]

Ruhe. In dieser reizüberfluteten Welt, vollgestopft mit Werbung, einem ständigen Lärmpegel und der permanenten Möglichkeit, sich (digital) abzulenken, gehört Ruhe zu den kostbarsten Dingen, die wir unserem Glück schenken können und erlaubt uns erst, Inspiration wirken zu lassen.[40]

Natur. Klar, sie erhält unser Leben. Zeit in der Natur lässt zudem unseren Stresspegel herunterfahren[41] und wir gehen mit mehr Selbstvertrauen nach Hause.[42] Denn sie lässt uns vor allem – ankommen. Ganz in Ruhe sein. Aufatmen. Schönheit erleben.

Nicht alle diese Bedingungen, mit denen wir gut für uns sorgen, werden in ausgewogener Form zeitgleich erfüllt sein. Unser Glücksempfinden stört das vorerst auch nicht. Auch eine Blume kann unter heftigen Stürmen oder in Trockenzeiten noch gedeihen. Wir Menschen haben sogar die unglaubliche Fähigkeit, selbst aus den schwierigsten und dunkelsten Lebensumständen, wie einer Gefangenschaft im KZ oder dem Aufwachsen in einem Kriegsgebiet, nicht nur psychisch stabil, sondern sogar gewachsen hervorzugehen. Doch gleichzeitig können wir unsere Bedingungen, gerade in einem »normalen«, wenn auch anstrengenden Alltag, freundlich im Auge behalten. Je frühzeitiger wir eingreifen, wenn mehrere Ebenen ins Wanken geraten oder es an einer Säule ganz stark bröckelt, desto leichter können wir sowohl herausfordernde Phasen wie auch das ganz normale Chaos überstehen.

Jeder von uns setzt dabei seine individuellen Nuancen und Prioritäten. Deshalb lade ich dich ein, deinen eigenen Glücksbedingungen auf die Spur zu kommen.

Mache deine Glückserfahrung: Glücksbedingungen

Für diese Übung benötigst du dein Notizbuch und deinen Lieblingsstift, um deine Antworten auf die folgende Frage festzuhalten.
Lasse Platz für eine Überschrift.

Was nährt und unterstützt dein Wohlbefinden?

Notiere alles, was dir in den Sinn kommt. Es gibt kein Richtig oder Falsch.

Erinnere dich nun an eine Zeit in deinem Leben, in der es dir wirklich gut ging. Vielleicht ist sie jetzt gerade, vielleicht entdeckst du auch eine Zeitspanne, in der es dir besser ging.

Welche guten Bedingungen waren in der Zeit vorhanden, in der es dir wirklich gut ging?

Schreibe auch hierzu alles auf. Entdeckst du neue Bedingungen?

Welche fünf Bedingungen sind dir die wichtigsten? Markiere sie. Füge ganz zum Schluss die Überschrift hinzu: »Ich schenke mir mehr …«

Mit dieser Idee davon, welche Bedingungen du brauchst, wagen wir nun den Übergang in deinen Alltag.

Dein Selbstfürsorge-Ritual

Egal, ob es uns gerade gut geht oder eher alles Kopf steht, in den meisten von uns ist einprogrammiert, dass wir »zu funktionieren haben«. Ob mehr für andere oder mehr für unsere To-do’s und Ziele – etwas in uns treibt uns stetig an. Mal wieder ist es das Gedankenhamsterrad.

Dein Körper hingegen hat die wundervolle Eigenschaft, dir zu zeigen, was du gerade brauchst. Das macht er manchmal subtil und manchmal auch sehr deutlich: Empfindungen weisen uns auf körperliche Bedürfnisse hin, Gefühle signalisieren uns, was uns gerade guttut, was uns guttun würde oder wofür wir sorgen sollten.[43] Schmerzen können uns auf Krankheiten, aber auch auf psychische Belastungen hinweisen.[44] Dein Körper ist auf deiner Seite. Er möchte, dass es dir gut geht und dass du eine stützende, starke Basis hast, aus der heraus du dich entfalten kannst.

Dieses Feedback-System wäre nicht in uns eingebaut, wenn Selbstfürsorge nicht sein dürfte. Wenn wir dazu geboren wären, zu funktionieren, egal was kommt, dann wären wir … nun, dann wären wir vermutlich Maschinen statt lebender Wesen. Du bist am Leben, nicht auf Abruf.

Du weißt bereits, sowohl durch deine Liste an Glücksbedingungen, als auch durch deine Erfahrungen, was dir guttut, was dein Glück nährt und dir hilft, dich wohl und ausgeglichen zu fühlen. Diesen Zugang zu dir kannst du vertiefen und ganz bewusst in deinen Alltag hineinbringen. Damit schenkst du dir eine liebevolle und solide Basis für deine Wurzeln, du schenkst dir Inseln, in denen du auftankst.

Was mir sehr wichtig ist: Um auftanken zu dürfen, muss es dir nicht schlecht gehen! du darfst hier und jetzt ein schönes, erfülltes Leben in deiner vollen Kraft führen.

Ein verbreiteter (Mit-)Grund dafür, dass unser Befinden kippt und wir in eine Phase der Erschöpfung oder der Antriebslosigkeit schlittern ist, dass wir in irgendeiner Form über unsere Grenzen hinausgegangen sind oder Warnhinweise nicht beachtet haben.[45] Auch solche Phasen gehören zum menschlichen Leben dazu und auch in solchen Phasen können und sollten wir gut für uns sorgen. Wie wir mit schwierigen

Gefühlen und Belastungen liebevoll und selbstfürsorglich umgehen, betrachten wir im Kapitel: »Sei für dich da, wenn du dich am meisten brauchst« (S. 70).

Doch auch, wenn du jetzt merkst, dass es ganz schön heiß her geht, ist Zeit für dich und dein Glück die beste Grundlage, die du dir schenken kannst. Gerade in bewegten Zeiten darfst du für dich selbst sorgen. Wenn nicht jetzt, wann dann?

Um Selbstfürsorge fest in deinen Alltag zu integrieren, gehen wir nun zwei Schritte:

1. Du entwirfst auf Basis von deinen guten Bedingungen deine Selbstfürsorge-Insel
2. Wir schauen uns gemeinsam die vier Schritte an, die dir helfen, eine gute Gewohnheit, ein liebevolles Ritual aufzubauen.

Mache deine Glückserfahrung: Selbstfürsorge-Insel

Die Selbstfürsorge-Insel ist eine feste Zeit, die du dafür reservierst, dein Wohlbefinden zu nähren.

So sieht die Insel-Landschaft aus:

Womit möchtest du am liebsten für dein Wohlbefinden sorgen? Wirf noch einmal einen Blick auf die Bedingungen, die dich am meisten unterstützen und erschaffe deine liebevolle Insel.

Tipp: Du darfst dir auch Druckfreie-Zeit-Inseln schenken, in denen du nichts tun musst – aber alles Schöne (!) tun darfst. In denen du darauf achtest, was dir jetzt gerade richtig guttun würde.

Das ist der Zeitraum:

Am wirkungsvollsten ist diese Insel, wenn du sie dir täglich schenkst. Dabei ist weniger die Dauer als die Regelmäßigkeit entscheidend für dein Glück.

Wie viel Zeit kannst du dir jeden Tag schenken? (Selbst fünf Minuten stärken und nähren dich!) Zu welchem Zeitpunkt in deinem täglichen Ablauf ist dir eine regelmäßige Selbstfürsorge-Insel möglich? Kannst und möchtest du die Zeit an bestimmten Tagen ausdehnen?

Notiere dir deine Insel mit Zeitraum in deinem Notizbuch. Wundervoll! Jetzt hast du bereits einen Plan – und nun geht es an die Umsetzung.

Damit wir hilfreiche Rituale tatsächlich etablieren, ist oft mehr nötig als ein guter Vorsatz. Diese Beobachtung hast du bestimmt auch schon einmal gemacht. Charles Duhigg, Experte für Gewohnheiten und ihre Veränderung, beschreibt die vier Schritte, die uns dabei unterstützen, hilfreiche Gewohnheiten aufzubauen.[46]

Schritt eins: Mache es unübersehbar. Das Allerwichtigste ist, dich daran zu erinnern, dass du deine Selbstfürsorge-Insel auch heute betreten darfst. Unser Handeln wird durch Hinweise ausgelöst. Setze dir dafür ganz bewusst äußere Reize, die du nicht übersehen kannst. Ein Wecker an deinem Mobilgerät, eine feste Zeit in deinem Terminplaner, dein Notizbuch auf deinem Kopfkissen, die Flasche Wasser neben deiner Zahnbürste, einen Plan an der Wand. Was unterstützt dich dabei, dich an deine Fürsorge-Insel zu erinnern?

Schritt zwei: Mache es attraktiv. Deine Selbstfürsorge-Insel ist dafür da, dir ein Lächeln auf die Lippen zaubern. Bereits dann, wenn du an sie denkst. Wirklich wichtig ist, dass du Freude an ihr hast. Schau also noch einmal hin, wie du dir diese Insel so richtig schön gestalten kannst. Auch wenn du Dinge darin aufgenommen hast, von denen du weißt, dass sie dir guttun, ohne dass du innerlich aufjubelst, wenn du an sie denkst, frage dich: Wie kannst du sie dir so gestalten, dass du sie wirklich gern tust? Beispiele sind: Tanzen statt »Sport treiben«, Zitronen- oder Orangenwasser statt reines Wasser trinken, Abwechslung und Raum für Kreativität schaffen statt starre Abläufe.

Schritt drei: Mache es dir einfach. Den ersten Schritt bist du hierfür bereits gegangen: Du hast dir ein Zeitfenster gesteckt, das du tatsächlich einhalten kannst. Das ist sehr wichtig! Denn wenn wir uns zu viel vornehmen, kann uns das direkt davon abhalten, zu beginnen. Ein zweiter Aspekt ist die Zeit der Vorbereitung. Können wir direkt mit etwas beginnen, machen wir es viel eher. Das gelingt, indem du dir notwendige Dinge für deine Selbstfürsorge-Insel bereitlegst und sie unkompliziert gestaltest (oder zumindest dich erfüllende Alternativen hast, wenn gerade keine Orangen mehr für dein Wasser da sind). Bitte auch andere Menschen, die mit dir zusammenwohnen, darum, dir diese Zeit zu schenken, ohne dich zu unterbrechen und schalte mobile Geräte in dieser Zeit auf Flugzeug-Modus.

Schritt vier: Mache es erfüllend. Das Schöne an der Selbstfürsorge-Insel ist, dass sie dich direkt nähren und auftanken soll. Behalte immer im Auge: Sie ist für dich da – nicht du für sie. Und jedes Mal, wenn du sie dir geschenkt hast, feiere dich dafür. Erlaube dir, stolz auf dich zu sein. Du schaffst eine wohltuende, hilfreiche Basis für dein Glück, du sorgst gut für dich – und das ist wundervoll!

Du darfst gut für dich sorgen. Du darfst dir die Bedingungen schaffen, die deinen Wurzeln Halt geben und ihnen guttun. Du darfst dafür sorgen, dass du all die Nährstoffe bekommst, die dein Wachstum benötigt.

Viel Freude auf deiner Fürsorge-Insel!

Deine Win-Win-Win-Entscheidung: genussvolle Selbstfürsorge

Begib dich auf eine kulinarische Entdeckungstour und beobachte, welche Wirkung frisch zubereitete Mahlzeiten, Salat und Früchte auf dich haben. Wie verändern sich deine Stimmung und dein Energielevel durch frische Lebensmittel? Damit sorgst du auch körperlich für wohltuende Nährstoffe, schützt dein Herz-Kreislauf-System und unterstützt dein Gehirn dabei, all das Glück zu fassen.

Von Fülle-Sackgassen und Mangel-Umwegen

Den Weg zum Glück direkt über den wunderschönen Waldpfad an einem einsamen Strand entlang anzutreten, der uns nicht nur vor viel Unnützem bewahrt, sondern auch noch direkt mit Wohlgefühl berieselt, ist wohl der Traum eines jeden Glücksreisenden.

Gleichzeitig ist es genauso natürlich, dass wir in Sackgassen landen und auf Umwege geraten. Sackgassen, von denen wir fälschlicherweise dachten, sie brächten uns in die Fülle, weil die Hinweisschilder so nett geblinkt haben. Umwege, mit denen wir versuchen, dem Mangel zu entkommen und uns dabei vor allem vom Glück entfernen.

Zu erkennen, dass du dich in einer Sackgasse oder auf einem Umweg befindest, mag unangenehm sein. Aber es ist auch ein Grund zum Lachen und genauem Hinsehen. Hier kannst du nun umdrehen und wieder aus dem Funkloch kommen! Hier musst du nicht mehr langgehen (was ein Glück)! Hier kannst du lernen, wie sich Sackgassen und Umwege anfühlen, erkennst ähnliche beim nächsten Mal eher und findest schneller wieder zurück zum Glück.

Fülle-Sackgasse Nummer eins: den Mangel füllen

Angenommen, es gäbe in diesem Buch eine versteckte Doppelseite, in der fünf Euro darauf warteten, von dir entdeckt zu werden. Für wen würdest du diese fünf Euro ausgeben: Für dich oder jemand anderen?

Halte inne und beantworte die Frage. Danke für deine Ehrlichkeit!

Diese Frage stellte ich zum ersten Mal einem Publikum von etwa 200 Menschen während eines Vortrags. Das Ergebnis: Etwas mehr als die Hälfte würde die fünf Euro für sich ausgeben. Das ist sehr natürlich. Wir alle wollen, dass es uns gut geht.

Schauen wir uns nun an, wie die oberen fünf Prozent der Glücklichen es mit dem Geldausgeben halten. Eine eher wirtschaftlich ausgerichtete Studie[47] stellte fest: Im Vergleich zu Durchschnittsglücklichen gaben die sehr Glücklichen ihr Geld

- … eher für andere aus als für sich selbst.
- … eher für Erlebnisse aus als für Dinge.
- … eher für viele kleine Erlebnisse aus als für große Abenteuer.
- … nicht für überteuerte Versicherungen und Garantien aus.
- … eher für Dinge aus, die sie jetzt kaufen, aber später genießen.
- … nicht aus, um bei Vergleichen mit anderen besser abzuschneiden.

Kehren wir zu den fünf Euro zurück. Hier waren sich alle Teilnehmer einer Studie einig, dass es glücklicher mache, die fünf Euro für sich selbst auszugeben. Die eine Hälfte der Teilnehmer durfte dies daraufhin tun, die andere bekam den Auftrag, sie für jemand anderen auszugeben. Wer war nun danach glücklicher? Das Überraschende: Diejenigen, die das Geld für andere ausgegeben haben, waren weitaus glücklicher[48] (obwohl sie das davor nicht gedacht hätten!). Das zeigt: Geld für andere auszugeben *bewirkt* tatsächlich auch, glücklich zu werden. Einen ebenso bestärkenden Befund gibt es zum Geldausgeben für Erlebnisse. Auch das macht glücklicher, als wenn es für Konsumgüter ausgegeben wird.[49]

Fast unheimlich wird es hingegen, wenn wir uns die Sackgasse anschauen, in die wir in der Hoffnung, den Mangel zu füllen, manchmal geraten: den genaueren Gründen von Shoppingtouren und ihren Folgen. In einer Studie fanden die Forscher durch Befragungen drei tieferliegende Gründe für den Kaufrausch heraus: Aufbesserung des Selbstwerts, der Langeweile entkommen und die innere Leere füllen.[50] Und was passiert nach dem Shopping? Der direkte Effekt von (erfolgreichem) Shoppen ist zunächst Ekstase. Die mittelfristigen Effekte, die oft noch am selben Tag, spätestens jedoch am folgenden Tag eintreten sind jedoch: Erschöpfung. Ausgelaugtsein. Schuldgefühle. Innere Leere.

Das Fazit: Diese Befunde bedeuten nicht, dass es falsch ist, sich etwas zu kaufen. Sie bedeuten, dass wir in diesen Dingen nicht unser Glück finden. Diese Dinge führen nicht dazu, unseren Selbstwert aufzubessern oder eine innere Leere zu füllen. Und sie bedeuten, dass wir deshalb in eine Sackgasse geraten, wenn wir sie dort suchen. Sie weisen uns zudem auf einen ganz wichtigen weiteren Schlüssel zu unserem Glück hin.

Der vierte Schlüssel ist:
Glück beginnt in unserem Inneren.

Im Außen können wir tatsächliches Glück möglicherweise wie in einem Spiegel auf uns zurückgeworfen sehen, zum Beispiel im Fluss eines schönen Erlebnisses oder im Gesicht eines Menschen, dem wir gerade eine kleine Freude gemacht haben. Aber dieses Glück beginnt in unserem Inneren. Es beginnt in unserer Haltung, uns und die Welt zu betrachten. Betrachten wir sie aus einer Perspektive von Mangel oder von Fülle?

Die Sackgasse, in die wir immer wieder geraten, ist, dass wir im Mangel oft reflexartig versuchen, ihn zu füllen. Mit neuen Klamotten, neuen Gadgets, neuer Deko, Süßkram, Deftig-Fettigem und Heißgetränken. Das kann aus dreierlei Gründen nicht funktionieren:

1. Mangel ist nicht füllbar. Er entspringt dem Gedankenhamsterrad, das nicht aufhören wird, dem Glück hinterherzujagen – in der Zukunft wie im Außen.
2. Mangel kann auf tieferliegende Herausforderungen hinweisen. Solange wir sie uns nicht anschauen, nehmen sie nicht ab, sondern zu. Mit der Strategie, unser allgemeines Unwohlsein zu überdecken, trainieren wir zudem eine Gewohnheit, die nicht funktioniert.
3. Wir richten im Versuch, den Mangel zu füllen, unsere mächtige Aufmerksamkeit – die Ausrichtung unseres Herzens – erneut oder noch immer auf den Mangel.

Das Glück können wir nicht erreichen, indem wir versuchen, den Mangel zu füllen. Wir entdecken es, indem wir uns der Fülle zuwenden.

Fülle-Sackgasse Nummer zwei: den Mangel übertönen

Fülle umgibt uns nicht nur in der wohltuenden Form, die wir bisher angezapft haben. Fülle umgibt uns auch in den unendlichen Möglichkeiten, uns von der Ablenkung der Ablenkung abzulenken. Was ein Geschenk an Möglichkeiten, Kontaktspielraum und Informationsqualität sein kann, führt uns in eine Sackgasse, wenn wir hier unser Glück suchen oder damit Unwohlsein überdecken.

Dies hat gravierende Folgen: Während wir fernsehen, ist unser Gehirn weniger aktiv als während des Schlafs. Die Zeit, die Kleinkinder vor dem Fernseher verbringen, ist ausschlaggebender für ihren Bildungsweg als die Bildung ihrer Eltern.[51] Abendlicher Bildschirmkontakt verschlechtert unsere Schlafqualität, verzögert das Einschlafen und verringert die kognitive Leistung.[52] Glückliche Menschen hingegen schauen bedeutend weniger Fernsehen,[53] denn sie spüren: Durch ständige digitale Ablenkungen *trainieren* wir die »Fähigkeit«, unfokussiert, rastlos und abgelenkt zu sein[54] – wir trainieren das Gedankenhamsterrad! Wir trainieren es, Funklöcher zu erschaffen – um uns dann von den Funklöchern abzulenken.

Glück braucht Qualität statt Quantität. Glück braucht unsere Zuwendung, unsere ganze Aufmerksamkeit und unsere bewusste Wertschätzung. Menschen, die die Freude über irgendetwas einige Sekunden länger wachhalten und richtig auskosten, zeigen eine höhere Hirnaktivität im Striatum, einer Gehirnregion, dessen hohe Aktivierung mit tiefem Wohlbefinden (mehr als lediglich einem positiven Gefühl) und weniger Stresshormonen verknüpft ist.[55] Nach Dr. Rick Hanson ist es entscheidend, mindestens zwölf Sekunden bei dem Erlebnis zu verweilen, es auszukosten und ihm auch auf der körperlichen Ebene nachzuspüren. Mit jedem Mal verankern wir dieses Glücksgefühl in unserem Gehirn ein bisschen mehr.[56] Das ist der Ausstieg aus dem Gedankenhamsterrad auf der neuronalen Ebene: Wir lassen Glück und Freude zu, ohne direkt nach neuen Reizen zu suchen. Wir lassen uns vollkommen auf den Moment ein. Wir wertschätzen das Glück, das da ist. Wir kommen in Kontakt mit unserer eigenen, inneren Lebendigkeit. Und diese innere Fülle, die Haltung, mit der wir auf die Welt schauen, wird wie in einem Spiegel auf uns zurückgeworfen.

Mache deine Glückserfahrung: Mini-Glücksauszeit

Suche dir einen schönen Platz mit (Fenster-)Blick auf ein Fleckchen Natur. Falls du dies nicht in Reichweite hast, mach es dir vor deinem Lieblingsbild gemütlich. Schalte alle Geräte aus, aktiviere den Flugzeug-Modus deines Handys und stelle dir einen Wecker auf drei Minuten.

Und nun lass dich landen. Genieße den Anblick der Natur. Genieße deine Drei-Minuten-Mini-Glücksauszeit. Erfreue dich an dem Anblick und an all den kleinen Wundern, die du entdeckst. Mache aus den zwölf Sekunden, die dein Gehirn braucht, um Freude zu verankern, 180 Sekunden.

Mangel-Umweg: Bloß weg hier!

So, wie wir in Sackgassen hineingeraten, so kommen wir auch auf Abwege. Auch das ist vollkommen normal. Über diese Umwege versuchen wir, einen großen Bogen um den Mangel zu machen, entfernen uns damit aber eigentlich vor allem vom Glück. Was uns vom Gedankenhamsterrad als kurzfristig angenehmer weißgemacht wird (vor dem Konflikt mit dem besten Freund davonzulaufen, den Sportunterricht zu schwänzen oder den Frust der Arbeitswoche mit stundenlangem Videospiel zu verdrängen), wird auf längere Sicht zum Verhängnis.

The quickest way out is through.
(Der schnellste Weg raus ist mitten hindurch.)

M. Scott Peck

Alles wird größer, wenn wir es ignorieren. Jedes Muster, jeder Konflikt, jedes unangenehme Gefühl und jede bröckelnde Glücksbedingung. Wie bei einem Ballon, der zu Beginn vielleicht sogar in deine Hand gepasst hätte, bläst sich solch ein Mangel mit jedem Fluchtschritt auf und nimmt irgendwann den gesamten Umweg, der schon hinter dir liegt, in Anspruch. Blickst du zurück, siehst du nur noch ein gigantisches »Monstrum« – und keinen Funken Glück mehr in dieser Richtung. Dadurch beschleunigst du deine Schritte auf dem Umweg weiter.

Ja, es braucht einiges an Mut, dorthin zu schauen. Aber solange wir es nicht tun, verwehren wir uns einen substanziellen Teil unseres Glücks. Nur wenn wir uns der Herausforderung, dem Konflikt, dem Muster, dem unangenehmen Gefühl zuwenden, haben wir eine Chance, zur Fülle zurückzukehren. Nur dann können wir beginnen zu experimentieren, was uns tatsächlich hilft. Öffnen wir uns gleichzeitig für die Fülle, die direkt dahinter liegt, entsteht eine Brücke, die bei uns beginnt und durch den Konflikt, durch die bröckelnde Glücksbedingung, durch die Trauer, durch die Angst hindurch direkt in die Fülle führt.

Diese unbequemen Herausforderungen sind wertvolle Zeichen – und sie dauern an, bis wir herausfinden, wie wir sie meistern oder gut für uns sorgen.

Mitten hindurch wachsen

Herausforderungen und Mangel sind Teil unseres Lebens. Selbst auf dem direktesten Glücksweg durch den Wald am Strand entlang, ganz ohne selbstgewählte Umwege oder blinkende Sackgassen, tauchen Felsen, Schluchten, Stürme und Raubtiere auf (diese besonderen Herausforderungen werden wir im Wachstumsschritt »Sehr glückliche Menschen blühen auf« (S. 163) genauer betrachten).

Auch die glücklichsten Menschen erleben Herausforderungen. Sie erleben Verlust, sie erleben Scheitern, sie erleben Druck und Stress. Sie kämpfen mit ihren eigenen Mustern, erleben sogar Momente der Einsamkeit, des Selbstzweifels und der Verzweiflung. Das Leben wird nicht frei von Herausforderungen und Mangelmomenten, nur weil man glücklich ist. Was sich nach und nach wohltuend verändert, sind:

- Der Umgang damit,
- die Tiefe des Fallens,
- die Angst vor dem Fallen
- und die Leichtigkeit, mit der man wieder aus dem Funkloch tritt – oder sogar mitten im Chaos in Verbindung bleibt.

Denn sehr glückliche Menschen sehen Herausforderungen und Mangelempfinden als Chancen, zu wachsen.[57]

Ein Lotus wächst in tiefem Schlamm. Tatsächlich in verdammt eklig stinkendem Schlamm. Erst durch den eklig stinkenden Schlamm blühen Lotusse. Sie wachsen nicht auf Marmor.

Kein Schlamm, kein Lotus

Thich Nhat Hanh

Was wäre, wenn die größten Herausforderungen unsere tiefsten Wachstumspotenziale beherbergen würden?

Mir ist ein Mensch begegnet, der mit unglaublich viel Hingabe und berührendem Erfolg autistische Kinder und deren Familien begleitet. Seine Überzeugung ist: Autismus ist veränderbar, es ist kein angeborener, unabwendbarer Defekt. Erstaunlicherweise ist dieser Mensch selbst in einem sehr lieblosen und vernachlässigenden Elternhaus aufgewachsen. Rückblickend wurde klar, dass sich erst daraus dieses tiefe Mitgefühl für Kinder und das Engagement für eine hilfreiche, förderliche Wachstumsumgebung entwickelt hat.

Mache deine Glückserfahrung: Wachstumsausblick

Mache es dir gemütlich. Wenn du möchtest, schau, was dir jetzt guttun würde. Vielleicht ein Glas Wasser, eine dicke Decke oder eine Streck- und Räkeleinlage. Hole dir auch wieder dein Notizbuch und deinen Lieblingsstift dazu.

- Notiere dir eine vergangene Herausforderung, die du gemeistert hast.
- Inwiefern bist du dadurch gewachsen? Halte alle Wachstumspunkte fest.
- Was hat dich bei diesem Wachstum unterstützt?

Genieße kurz, was du da gemeistert hast – und wie gestärkt du daraus hervorgegangen bist! Vielleicht wärst du jetzt ohne diese Herausforderung gar nicht der Mensch, der du bist. Wende dich dann dem zweiten Teil der Übung zu: eine gegenwärtige Herausforderung.

- Notiere dir kurz eine aktuelle Herausforderung.
- Inwiefern wirst du gewachsen sein, wenn du sie gemeistert hast? Notiere dir alle Möglichkeiten, die dir einfallen.
- Was kann dich dabei unterstützen?
- Wie kannst du dich selbst dabei unterstützen?

Möglicherweise hast du gerade die Entdeckung gemacht, dass du für eine Herausforderung sogar richtig dankbar sein kannst. Du darfst darauf vertrauen, dass du auch die jetzige Herausforderung meistern kannst und dass sie dich währenddessen sogar stärken wird. Nutze sie für dein Wachsen. Nutze sie für dein Blühen! Du bist der Lotus, nicht der Schlamm. Selbst frustrierende Ereignisse, die wir nicht mehr ändern können oder die sich jeglicher Kontrolle entziehen, können völlig unerwartet zum Segen werden …

Ich will dir ein Beispiel von mir selbst geben, als ich einmal unglücklich verliebt war. Nach einem ganz magischen Treffen, in dem ein unglaublicher Gesprächs-Flow entstanden war, meldete sich dieser Mensch nicht mehr. Zwei Tage, drei Tage. Ich schrieb ihm eine unverfängliche Mail. Eine Woche – keine Antwort. Drei Wochen. Vier Wochen. Irgendwann hatte ich die Faxen dicke und stieß gleichzeitig auf die folgende Übung:

Die Dankbarkeitsumdeutung:[58] Schreibe das frustrierende Ereignis, an dem du nichts ändern kannst, auf. Und nun notiere alle Gründe, warum du dankbar dafür sein kannst, dass es genau so gekommen ist. Hui!

Zuerst brauchte ich etwas Anlauf. Von fadenscheinigen Punkten wie »Ich habe gemerkt, dass meine Selbstliebe zugenommen hat, weil ich mein Leben dennoch genießen konnte.«, oder »Ich verschwende meine Zeit nicht mit einem Menschen, der eh nicht an mir interessiert ist.«, kamen plötzlich mehr und mehr Gründe zusammen. Mir fiel zum Beispiel ein, dass er rauchte und schon bei unserem ersten Treffen Bier getrunken hatte, was spätestens beim ersten Kuss weniger anziehend sein würde. Darüber hinaus hatte ich weder zeitliche noch finanzielle Kapazitäten für eine Fernbeziehung, die mich zudem von meinem mich sehr begeisternden zweiten Studium in Angewandter Positiver Psychologie ablenken würde. Am Ende war das gesamte Blatt voll und ich dachte: »Meine Güte! Gott sei Dank meldet der sich nicht!«

Ich lade dich auf die lohnenswerte Reise ein, genauer hinzuschauen, in deinem eigenen Tempo. Es gibt Herausforderungen, bei denen es unsere Aufgabe ist, liebevoll und fürsorglich für uns da zu sein. Es gibt auch Herausforderungen, bei denen es unsere Aufgabe ist, uns von ihrer Macht über uns zu befreien. Durch beide Arten an Herausforderungen wachsen wir und diesen beiden wenden wir uns in den folgenden beiden Kapiteln genauer zu. Mangel-Umwege und Fülle-Sackgassen sind dabei jedoch unsere Strategien, diesen Herausforderungen aus dem Weg zu gehen, uns von ihnen abzulenken oder sie mit blinkendem *Leer*gut zu füllen. Das ist nicht verwerflich. Es sind unsere Versuche, für unser Wohlbefinden zu sorgen und wir tun das so gut, wie es uns gerade möglich ist.

Doch was wäre, wenn du deine Selbstfürsorge auf ein neues Level heben könntest?

Mache deine Glückserfahrung: Gewohnheitsknacker

Es wird wirklich spannend, wenn du dich bei nicht hilfreichen Gewohnheiten oder bei Impulsen, dich abzulenken, dich abzuwerten oder dich zu beschallen ertappst. Egal, wann es dir auffällt (auch wenn du schon lange mitten drin steckst): Der Moment, in dem du es bemerkst, ist ein wertvoller Moment, an dem du alles wenden kannst.

Was brauchst du jetzt gerade wirklich? Und wie kannst du jetzt gut für dich sorgen?

Deine Win-Win-Win-Entscheidung: aus Fülle Fülle schaffen

Erschaffe Fülle, indem du dir und anderen kleine Erlebnisse schenkst und eine Freude machst. Welche kreativen Wege entdeckst du, dies (fast) ohne Geld zu tun? Genieße den Einfallsreichtum und den freudig-spritzigen Flow, die bei der Umsetzung entstehen.

Keine Macht den Glücksfressern und Selbstzweifeln

Ich danke dem Begründer der »Power Psychology« Shai Tubali, der mich mit einer Erzählung über die »erste Herausforderung« zu dieser erweiterten Geschichte inspiriert hat:

Beim Eintreten in dein Zuhause ist etwas anders. Noch bevor du dich richtig orientieren kannst, bemerkst du schwere matschige Fußabdrücke, die den Fußboden im Flur verunzieren und ins Wohnzimmer führen. Von dort hörst du bald darauf etwas rumpeln und eine tiefe Stimme fröhlich summen. Deine Hand tastet zu dem langen Holzschuhlöffel neben der Tür. Du schleichst dich mit klopfendem Herzen, aber bereit zum Ausholen zur Wohnzimmertür. Dort sitzt eine Gestalt auf dem Teppich, die sich mit sichtlichem Genuss über deine Schokoladenvorräte hermacht. Ihr Blick hebt sich und als sie dich sieht, lacht sie vergnügt. »Ah, da bist du ja! Verdammt gute Schokolade! Du, die Vase da vorne, die ist mir runtergefallen – stand aber auch blöd.« Und mit einem heiteren Gluckser wird weiter Schokolade gemampft. Du bist vollkommen geschockt. Weder kennst du diese Person, noch hattest du vor, deine Schokolade mit ihr zu teilen. Du blickst dich um. Die Stiefelabdrücke verteilen sich über den gesamten Fußboden, auch den Teppich. Schokoladenpapier fliegt herum, der Sessel ist zur Couch gezogen worden und wurde beim Fernsehen offensichtlich als Fußableger benutzt. Die Couch ist bereits ausgezogen und bettfertig hergerichtet, so als hätte die Person vor, hier länger zu bleiben. Schließlich trifft dein Blick auf die genannte Vase – oder die Scherben, die davon übriggeblieben sind – und eine Welle von Wut und Trauer packt dich. Das letzte Geburtstagsgeschenk von deiner lieben Oma, bevor sie verstorben ist.

Was tust du?

Hier warten zwei Herausforderungen auf dich. Die erste ist, den Eindringling loszuwerden, der sich offensichtlich bei dir häuslich einrichten will. Die zweite ist, für dein Zuhause zu sorgen, Ordnung zu schaffen und deiner Trauer zu begegnen. Für beide Schritte darfst du dir Unterstützung holen. Und beide Herausforderungen brauchen vollkommen andere Methoden und Vorgehensweisen und verfolgen ein vollkommen anderes Ziel.

Selbst wenn es dir durch eine bemerkenswerte menschliche Reife gelänge, den Eindringling mit einer unerschütterlichen Haltung von Wohlwollen und ehrlicher Freundlichkeit hinauszubefördern, du *musst* ihn hinausbefördern. Ansonsten verwüstet er weiter dein Zuhause, trampelt über deine Grenzen hinweg und raubt dir jede Lebensqualität. Ich verwende das Wort »müssen« nicht leichtfertig, doch an dieser Stelle ist jeder andere Begriff nicht angemessen. Das ist die Art von Herausforderung, die Abgrenzung braucht, die Art von Herausforderung, in der es deine Aufgabe und dein Ziel ist, ihr ihre Macht über dich zu entziehen.

Bei der zweiten Herausforderung, Ordnung zu schaffen, dein Zuhause wieder in einen Wohlfühlort zu verwandeln, dich um das zu kümmern, was zerbrochen wurde und deiner Trauer zu begegnen, braucht es hingegen deine liebevolle und fürsorgliche Tatkraft. Dein Ziel ist es hier, Ordnung, Heilung und Wohlfühlen zu schaffen.

In unserem Inneren sieht es oftmals genauso aus. Manchmal sitzen in allen Zimmern irgendwelche »Eindringlinge« – die Glücksfresser. Manchmal entdecken wir auch gleich mehrere von ihnen, die sich irgendwie ähnlich sehen. Die Geschichte ist keine Aufforderung, schutzbedürftigen Menschen Hilfe oder Obdach zu verwehren (auch wenn hierfür genauso unsere eigenen Grenzen und unser privater Schutzraum wichtig sind). Sie spiegelt unsere innere Welt wider. Das wirklich verheerende an diesen inneren Glücksfressern ist, dass wir sie nicht als Eindringlinge wahrnehmen. Sie gehören dazu, sie waren vielleicht schon immer da und wurden so zu einem Teil von uns.

Glückfresser sind unsere abwertenden oder negativen Grundüberzeugungen – vor allem über uns, aber auch über andere und die Welt. Sie sind es, die im Gedankenhamsterrad zu endlosen Gedankenschleifen führen.

Besonders gern äußern sie sich durch:

- Sorgen (»Oh Gott, wie soll das nur werden!?«),
- Grübeln (»Hätte ich doch damals ...«),
- Selbstzweifel (»Oje, das schaff ich nie!«),
- Selbstabwertung (»Typisch, nie krieg ich etwas hin!«),
- und Stresstiraden (»Das *muss* ich jetzt noch erledigen!«).

Diese gedanklichen Aktivitäten nähren die dahinter liegenden Grundüberzeugungen. Je öfter und länger wir in diese Schleifen einsteigen, desto dicker und mächtiger werden die Glücksfresser am anderen Ende. So, als hätte das Gedankenhamsterrad viele verschiedene Speicher, in die die Energie eingespeist wird, die wir ins Strampeln investieren.

Während tiefe Grundüberzeugungen Fingerspitzengefühl brauchen, um klar erkannt und hinausbefördert werden zu können und dies den Rahmen dieses Buches übersteigt, kann jeder von uns damit beginnen, sie weniger zu füttern. Das ist es, was sehr glückliche Menschen laut etlichen Forschungsbefunden tun: Sie hören auf, sich Sorgen zu machen und zu grübeln.[59]

Bei deinen Gedankenhamsterrad-Ausstiegen hast du möglicherweise schon bemerkt, dass der Ausstieg bei bestimmten Gedankenschleifen besonders schwierig ist. Deshalb ist jetzt die Frage, was ihnen diese Macht über uns gibt – und wie wir sie ihnen entziehen.

Kennst du skurrile Gedanken? Sie tauchen auf, du wunderst dich kurz, vielleicht lachst du auch oder erschrickst. Aber dann erinnerst du dich, dass du vor Kurzem Hannibal Lecter oder Shades of Grey gesehen oder mit deinem Patenkind Spinnen und Kaulquappen gefangen hast. Du tust diese Gedanken ab, weil du weißt: »Das bin nicht ich« – und sie verschwinden wieder.

Was lief hier richtig? Und was läuft bei so vielen Grübelschleifen, Sorgenspiralen und Selbstabwertungen – den Glücksfressern – falsch?

Die erste Ebene

Die erste Ebene der Glücksfresser-Macht besteht darin, dass wir den Glücksfressern Glauben schenken. Wir halten Glücksfresser in dem Moment, in dem sie uns »übermannen« für vollkommen real und extrem bedeutsam. Jeder Gedanke und jede Überzeugung, die wir haben, hat eine ungeheure Macht über uns.

Erst kürzlich fanden Forscher heraus, dass unsere Überzeugung über die Folgen von Stress dafür verantwortlich ist, ob Stress uns tatsächlich körperlichen Schaden zufügt und unsere Lebenswahrscheinlichkeit verringert – oder es eben nicht tut.[60] Erstaunt hatten die Forscher festgestellt, dass Menschen, die viel Stress haben, aber der Überzeugung sind, Stress sei *nicht* gesundheitsschädlich, länger leben als diejenigen, die mit weniger Stress umgehen müssen, aber glauben, er sei gesundheitsbeeinträchtigend.

Glaub nicht alles, was du denkst.

Um diesem verrückten Befund näher auf den Grund zu gehen, luden die Forscher daraufhin Studierende in ihr Labor ein. Die fiese Aufgabe: Rede vor zwei streng dreinblickenden Begutachtern über deine Schwächen und zähle anschließend von 1456 in Siebenerschritten abwärts. Die eine Gruppe erhielt zuvor keine weiteren Informationen. Der anderen Hälfte sagten sie zuvor jedoch: »Stress ist eine wichtige, körperliche Reaktion. Sie bereitet deinen Körper vor, optimal auf die Herausforderung zu reagieren, transportiert dein Blut überall dahin, wo es gebraucht wird und ermöglicht dir, in deiner ganzen Kraft zu sein.«

Beide Gruppen zeigten typische Stresssymptome, wie die Ausschüttung von Adrenalin und Cortisol und eine Beschleunigung des Herzschlags. Es gab jedoch einen wichtigen Unterschied: Bei der aufgeklärten Gruppe bauten sich die Stresshormone schneller ab – und obwohl der Puls in die Höhe schoss, verengten sich die Adern nicht.[61] Diese

Verengung der Adern ist einer der Hauptgründe für die gesundheitlich belastende Wirkung von lang andauerndem Stress, denn erst dadurch entstehen Ablagerungen, die die Gefäße nach und nach verstopfen und zu Infarkten führen.

Das heißt: Selbst wenn du sehr stressreiche, fordernde Phasen durchlebst – ob es dich gesundheitlich belastet, liegt an dem, was du glaubst. Was möchtest du glauben?

Mache deine Glückserfahrung: Sorgen-Erfolg

Vielleicht magst du dich kurz daran zurückerinnern, als du das letzte Mal in einer Sorgenschleife über ein in der Zukunft stattfindendes Ereignis gefangen warst. Achte darauf, dass das Ereignis nun schon eingetreten ist. Wenn du möchtest, halte deine Überlegungen in deinem Notizbuch fest.

Welche Sorgen kamen auf?

Wozu haben diese Sorgen geführt (Gefühle, körperliche Symptome, Verhaltensweisen, Herausforderungen)?

Was ist beim Ereignis, über das du dich gesorgt hast, tatsächlich passiert?

Hätten sich die Sorgen gelohnt, selbst wenn das schlimmstmögliche Ereignis eingetreten wäre?

Du brauchst nicht alles zu glauben, was du denkst. Du brauchst dir nicht deine Kraft, deinen Schlaf, dein Glück oder deine Gelassenheit rauben zu lassen.

So wie du über die skurrilen Gedanken lachen kannst – und dich mitunter entscheidest, deine Freizeit demnächst anders zu verbringen – kannst du auch beginnen, deine Sorgen, dein Grübeln und deine negativen Meinungen infrage zu stellen.

Mache deine Glückserfahrung: Hypothesen-Prüfung

Die Fragen in dieser Übung sind inspiriert von »The Work« von Byron Katie.[62] Wenn du im Gedankenhamsterrad steckst, das gerade einen Glücksfresser in dir bedient, schaue einmal genauer hin und mache dir, wenn du magst, Notizen. Welche Interpretation über die Situation, über dich oder über einen anderen Menschen entdeckst du?

Beispiele können sein:

- Sorgen: »Das wird wieder furchtbar.«
- Grübeln: »Das war so peinlich, ich kann mich da nicht mehr blicken lassen.«
- Selbstabwertung: »Ich versage doch ständig.«
- Meinung über andere: »Das war absolut rücksichtslos von ihr.«

Wenn du einen solchen interpretierenden Satz entdeckt hast, beantworte zu ihm die folgenden Fragen:

Stimmt das?

Wann stimmte es nicht? Finde fünf bis zehn Gegenbeispiele!

Wer wärst du ohne diese Gedanken?

Jeder von uns formt seine ganz eigene Realität. Jeder von uns ist mit seinen eigenen Eindringlingen beschäftigt. Wir dürfen ihnen ihre Macht über uns entziehen!

Die zweite Ebene

Die zweite Ebene der Glücksfresser-Macht besteht darin, dass wir uns mit den Glücksfressern identifizieren. Bei skurrilen Gedanken, die wir auf einen äußerlichen und außergewöhnlichen Faktor zurückführen können (Hannibal Lecter, Shades of Grey, Spinnenjagd) fällt uns das schnell auf und wir können direkt sagen: »Das bin nicht ich.«

Doch du bist niemals deine Gedanken! Gedanken sind Wortfetzen oder Bilder, die durch deinen Kopf rauschen. Sie kommen und sie gehen. Ein Gedanke muss nicht widerspiegeln, wer du bist. Es ist sowieso die Frage, ob ein Gedanke das überhaupt kann. Ein Gedanke ist einfach ein Gedanke. Mehr nicht. Er gewinnt erst in dem Moment Macht über dich, in dem du dich mit ihm identifizierst. In diesem Moment *wirst* du zu diesem Gedanken. »Ich mache mir eben schnell Sorgen«, »Ich bin eben (selbst-)kritisch« oder »Ich habe eben kein Selbstvertrauen« sind die möglichen Schlussfolgerungen, die darüber entscheiden, wie glücklich wir sein können. Diese Macht speist Selbstzweifel und Selbstabwertungen.

Ich erzähle dir ein sehr persönliches Beispiel von mir: Es gab eine Zeit in meinem Leben, in der ein starker innerer Glücksfresser wieder hervorkam, den ich jahrelang kaum gespürt hatte. Ich hatte keine Ahnung, warum er in den absurdesten Situationen zurückkam und wie ich mit ihm umgehen könnte. Eines Abends – als bereits etliche schwierige Abende hinter mir lagen – kam ich nach Hause und brach in eine Tränenflut aus. Der Glücksfresser hatte mal wieder voll zugeschlagen und mich wie in eine innere Starre versetzt. Auf einer Ebene wusste ich, dass mein Verhalten total absurd war. Auf einer anderen Ebene wurde ich aber komplett von dieser inneren Starre und allerlei Überzeugungen und Gedanken überrollt, aus denen ich keinen Ausweg sah. Die Verzweiflung darüber wurde unerträglich und mitten in die Verzweiflung hinein bäumte sich etwas in mir auf und sagte: »Das bin ich nicht!« Ich hielt überrascht inne. Und dann sagte ich es laut, immer wieder. »Ich bin das nicht! Ich bin nicht diese Starre.« Und ich ging einen Schritt weiter. Ich erinnerte mich an all die Momente, in denen ich in vergleichbaren Situationen entspannt, locker und freudvoll gewesen war. Ich erinnerte mich auch an viele weitere glückliche Momente, an kleine und große Erfolge und entschied: »*Das* bin ich.«

Du bist nicht die Gestalt in deinem Schlafzimmer, die seit Jahren alles verwüstet oder nach einer Pause plötzlich wieder aus dem Kleiderschrank springt und damit weitermacht. Du bist deine besten Momente, die Momente, in denen sich eine von Herzen kommende Freundlichkeit mit einem wachen, klugen Geist vereint. Alles andere sind Glaubenssätze, Raubtiere, Schluchten, Felsen und Stürme – Glücksfresser, die das Gedankenhamsterrad anheizen.

Ein sehr wichtiger Wirkfaktor von Achtsamkeit auf unser Wohlbefinden ist nach Jon Kabat-Zinn die Loslösung von unseren Gedanken, das Lockern unserer Identifikation mit ihnen.[63] Was Selbstzweifel wirklich sind, brachte Michael Fordyce, der australische Glückspionier, ganz herrlich auf den Punkt: Selbstzweifel sind Geschichten anderer unglücklicher Menschen, die sie dir über dich erzählt haben.[64]

Nehmen wir diesen Satz mal auseinander. Der erste interessante Aspekt ist: Selbstzweifel sind *Geschichten*. Sie sind erfunden. Der zweite interessante Aspekt: Selbstzweifel kommen *von anderen*. Von anderen, die diese Sätze bewusst oder unbewusst in dir hinterlassen haben. Wie viel Macht möchtest du anderen über dich geben? Und der dritte interessante Aspekt: Diese anderen waren *unglücklich*. In einem der ersten Kapitel haben wir gesehen, dass Mangel (oder Unglück) eng, angespannt und unkooperativ macht, Denkblockaden und Tunnelblicke begünstigt und dazu neigt, sich selbst zu verstärken. Hinter einem solchen Blick liegt genauso wenig Objektivität wie die Kapazität, mit seinem Umfeld fair, angemessen oder mitfühlend umzugehen.

Denke immer daran: du bist das Zuhause und nicht der Eindringling. Du bist der Lotus, nicht der Schlamm.

Mache deine Glückserfahrung: Abschiedsfeier

Von welchem Glücksfresser möchtest du dich heute verabschieden? Und was unterstützt dich dabei?

Zelebriere den Abschied und erschaffe dir eine feierliche, freudvolle Atmosphäre. Egal, ob dich Kerzen oder Partymusik, Orangensaft oder Sekt, ein Schaumbad oder ein Drei-Gänge-Menü, ein Krönchen oder deine besten Sportschuhe, Seifenblasen oder die besten Sieger-Videos auf Youtube in diese Stimmung versetzen: Es ist *deine* Abschiedsfeier.

Vielleicht kehrt der Glücksfresser auch danach nochmal zurück. Doch die Abschiedsfeier, der erste Platzverweis, ist ein mächtiger Impuls, der dir auch in Zukunft mehr Klarheit und Entschiedenheit gibt.

Deine Win-Win-Win-Entscheidung: Befreiung für die Tonne

Gib der Welt weniger von dem, was sie nicht braucht. Das schaffst du zum Beispiel, indem du dich für plastikfreie Produkte entscheidest und dafür deinen Lieblingsbegleiter des Monats wählst: einen Stoffbeutel, eine Glastrinkflasche oder selbst gebackene Kekse. Vielleicht magst du sogar dem Unverpackt-Laden in deiner Stadt einen Besuch abstatten und dich von der tief entspannten Einkaufsatmosphäre begeistern lassen.

Sei für dich da, wenn du dich am meisten brauchst

Wir besitzen erstaunliche Selbstheilungskräfte. Ist es nicht wahnsinnig faszinierend, dabei zuzusehen, wie ein kleiner Schnitt am Finger innerhalb weniger Tage heilt? Wir brauchen ihm nur Zeit zu geben, einen geschützten Raum und gute Bedingungen. Auch größere Wunden können heilen. Manche werden wir vielleicht unser Leben lang bemerken – als Kribbeln oder Ziehen bei Unwetter, als Einschränkung unserer Bewegungsfreiheit. Aber auch hier können wir die Heilung und unser Wohlergehen unterstützen. Und genauso ist es mit seelischem Schmerz.[65]

Br. Pháp Dung (Mönch)

Kehren wir zu der Szenerie mit dem Eindringling in dein Zuhause zurück. Du stehst also in deinem im Chaos versunkenen Wohnzimmer. Schokoladenpapier fliegt herum, Dreckspuren ziehen sich über Boden und Teppich und vor dir liegt die zerbrochene Vase deiner Großmutter, die dir so viel bedeutet hat. Es ist sehr deutlich: Hier möchte etwas in Ordnung gebracht und repariert werden.

Während wir in unserem Wohnzimmer beginnen aufzuräumen, zu putzen und zu saugen, müssen wir in unserem Inneren weniger etwas tun. Was in unserem Inneren unsere Fürsorge braucht, sind unsere Gefühle und der seelische Schmerz. Genau in diesen Momenten, in denen diese sichtbar werden, brauchst du dich selbst am meisten.

Der Kern jeder negativen Gedankenspirale, die aus Grübeln, Sorgen, Selbstabwertungen oder Stresstiraden besteht, ist ein Gefühl. Des Öfteren sind es auch mehrere Gefühle zugleich, die sich manchmal durchaus wie ein Chaos anfühlen können. Manchmal sind diese Gefühle überwältigend offensichtlich, oft liegen sie jedoch hinter Sorgen, Grübeln und Selbstabwertung verborgen.

Sie sind das, um was es eigentlich geht und was unsere Aufmerksamkeit tatsächlich verdient hat: Während wir uns von diesen Gedankenschleifen lösen wollen, um ihnen ihre Macht über uns Stück für Stück zu entziehen und weitere Verwüstung zu verhindern, sind es diese Gefühle, die unsere Zuwendung brauchen. Michael Fordyce beobachtete bereits, dass die obersten fünf Prozent unter allen Glücklichen mit diesen Gefühlen erstaunlich hilfreich umgehen – obwohl sie sie ebenso erleben.[66]

Wie begegnen wir innerem Schmerz und Gefühlen wie Ärger, Trauer, Verzweiflung, Scham und Angst also auf hilfreiche Weise? Wie schaffen wir gute Bedingungen dafür, dass Schmerz beginnen kann zu heilen, Ordnung entsteht und wir uns wieder wohlfühlen in uns selbst?

Diesen Weg zum Für-sich-selbst-da-Sein zu finden und zu gehen, kann ein mulmiges Gefühl bereiten. Mit Sicherheit braucht er Mut und auch etwas Kraft. Und genau wie bei einem verwüsteten Wohnzimmer darfst du dir hierfür Unterstützung suchen. Gleichzeitig gibt es, wenn wir glücklich sein möchten, keine echte Alternative, als für uns da zu sein und in uns die Grundlage zum Wohlfühlen zu schaffen und wiederherzustellen. Aus unserem eigenen Inneren können wir nicht ausziehen. Hier gilt mehr denn je der Satz von M. Scott Peck: »Der schnellste Weg hinaus ist mitten hindurch.«

Einem solchen Weg haben sich Kirsten Neff und Christopher Germer in Wissenschaft und Praxis verschrieben. Sie haben ihm den Begriff *Selbstmitgefühl* verliehen.[67] Dieser Weg besteht aus drei Schritten, die wir nun gemeinsam ansehen und anschließend zusammenführen werden.

Der erste Schritt: achtsam halten

Durch die Art und Weise, wie wir mit dem Gefühl in uns in Kontakt treten und es halten, können wir gute Bedingungen dafür schaffen, feststeckende Gefühle zu lösen und unsere inneren Selbstheilungskräfte zu aktivieren. Wenn wir damit beginnen, in Kontakt zu unserem Gefühl zu treten, bemerken wir vielleicht zunächst die sorgenvollen oder grüblerischen Gedanken, die durch unseren Kopf jagen. Das ist genauso normal, wie etliche Schleifen dort zu drehen, bevor es uns überhaupt auffällt. Doch jeder Moment, in dem dir dies auffällt, ist kostbar! Denn die Gefühle und der Schmerz liegen unter und hinter der gedanklichen Ebene, wie ein Grundton, den alle Gedanken gemeinsam haben. Diesen Grundton finden wir in unserem Körper. Im Körper kommen wir, wenn wir aus der gedanklichen Ebene aussteigen, mit unseren Gefühlen in Kontakt.

Wenn du möchtest, probiere dies direkt aus.

Mache deine Glückserfahrung: mit Gefühlen in Kontakt treten

Was hat dich in der letzten Zeit genervt? Entscheide dich für ein Thema, das dich nur mäßig belastet. Lasse das Hamsterrad dann noch einmal so richtig in Fahrt kommen.

Was ist dir das letzte Mal zu diesem Thema durch den Kopf geschossen? Wie war das alles noch mal genau?

Und nun richte deine Aufmerksamkeit auf deinen Körper.

Wo genau sitzt das Gefühl (oder das Gefühlsgemisch) im Körper? Welche Form und Größe hat es? Wie genau fühlt es sich körperlich an? Gib dir Zeit. Bleibe für eine Weile mit dem Gefühl im Körper in Kontakt und spüre es, wie es ist. Mache dir bewusst: Du bist größer als das Gefühl.

Dann finde einen Namen für dieses Gefühl: »Da ist gerade …«

Beende diese Übung sanft und auf eine Weise, die dir guttut.

Von Herzen kommende, freundliche Aufmerksamkeit ist ein großes Geschenk. Kennst du diesen ganz und gar wohltuenden Effekt, den das tiefe Zuhören eines lieben Freundes auf dich hat? Wie viel gestärkter, erfrischter und vertrauensvoller du dich fühlst, wenn du eine Herausforderung mit jemandem teilen durftest, der dir seine ganze, freundliche und nichtwertende Aufmerksamkeit schenkt?

Diesen Raum braucht unser Inneres, um zu heilen. Und genau diesen Raum von Zugewandtheit, Wärme und Fürsorge, in dem du nicht verurteilst und das Gefühl in deiner liebevollen Aufmerksamkeit hältst, kannst du dir selbst schenken. Unsere Gedanken sagen uns oft, dass das nicht geht. Doch sobald du das Gedankenhamsterrad verlässt und das Gefühl im Körper spürst, weißt du es. Du kannst das Gefühl in deiner freundlichen Aufmerksamkeit halten. Denn:

Dein Herz ist größer als du denkst.

Shai Tubali

Gibt es dafür auch wissenschaftliche Beweise? Die gibt es. Menschen mit Hautekzemen hilft Lichttherapie. Wenn sie während dieser Lichttherapie meditieren, also freundlich präsent sind, gehen die Ekzeme *viermal so schnell* zurück.[68] Wir haben einen enormen Einfluss auf unsere Selbstheilungskräfte.

Ähnlich dramatische Befunde existieren auch auf emotional-seelischer Ebene: Nach nur acht Wochen Achtsamkeitstraining konnte man eine verringerte Zelldichte in der Amygdala feststellen, dem »Angstzentrum« unseres Gehirns, das bei potenziell bedrohlichen Reizen Alarm schlägt. Gleichzeitig berichten die Menschen, die an diesem Training teilgenommen hatten, sich weniger gestresst zu fühlen, obwohl das Stresslevel objektiv dasselbe war. Was passiert war: Die Amygdala reagierte weniger intensiv auf die gleichen Auslöser –[69] die überstrapazierten Stressbahnen konnten heilen.

Doch was genau wirkt hier? Manchmal wird Achtsamkeit als distanzierte, kühle, rationale Qualität verstanden oder vermittelt. Doch die Faktoren, die die stresslindernde Wirkung von Achtsamkeit ausmachen, sind das Selbstmitgefühl[70] und die Selbstakzeptanz.[71] Es ist die *freundliche Haltung*, die wir in unser Gewahrsein legen. Die freundliche, zugewandte, annehmende Aufmerksamkeit, die wir uns und dem, was wir erleben, schenken.

Das ist es, was unsere Selbstheilungskräfte aktiviert und uns die Stärke gibt, Gefühle zu halten und zu heilen. Jon Kabat-Zinn beschreibt Achtsamkeit als eine riesige Umarmung des gegenwärtigen Moments – anstatt der Distanzierung davon![72] Auf genau diese Weise können wir für unser Inneres da sein.

> *Alles, was du in deiner liebevollen Aufmerksamkeit hältst, kann heilen.*
>
> *Thich Nhat Hanh*

Der zweite Schritt: Erinnere dich – du teilst jedes Gefühl

Was dir Mut und Zuversicht in diesem Prozess gibt, ist, dich an Folgendes zu erinnern: Egal, welches Gefühl du erlebst, du teilst es mit allen anderen Menschen. Denn auch alle anderen Menschen möchten glücklich sein und erleben auf ihrem Weg dorthin Herausforderungen, die sie an allem zweifeln lassen.

Ein großer Teil des Schmerzes und auch der Angst, die Gefühle in uns auslösen, ist die Illusion, mit ihnen alleine zu sein. Gerade mitten im Sturm nehmen wir uns oft isoliert von anderen wahr und glauben, dass solche Gefühle unnormal sind, nicht sein dürfen oder ein Zeichen dafür sind, dass etwas mit uns nicht stimmt.[73] Das befeuert zehrende

Gedankenspiralen, die uns von der Wahrnehmung im Körper ablenken, unsere Selbstzweifel verstärken und uns daran hindern, für das Gefühl und die innere Verletzung freundlich und annehmend da zu sein und gute Bedingungen für unser Inneres zu schaffen.

Du bist mit keinem Gefühl allein. Selbst der Mensch, der das Gefühl gerade in dir ausgelöst hat, kennt dieses Gefühl.

Mir ist Folgendes passiert: Eine Idee von mir, an der mein Herz sehr hing, wurde einmal von zwei anderen Menschen überraschend harsch in Stücke gerissen. Ich war vollkommen unvorbereitet auf diese Reaktion und nach dem Zusammensein den Tränen nahe. Zu allem Überfluss stand anschließend eine gemeinsame Meditation an – das Allerletzte, was ich jetzt gerade wollte. Da saß ich also in einer Runde, zusammen mit den beiden Kritikern, und richtete meine Aufmerksamkeit behutsam auf meine Gefühle. Ein Sturm aus Wut, Enttäuschung, Fassungslosigkeit, Unsicherheit und grimmiger Entschlossenheit fegte durch Bauch und Brustkorb und ich musste die Zähne zusammenbeißen, um nicht zu auffällig einzuatmen. Schnell ging ich über zu Schritt zwei und sagte mir: *Diese ganzen Gefühle teile ich mit allen anderen Menschen.*

Mit diesem Satz weitete sich plötzlich meine innere Perspektive. In diesem Moment wurde mir bewusst, dass selbst diese beiden Menschen genau diese Gefühle kennen und schon erlebt hatten. Das Gefühl von Trennung und Isolation löste sich auf und ich spürte *auf Basis dieser Gefühle* die gemeinsame Ebene. Ich spürte unsere Verbundenheit in dem, was es bedeutet, Mensch zu sein.

Du darfst dich deinem Mensch-Sein zuwenden, auch dem schmerzhaften und herausfordernden Teil davon. Das ist nicht etwa ein Zeichen dafür, dass du schwach bist oder etwas mit dir nicht stimmt. Ganz im Gegenteil: Durch diese Hinwendung wächst du über deine vorherigen Grenzen hinaus. Du integrierst die zerbrochenen Stellen, gibst ihnen die Möglichkeit zu heilen und wirst dadurch zu einem vollständigeren Menschen.

Schritt drei: sorge für dich

Du hältst das Gefühl, den Schmerz, mit freundlicher Aufmerksamkeit und hast dich daran erinnert, dass du ihn mit allen anderen teilst. Jetzt bleibt nur noch eines zu tun: bestmöglich für dich zu sorgen. Das bedeutet, hinzuspüren, was dir jetzt gerade, im Angesicht dieses inneren Chaos, guttut und dich hilfreich unterstützt.

Jedes Gefühl macht uns auf etwas aufmerksam. Da herausfordernde Gefühle und seelischer Schmerz nicht angenehm sind und wir sie am liebsten nicht spüren wollen, gehen wir ihnen oft entweder aus dem Weg (siehe Sackgassen und Umwege), oder speisen sie zu schnell mit einer »Lösung« ab, um sie weg zu haben. Solche Lösungen sind selten hilfreich, vor allem aber verhindern sie den allerwichtigsten Schritt des Da-Seins für uns: Das Da-Sein selbst.

Erst auf Basis eines echten Da-Seins für das Gefühl aus Schritt eins (S. 72) kommen wir mit einer hilfreichen Antwort auf dieses Gefühl in Kontakt. Wenn wir gefühlt haben, was im Innen los ist, können wir im Außen, im Alltag, in den nächsten Minuten und Tagen, die richtigen Weichen stellen. Diese Weichen konstruieren wir durch die folgende Frage: »Wie kann ich jetzt gut für mich sorgen?«

Vielleicht merkst du, dass du Abstand willst zu einer Person oder einer Situation. Vielleicht möchtest du ein klärendes Gespräch suchen oder mit jemand anderem darüber sprechen. Vielleicht wünschst du dir Unterstützung bei deinem Heilungsprozess. Vielleicht helfen dir Auftankmomente wie ein heißes Bad, eine Runde im Park, eine Fürsorge-Insel, eine kreative Auszeit oder frühes Zubettgehen, vielleicht brauchst du einen Tapetenwechsel oder mehr Struktur im Alltag. Was auch immer es ist, das auftaucht, probiere es aus.

Füge dein Inneres zusammen

In Japan gibt es die Tradition, zerbrochenes Porzellan nicht wegzuwerfen. In sehr liebevoller Handarbeit werden die Bruchstücke wieder aneinandergefügt. Anschließend werden die Risse mit Gold veredelt, was den Vasen, Schalen und Tellern einen viel höheren Wert verleiht, als sie ihn vorher gehabt haben – und sie zu Unikaten macht. Auf diese Weise kann auch dein Inneres heilen. Du integrierst die Bruchstücke und erst durch sie wirst du zu dem einzigartigen Menschen, der du bist. Das Gold, das die Risse heilt und veredelt, ist deine liebevolle Zuwendung, dein »Für-dich-da-Sein«. Das ist die Fülle, die du in schwierigen Zeiten in dir selbst erschaffen kannst.

Ich lade dich nun ein, diese drei Schritte zu gehen. Sorge bitte auch im Vorfeld gut für dich und *wähle dafür ein Thema aus, das dich nicht zu sehr belastet.* Für sehr herausfordernde Stürme, die an deinen Grundfesten rütteln, darfst du dir Unterstützung suchen.

Mache deine Glückserfahrung:
Dein Inneres zusammenfügen

Richte es dir bequem und gemütlich ein und lasse dich in deine Sitzunterlage hineinsinken. Wenn du soweit bist, richte deine Aufmerksamkeit auf den natürlichen Fluss deines Atems. Spüre die sanfte Bewegung, die er im Brustkorb verursacht. Das Heben und Senken, das Weiten und wieder Zurücksinken.

Nimm Gefühlskontakt auf

Erlaube dir, ganz hier anzukommen, in deinem Brustkorb und bei dir. Und dann nimm ganz behutsam Kontakt auf zu dem Gefühl. Wo spürst du es im Körper? Wie fühlt es sich an? Schaue, ob du seine Konturen und seine Größe ausmachen kannst. Finde dann einen für dich stimmigen Namen für das, was du fühlst. »Da ist gerade …«

Halte deine Empfindung achtsam

Richte deine Aufmerksamkeit in freundlicher Weise auf die Empfindung. Deine warme, wohlwollende Aufmerksamkeit ist wie der Lichtkegel einer Taschenlampe, den du genau so einstellen kannst, dass du der Empfindung Raum gibst. Sei ganz für dieses Gefühl präsent, wie du es für eine gute Freundin oder einen guten Freund wärst.

Gib dir und dem, was da ist, Zeit. Es ist nichts weiter zu tun. Da bist du und hältst die Empfindung in freundlicher Aufmerksamkeit. Sie darf da sein und du darfst sie halten. Ohne dass sie verschwinden muss und ohne dass du irgendetwas sonst zu tun hättest.

Wenn es dich unterstützt, erinnere dich an den Satz von Thich Nhat Hanh, dass »alles, was du in deiner liebevollen Aufmerksamkeit hältst, heilen [kann]«.

Erinnere dich: Du teilst dieses Gefühl

Gerade, wenn Gedanken auftauchen, aber auch, um dein Da-Sein nach einiger Zeit noch zu vertiefen, erinnere dich daran: Dieses Gefühl fühlen alle anderen Menschen auch. Du teilst dieses Gefühl mit allen anderen. Lasse diesem Satz Zeit, um in dir nachzuklingen.

Sorge gut für dich

Nun, in Kontakt mit dem, was heilen möchte und in Erinnerung an dein Mensch-Sein, stelle dir die folgende Frage: »Wie kann ich jetzt hilfreich und gut für mich sorgen?« Richte die Frage an deinen Körper (statt an deinen Kopf), der das Gefühl beherbergt. Welcher Impuls taucht auf?

Probiere ihn aus. Erforsche, was dir guttut. Der Impuls ist auf einer ehrlichen, offenen und fürsorglichen Zuwendung hin entstanden, der besten Basis für hilfreiche nächste Schritte.

Eine Audioanleitung zu dieser Übung findest du auf meiner Website unter happyroots.de/buch/glueckserfahrung.

Ganz gleich, wie überwältigend sich ein Gefühl anfühlt, sodass du dich vielleicht auch mit Unterstützung hindurch begibst: du bist der Lotus, nicht der Schlamm. Daher ist es jetzt nicht nötig, im Schlamm zu wühlen. Die nächste Herausforderung wird sich zeigen, wenn es soweit ist. Und auch an dieser Herausforderung wirst du wachsen und mit vergoldeten Stellen aus ihr hervorgehen.

Deine Win-Win-Win-Entscheidung:
Reparieren ist Gold

Stärke dein Vertrauen in die Schönheit von Heilungsprozessen und repariere, flicke, nähe, klebe, schraube oder leime einen Gegenstand, der nicht mehr (ganz) funktionstüchtig war. Tatkräftige Hilfe findest du in Repaircafés, bei Eltern und Großeltern und handwerklich begabten Freundinnen und Freunden. Womit möchtest du den Gegenstand verschönern und ihm Einzigartigkeit verleihen?

Mache dein Glück zur Priorität

Das Lagerfeuer knistert und leuchtet in die klare Nacht hinein. Der kleine Indianerjunge kuschelt sich noch etwas näher heran und folgt dem Blick seines Großvaters. Für einige lange Augenblicke betrachten beide das schimmernde Firmament über sich, das dunkelblaue Tuch des Nachthimmels, das sich in endlose Ferne erstreckt und zahllose blinkende, strahlende oder milchig-leuchtende Punkte beherbergt.

Dann erklingt die dunkle, erdige Stimme des Großvaters in die Stille hinein. »In deinem Innern, mein Sohn, dort, wo dein Herz schlägt, da kämpfen zwei Wölfe. Der eine Wolf ist stark und mutig. Er ist großzügig und von Herzen freundlich, erfreut sich an den Blumen und Sternen, ehrt das Wasser und die Wälder und liebt das Leben. Er liebt es, am Leben zu sein und er liebt die anderen Lebewesen, deine Brüder und Schwestern im Stamm und im Reich der Tiere. Er glaubt an deine Gaben und Talente und gibt dir die Kraft und die Zuversicht, sie für das Gute einzusetzen. Der andere Wolf ist ebenfalls stark, aber feige. Er ist missmutig und selbstbezogen, manchmal niedergeschlagen und jähzornig. Er beachtet weder die Blumen noch die Sterne, ist gleichgültig gegen das Wasser und die Wälder und das einzige, was für ihn zählt, ist das ewige Rennen, die verzweifelte Suche, die niemals endet. Manchmal richtet er in deinem Innern starke Verwüstung an und beraubt dich jedes Funkens Mut und Zuversicht. Ja, er spricht dir sogar deine Gaben und Talente ab. Diese zwei Wölfe kämpfen in deinem Innern.«

Lange sitzen die beiden schweigend nebeneinander. Der Blick des Großvaters ist weiter auf das Sternenzelt gerichtet, der Junge schaut lange ins Feuer. Er ist beiden Wölfen in sich bereits begegnet und weiß um ihre jeweilige Macht. »Großvater, welcher Wolf gewinnt?«, fragt er schließlich. Der Alte lächelt. »Der, den du fütterst, mein Sohn.«

In diesem ersten großen Teil des Buches ging es um deine tiefe Verwurzelung im Glück und die Macht, die deine Aufmerksamkeit dabei spielt. Wir erinnern uns noch einmal an die wörtliche Bedeutung von Aufmerksamkeit im Hebräischen: dein Herz auf etwas setzen.

Worauf setzt du dein Herz? Du hast in jedem Moment die Wahl:

- Auf das Glück (oder das Gedankenhamsterrad)?
- Auf die Fülle (oder den Mangel?)
- Auf Weite und Offenheit (oder Enge und Tunnelblick)?
- Auf das, was in dir vorgeht (oder blinkende Fülle-Sackgassen)?
- Auf dein Zutrauen, Herausforderungen zu meistern (oder die überwältigend erscheinende Herausforderung)?
- Auf deine Selbstheilungskräfte, Gefühle halten und lösen zu können (oder auf die Gedankenhamsterrad-Geschichten)?
- Auf den Menschen, zu dem du wachsen wirst (oder die Glücksfresser und Selbstzweifel, die dich am wachsen hindern)?
- Auf den Lotus, der du bist (oder den Schlamm)?

Jeder Moment, in dem du deine Ausrichtung auf das Glück lenkst, zählt. Mit jedem Mal, in dem du bemerkst, dass du gerade in Sackgassen oder Gedankenhamsterrädern läufst, schwächst du diese Gewohnheit. Mit jedem bewussten Moment stärkst du das hilfreiche Gegengewicht und verschiebst die Waagschale Richtung Glück.

Was zählt, ist deine Entscheidung für das Glück.

Michael Fordyce nannte das Prinzip dahinter »Das geheime Glücksprinzip« und machte es zum vierzehnten und letzten Grundsatz für das Glück. Die sehr glücklichen Menschen, die ihm in seinen Studien und Forschungen begegnet waren, haben eine weitere erstaunliche Gemeinsamkeit: Sie haben Glück zu ihrer obersten Priorität gemacht.[74] Alles, was sie tun, richten sie danach aus, ob es zu tiefem, innerem Glück beiträgt oder ihm schadet. Und sie wertschätzen das Glück.

Mache deine Glückserfahrung: Herz-Priorität

Ich lade dich ein, dieses Geheimnis sehr glücklicher Menschen selbst zu erforschen. Nimm dir dazu dein Notizbuch zur Hand und deinen Lieblingsstift. Wenn dir der Sinn nach farbenfrohem Ausdruck steht, verwende gerne Bunt- oder Filzstifte.

Stell dir vor, du würdest dein Herz auf das Glück setzen. Stell dir – nur mal so zur Freude – vor, dass du das Glück zu deiner obersten Priorität machst. Male es dir ganz genau aus … und halte dann deine Gedanken zu den folgenden Fragen fest:

Wie würde das dein Leben verändern? Was würdest du verändern?

Gib deinen allerersten Impulsen Raum! Betrachte, wenn du magst, zudem die folgenden Bereiche:

- Deine Beziehungen,
- deine Haltung dem Leben gegenüber,
- deinen Lebensstil.

Ganz besonders jetzt wüsste ich unglaublich gern, welche Ideen und Visionen für dein Leben mit dieser Übung an die Oberfläche traten. Doch ich begnüge mich erstmal damit, einen Blick auf das Leben der sehr glücklichen Menschen zu werfen, die bereits erforscht wurden. Erstaunlicherweise werden diese nicht etwa egoistischer und selbstbezogener, sondern ausgeglichener. Das hängt damit zusammen, dass sie ihre Räume, aber auch ihre Grenzen klarer kennen und sich entscheiden, auf dieser Basis für sich zu sorgen. So schaffen sie im Umgang mit anderen mehr Kapazitäten dafür, freundlich und großzügig zu sein.[75] Sie beginnen nicht etwa damit, den ganzen Tag mit Eiscreme vor dem Fernseher zu sitzen (auch wenn sie sich liebevolle Auszeiten nehmen), sondern gestalten aktiv ihr Leben und richten es wenn nötig neu aus, auch wenn dies Herausforderungen mit sich bringt und Kraft bedarf.[76] Sie schaffen sich also eine feste, nährende, stärkende Basis. Und aus dieser verwurzelten Basis heraus wachsen sie und blühen auf.

Das Wachstum zum Glück braucht Mut, Denn Wachstum bedeutet immer auch Veränderung. Diese Veränderungen – gerade wenn wir sie nicht genau abschätzen können oder es ganz grundlegende Veränderungen sind – fühlen sich manchmal beängstigend an. Wir lassen Dinge hinter uns und segeln in neue Gefilde. Genau hier treffen wir auf das ambivalente Thema des »Loslassens«. Zum Schluss dieses ersten Teils möchte ich dir deshalb in besonderer Weise Mut machen.

Loslassen ist keine Kunst – sondern ein guter Deal

Irgendetwas in uns hält uns in zehrenden Umgebungen, in nicht hilfreichen Gewohnheiten, in Wut, Groll und Angst. Etwas in uns hält uns in alten Mustern, nicht erfüllenden Lebensbedingungen und in Verhaltensweisen wie Meckern, Rückzug und Verausgabung. Man könnte diesen Teil den Gedankenhamsterrad-Wolf nennen. Es ist der zweite Wolf, der dem Indianerjungen vorgestellt wurde.

Damit aufzuhören, diesen Gedankenhamsterrad-Wolf zu füttern, ist eine sehr gute Idee. Doch lediglich damit aufzuhören reicht nicht – und es funktioniert oft nicht einmal. Shai Tubali erklärt dies so: Das menschliche System ist nicht selbstzerstörerisch. Bevor es eine noch so schädigende Angewohnheit, eine noch so limitierende Umgebung, ein noch so negatives Gefühl, einen noch so hartnäckigen Selbstzweifel loslässt, braucht es etwas Besseres, das diesen Platz einnehmen kann. Ein sehr treffendes weiteres Gleichnis dafür stammt von Autorin und Life-Coach Lea Hamann: Wir können nicht die ganze Zeit schlechte Luft ausatmen (sprich loslassen). Wir müssen auch einatmen – am besten frische, kühle, wohltuende Luft.

Hier kommt der freundliche Wolf ins Spiel. Wenn gleichzeitig ein verlässlicher Zugang zu etwas Besserem geschaffen wird, ein verlässlicher Zugang zu innerer Zufriedenheit, zu Fülle, zu Ausgeglichenheit, zu Energie, Freude und Liebe zu dir selbst, kann der Gedankenhamsterrad-Wolf viel leichter nach und nach in den Hintergrund treten und letztlich losgelassen werden.

Es ist sehr entscheidend, wen du fütterst! Doch Loslassen ist kein Kraftakt, erst recht keine Entsagung und auch nichts, was von jetzt auf gleich vollständig geschehen ist. Loslassen ist ein natürlicher Prozess des Glücklicher-Werdens. Ein verdammt guter Deal.

Den Prozess des Loslassens verdeutlicht am besten ein realer Vorfall, von dem ich Zeugin werden durfte: Ein Referendar in einem meiner Achtsamkeitskurse erzählte uns in der vorletzten Stunde, kurz vor seiner mündlichen Abschlussprüfung, dass er aufgehört habe zu rauchen. Zuerst habe er bemerkt, dass das Rauchen nicht zu seiner Konzentration beiträgt (wie er davor geglaubt hatte). Dann schaute er noch genauer hin und da fiel ihm auf, dass er vor allem rauche, um mit anderen Menschen nett zusammen zu stehen. Da entschied er: »Das kann ich auch so« – und hörte auf. Wie kam es zu dieser Entscheidung?

- Er hat wirklich hingesehen. Er nahm eine Verhaltensweise, die er im Verdacht hatte, ihm langfristig mehr zu schaden als zu nützen, sehr genau unter die Lupe.
- Er hat den heimlichen Wunsch dahinter entdeckt. Er forschte wirklich nach seinem »Wofür mache ich das?«
- Er hat entschieden, dass er sich diesen Wunsch auch ohne dieses Verhalten ermöglichen möchte.

Doch war das alles? Ich glaube, dass ein vierter Aspekt noch entscheidender ist als alle vorherigen, und zugleich in den meisten Fällen weit vor dem ersten Aspekt des genauen Hinschauens beginnt.

- Er hat in sich selbst die Kapazität und das Vertrauen aufgebaut, gut für sich, seine Bedürfnisse und sein Wohlbefinden sorgen zu können.

Dieses innere Vertrauen darin und das Wissen darüber, das Bedürfnis anders und sogar besser erfüllen zu können, ermöglicht es erst, etwas nicht Hilfreiches loszulassen.

Ein weiteres Beispiel stammt aus Portugal: Dort schützt man Menschen wirksam vor einem Rückfall in die Drogensucht durch eine Entkriminalisierung sowie eine sehr aktive Wiedereingliederung in die Gesellschaft, durch wertschätzende Behandlung, Jobvermittlung und

Behandlungsnachsorge.[77] Dabei ist die Wahrscheinlichkeit hoch, dass viele zentrale menschliche Glücksbedingungen wiederhergestellt werden: Fürsorge, Verbundenheit, Zugehörigkeit, Anerkennung und Selbstwirksamkeit, um nur einige wenige zu nennen.

Dieses Prinzip gilt nicht nur für Süchte. Tatsächlich lässt es sich auf alle möglichen Eigenarten des Gedankenhamsterrad-Wolfs übertragen: Eine zehrende Umgebung oder Beziehung, ein Verhalten, das einem selbst oder anderen schadet, eine innere Neigung, sich in Sorgen, Ärger, Groll oder Hilflosigkeit zu verstricken, sich selbst zu verausgaben, zu meckern oder sich von Selbstzweifeln zurückhalten zu lassen. All das tun oder erdulden wir nicht ohne Grund. Hinter all dem liegen Bedürfnisse und tiefe Wünsche, die wir versuchen zu erfüllen.

Das Beste, was du tun kannst, ist daher, dir wirklich gute Bedingungen zu schaffen, deine Herzensausrichtung auf das Glück zu lenken und so die Schwerkraft langsam zu verlagern. Je verlässlicher du für dich selbst da bist, desto schneller baut sich das innere Vertrauen darin auf. Wenn du zugleich immer wieder einmal ehrlich hinschaust, wirst du die Dinge, die dir nicht guttun, nach und nach loslassen können. Natürlich braucht es auch hierfür manchmal Mut und mit Sicherheit auch den Wunsch, weiter zu wachsen. Wir kommen um die Begegnung mit Glücksfressern und herausfordernden Gefühlen nicht herum.

Doch die tiefere Verbindung zu dir und deinem Inneren Glück stärkt dich. Und immer mehr Facetten deines Gedankenhamsterrad-Wolfs werden wegfallen. Nicht, weil du Magie angewendet hast, sondern weil es der natürliche Ausgang eines verdammt guten Deals ist.

Herz-Priorität Worauf setzt du dein Herz? Setzt du es auf dein wachsendes Glück, so freue ich mich sehr, dich zum zweiten großen Teil einladen zu dürfen: Von den gestärkten Wurzeln begeben wir uns jetzt hinein ins Wachstum.

Wachsen

Sehr glückliche
Menschen
wachsen in
ihr Glück hinein

Dein inneres Glück möchte wachsen

Es möchte auch, dass du selbst wächst. Und es ist der zuverlässigste Kompass für die Wachstumsrichtung, in der noch mehr Glück auf dich wartet.

Das, was dich glücklich macht, das, was sich gut und stimmig anfühlt, ist deine Wachstumsrichtung. In diesem Wachstumsprozess, der nun auf dich wartet, wirst du auf diese Weise mehr und mehr zu dem Menschen, der du bist. Du entfaltest mehr und mehr von dem, was bereits als Samenkorn in dir angelegt war. Und du entdeckst deine menschliche Kapazität, weit über dich hinauszuwachsen.

Deshalb ist dein Wachsen zum einen ein natürlicher und freudvoller Prozess, den du entdeckst. Wie bei einem Baum vertieft sich dabei das Wurzelwerk mit jedem Zentimeter, den der Baum der Sonne entgegenwächst. Zum anderen legen wir dein liebevolles »Ja« zu deiner Entwicklung frei, das unter populären Fehlannahmen begraben liegen kann. Wir dürfen es den Bäumen gleichtun. Sie schauen nicht nach links oder rechts – sie wachsen einfach.

Dazu entdecken und stärken wir dich und deine vielen Wachstumsmöglichkeiten und schaffen liebevolle Bedingungen dafür. Du lernst dich selbst tiefer kennen, entdeckst und hebst deine inneren Schätze und kommst dem auf die Spur, was für dich wirklich zählt. Das ist das, was dich ausmacht, das ist der Baum, zu dem du wachsen wirst. Und gleichzeitig wartet noch viel mehr Wachstum auf dich. Auch deine Selbstliebe, deine wertschätzende, freundliche Haltung dir selbst gegenüber, wirst du vertiefen, sodass sie zu einer zentralen Quelle deines Inneren Glücks werden kann. Am Ende führen wir die vielen Fäden, die wir entrollt haben, zusammen – zu *deinem Weg*. Beginnen werden wir den Wachstumsschritt »Wachsen« mit den äußeren Bedingungen: den Menschen, mit denen du dein Leben teilst.

Du bist, wen du (am häufigsten) triffst

Ein Freund ist ein Mensch, der die Melodie deines Herzens kennt und sie dir vorspielt, wenn du sie vergessen hast.

Albert Einstein

Der Blick von der Anhöhe, auf der du stehst, ist überwältigend. Ein dicht grünes Waldgebiet erstreckt sich über mehrere Hügelketten in die Ferne hinein, darin schlängeln sich sprudelnde kleine Flüsschen, die im Sonnenschein glitzern. Du nimmst die Klänge in dir auf: das Rauschen der Baumkronen, das mal nahe, mal fernere Zwitschern und Rufen der Vögel.

»Wusstest du, dass all diese Bäume in einem riesigen Netzwerk miteinander verknüpft sind?« Eine Schulter berührt deine und du lehnst dich für einen kurzen Augenblick sanft dagegen. Wie schön, mit diesem Menschen, mit dem du dich auf so wohltuende Weise verbunden fühlst, gerade hier zu sein! Während ihr auf eure vier weiteren Reisebegleiter wartet, fährt dieser Mensch fort: »Über das Wurzelwerk und ein riesiges Pilznetz ist jeder Baum dieses Waldes mit jedem anderen Baum verbunden. Stell dir das einmal vor! Über einen Angreifer, wie einen Pilz oder einen Parasiten, wissen alle anderen Bäume Bescheid und beginnen, Abwehrstoffe zu bilden.«[78] *Dein Blick schweift von dem Baum ein paar Meter unter dir über die grünen Schattierungen des Blätterdachs bis hin zu den Bäumen am anderen Ende des Tals. Der Mensch neben dir lacht. »Dieses Pilznetz ist so verfächert und effizient, dass es sogar in wissenschaftlichen Studien mittlerweile das Wood-wide-Web genannt wird.«*[79]

Dieses Prinzip trifft in vielleicht noch stärkerem Maße auf uns Menschen zu. Für dein Wachstum ist dein Umfeld, in dem du dich entfaltest, von noch viel grundlegenderer Bedeutung, als wir es uns in der Regel vorstellen können.

Der Nummer-eins-Faktor

Die nahen Menschen in deinem Leben sind wahre Schätze. Sie sind die Bäume, die mit dir wachsen, der Sonnenschein, der ein dichtes Sorgenwolkendach durchbrechen kann und der frische Regen, der dich in deinem Wachstum unterstützt und Zweifel fortspült. Ja, vielleicht braut sich zwischen euch mal eine Nebelwand oder ein Stürmchen zusammen – doch diese Herausforderungen in nahen, unterstützenden, positiven, liebevollen Beziehungen gehören zu den hilfreichsten und verwandelndsten, die uns begegnen können.

Auch wenn es also nicht immer vollkommen leicht oder ganz und gar konfliktfrei abläuft, sind es diese Lieblingsmenschen, die unersetzlich für dein Wohlbefinden sind. Eine Studie, die den herrlichen Namen »Very Happy People«[80] trägt und vom Begründer der Positiven Psychologie, Martin Seligman, mit durchgeführt wurde, zeigt, dass das der Faktor ist, den alle, wirklich alle sehr glücklichen Menschen gemeinsam haben. Der Faktor, der, neben vorherigen Forschungsergebnissen, auch in dieser Studie wie eine Voraussetzung für's Glücklichsein schien: *nahe, unterstützende, positive, liebevolle Beziehungen*.

Schauen wir uns die einzelnen Aspekte einmal etwas genauer an:

Nah meint: Mit diesen Menschen stehst du in tiefem, vertrauensvollem Austausch. Ihr könnt und möchtet euch tatsächlich einander öffnen in dem, was euch gerade wirklich bewegt. Räumliche Nähe ist hier von großer Bedeutung. Im digitalen Zeitalter kann man dies um die miteinander geteilte Zeit erweitern, die mehr oder weniger unabhängig von direkter räumlicher Nähe geworden ist (wie regelmäßige Telefonate).

Unterstützend meint: Diese Menschen sind für dich da, wenn du sie brauchst. Sowohl in emotional herausfordernden Zeiten, als auch für tatkräftige Projekte wie Umzüge, die Ausrichtung von Feiern bis hin zu finanziellem Beistand und Vernetzung.

Positiv meint: Diese Menschen heben deine Stimmung. Du fühlst dich nach einem Treffen in der Regel leichter, freudiger, energievoller und hoffnungsvoller – anstatt müder, ausgelaugter, kraftloser und bedrückt. Das ist ein sehr wichtiger und bedeutender Faktor, über den wir uns leicht hinwegtäuschen können.

Liebevoll meint: Diese Menschen meinen es ernst mit dir. Sie sind ehrlich an deinem inneren Wachstum interessiert. Sie möchten, dass du glücklich bist und wirst – auf deine ganz eigene Weise. Selbst wenn das bedeutet, dass du Dinge tust, die sie nicht direkt verstehen, oder die sie selbst nie tun würden: Sobald sie merken, dass diese Dinge dir tatsächlich guttun und dich innerlich wachsen lassen, wertschätzen sie deinen Weg von Herzen. Gleichzeitig bemerken sie auch, wenn du dich verstrickst oder falsch abgebogen bist und machen dich mitunter darauf aufmerksam.

Viele weitere Studien deuten ebenso darauf hin, dass diese Art von Beziehungen unerlässlich für das Wohlbefinden sind. Die längste unter ihnen begleitete Harvard-Absolventen sowie eine gleichaltrige Gruppe von Handwerkern über einen Zeitraum von achtzig Jahren. Ein zentrales Ergebnis: Nur mit nahen, liebevollen Beziehungen gab es Wohlbefinden. Ob Top-Anwalt, Schlosser, Klinikchef oder Busfahrer, das alles zählte nichts ohne nahe, positive Beziehungen.[81] Daran lässt sich auch erkennen, dass die Quantität von Kontakten nicht viel zählt. Selbst wenn ein oberflächlicher »guter« Kontakt zu sehr vielen Menschen besteht: Fehlen liebevolle Beziehungen, sind diese Menschen nicht glücklich. Von diesen Wohlfühl-Beziehungen hingegen braucht es wiederum nicht viele. Viel entscheidender ist ihre Qualität. Deshalb lade ich dich nun zu der ersten Schatz-Hebung in deinem Umfeld ein.

Mache deine Glückserfahrung: Lieblingsmenschen-Map

Während du die letzten Seiten gelesen hast, hast du mit Sicherheit schon an einige dieser Menschen in deinem Leben gedacht. Jetzt bist du eingeladen, sie zu ehren und ihnen einen Platz in deiner Lieblingsmenschen-Map zu geben, die du auf einer Doppelseite in deinem Notizbuch erstellst. Lege das Notizbuch dafür quer und nutze gern unterschiedliche fröhliche Farben.

1. Male ein Symbol in die Mitte der Doppelseite, das *dich* repräsentiert: Einen Stern, ein Herz, einen Baum, einen Hammer, eine(n) Super-(wo-)man ...
2. Zeichne dann wie bei einer Zielscheibe einen inneren Kreis um dich, der genug Platz für einige Namen lässt. Das ist der Kreis der Lieblingsmenschen, mit denen du sehr häufig in Austausch bist.
3. Zeichne einen weiteren, größeren Kreis drumherum. Dies ist der mittlere Kreis für liebe Menschen, mit denen du des Öfteren in Austausch bist.
4. Außerhalb dieses Kreises befindet sich der Kreis für die Lieblingsmenschen, die du selten siehst und sprichst.
5. Ziehe dann einen senkrechten Strich in der Mitte des Blattes und trage alle deine Lieblingsmenschen in die linke Hälfte des Blattes ein. Diese Hälfte kannst du »Lieblingsmenschen-Map« nennen. Die andere Hälfte wird später bestückt.

Beachte:

Jetzt geht es ausschließlich um die Menschen, die dir wirklich guttun. Die dich wirklich authentisch wachsen sehen wollen und die du wirklich authentisch wachsen sehen willst.

Wirf zum Schluss noch einmal einen Blick auf sie.

Mit wem möchtest du den Kontakt gern intensivieren? Markiere diese Menschen mit einem Sternchen (oder einem anderen Symbol deiner Wahl). Das sind die Menschen, mit denen du mehr Zeit verbringen darfst. Diese Menschen tun dir gut, sie sind Glücks- und Kraftspender für dein Wachstum.

Beziehungen, die uns nicht guttun, gibt es auch. Für manche haben wir uns mal entschieden, andere beruhen auf anderen Gemeinsamkeiten. Es ist in Ordnung, dass wir nicht zu jedem die perfekte Wellenlänge haben, dass wir manche Menschen nervig finden oder uns unwohl in ihrer Nähe fühlen und es ist genauso okay, wenn uns nicht alle mögen. Wichtig ist aber, dass diese Menschen keinen großen (negativen) Einfluss auf unser Leben bekommen. Dieser Einfluss wird aber umso größer, je mehr Zeit wir aktiv mit ihnen statt mit unseren Lieblingsmenschen verbringen. Die Waagschale für nahe, unterstützende, positive, liebevolle Beziehungen sollte daher immer schwerer wiegen und mehr Platz, Zeit, Raum und Gewicht in unserem Leben füllen. Denn: du wirst stark beeinflusst von dem Netzwerk an Menschen um dich herum – und sogar von deren Freunden und häufigen Kontakten, die du gar nicht kennst.

Verdammt vernetzte Wesen

Deine Beziehungen formen dich auf unglaublich tiefgreifende Weise: Sie bestimmten mit, zu wem du wirst. Du selbst wirst zu den Menschen, die du am häufigsten triffst. Darauf deuten jedenfalls einige bestärkende, aber auch erschreckende Forschungsergebnisse hin. Vielleicht kennst du bereits das Zitat von Jim Rohn: »Du wirst zum Durchschnitt der fünf Leute, mit denen du am meisten zu tun hast.« Daraus entstand der Ratschlag, sich mit den Menschen zu umgeben, denen man tatsächlich ähnlicher werden möchte.

Auch, wenn man natürlich nicht automatisch Arzt wird, indem man medizinische Tagungen besucht und sich mit Ärzten anfreundet, so scheint der Freundeskreis doch einen großen Einfluss auf die persönliche berufliche Entwicklung zu haben: Sowohl die Wahrscheinlichkeit, dass man ein Studium abbricht,[82] als auch der Notendurchschnitt[83] werden von ihm beeinflusst. In einem Freundeskreis, der es locker angehen lässt, lässt man es selber ebenso schleifen, während man mit einem ehrgeizigen Freundeskreis selber viel mehr Ehrgeiz an den Tag legt. Doch das beeinflussende Wurzelwerk ist noch weitaus größer …

Fängt der Freund eines Freundes an zu rauchen, besteht für dich eine um 29 Prozent größere Wahrscheinlichkeit, ebenfalls mit dem Rauchen anzufangen, als wenn dieser Freundesfreund nicht damit angefangen hätte. Selbst beim Freund eines Freundes deines Freundes beträgt der Einfluss noch immer elf Prozent (!), wie eine komplexe Langzeitstudie nachweisen konnte. Beginnt ein dir direkt nahestehender Freund, sind es erschreckende 61 Prozent, um die dein eigenes Risiko steigt.[84] Sehr Ähnliches gilt für starkes Übergewicht –[85] und für Glück:[86] Deine Chance, glücklicher zu werden, steigt um 63 Prozent (!), wenn ein dir nahestehender Freund, mit dem du viel Kontakt hast, glücklicher wird. Nach David Burkus vergrößert sich die Wahrscheinlichkeit für dein eigenes Glück noch immer um sechs Prozent, wenn der Freundesfreund eines Freundes glücklicher wird.[87]

Da das Beziehungsgeflecht, in das du eingebettet bist, solch eine Kraft hat, lade ich dich ein, es dir im Ganzen anzusehen. Dazu docken wir an die Kreise an, die du bereits für deine Lieblingsmenschen-Map gemalt hast.

Mache deine Glückserfahrung: Menschen-Map

Hier widmen wir uns nun all deinen Kontakten, die du sehr häufig oder des Öfteren hast. Da das ziemlich viele sein können, nutzen wir auch die Seite deiner Lieblingsmenschen mit. Zudem arbeiten wir mit drei verschiedenen Farben:

- Farbe eins (z. B. grün): positive Menschen, die du gern um dich hast, auch wenn sie nicht zu deinen Lieblingsmenschen zählen.
- Farbe zwei (z. B. blau): neutrale Menschen, deren Anwesenheit dich weder stört noch hoch erfreut.
- Farbe drei (z. B. schwarz): Menschen, die dich bei den meisten Zusammentreffen gedrückt, ausgelaugter, müder oder kraftloser zurücklassen. Du darfst ehrlich mit dir sein, es ist nichts falsch an deinem Empfinden.

Ordne sie auch hier wieder in die Kreise ein nach der Häufigkeit, in der du mit ihnen in Kontakt bist. Die positiven Menschen trägst du auf die Seite deiner Lieblingsmenschen ein – auch wenn sie nicht zu deinen Lieblingsmenschen gehören. Achte deshalb darauf, dass eine neue Farbe oder ein Bleistift sie deutlich abheben. Die anderen Menschen trägst du auf der rechten Seite ein.

Trete nun einen Schritt zurück. Wie fühlst du dich angesichts dieser vollständigen Menschen-Map, wenn du den Einfluss der Menschen darin auf dich siehst?

Und wenn du mutig bist: Wer sind die Menschen, die du am häufigsten triffst? Sind das die Menschen, denen du ähnlicher werden möchtest?

Im Gegensatz zu den Bäumen besitzen wir das Geschenk, wählen zu können. Wenn auch oft eher schrittweise, so können wir doch unseren Standort im Gefüge verändern und die Waagschale zugunsten von nahen, positiven, unterstützenden und liebevollen Beziehungen ausrichten. Das bedeutet nicht, dass wir Menschen, die in einer Krise stecken, allein lassen sollten. Es bedeutet auch nicht, dass wir Menschen ignorieren sollten, die uns eher Kräfte entziehen. Aber es bedeutet wieder einmal, dass du gut auf dich selbst achten darfst. Je ausgeglichener du bist, je enger dein Kontakt zu Menschen ist, die deine Entfaltung unterstützen und dich wirklich glücklich sehen möchten, desto schwächer wird der Einfluss von zehrenden Kontakten auf dich. Ja, desto gestärkter kannst du auch für diese Menschen da sein, gerade wenn sie dir am Herzen liegen.

Dein Glück beeinflusst auch. Die oben genannten Forschungsbefunde haben noch eine ganz andere praktische Aussage: *Du* kannst mit *deinem Glück* die Menschen um dich herum ebenfalls stärken! Damit beeinflusst du alle Menschen, die du häufig siehst, deine Lieblingsmenschen aber in besonderem Maße.

Zu einem sehr direkten Weg, deine Beziehungen zu den dir wichtigen Menschen zu vertiefen, dein Glück und vor allem auch das ihre zu stärken, lade ich dich im Folgenden ein.

Mache deine Glückserfahrung: Wertschätzungsbotschaft

Wirf nochmal einen Blick auf deine große Menschen-Map.
Suche dir drei Menschen heraus, die dir richtig wichtig sind.

Verfasse für jeden dieser Menschen in den nächsten Tagen eine Wertschätzungsbotschaft.

Wie möchtest du deine Liebe zu ihm ausdrücken?

Wofür bist du ihm dankbar?

Welche Stärken und Eigenschaften bewunderst und schätzt du an ihm?

Vielleicht möchtest du eine Postkarte schreiben, vielleicht einen Brief, vielleicht nimmst du auch eine Videonachricht auf.

Dieser Mensch ist einzigartig, so wie du. Und du darfst ihn Teil deines Lebens nennen.

Wie magst du dieses Wunder würdigen?

Deine Win-Win-Win-Entscheidung: voller Empfang

Verwandle dein Zusammensein mit anderen Menschen und lass Handy, Fernseher und Co. ausgeschaltet, wenn du sie triffst. Willst du deine Fähigkeit, für deine Lieben präsent zu sein, weiter stärken, gönne dir selbst »Alles-aus-Zeiten« von Smartphone, Fernseher und PC und tauche ein in eine kleine ablenkungsfreiere Zeit mit dir und deinem Inneren Glück.

Das Beste feiern

Jeder hat Gaben geschenkt bekommen.
Aber manche öffnen ihr Päckchen nie.

Es ist Zeit für eine ganz besondere Entdeckung: den facettenreichen, bunten Schatz an Stärken und Lebensfreude, an Talenten, Fähigkeiten und sprudelnder Energie *in dir*! So wie deine Lieblingsmenschen einzigartig sind und Qualitäten haben, die du nicht missen möchtest, so bist auch du ein Mensch mit einem einzigartigen inneren Schatz.

Doch irgendetwas blockiert geradezu, wenn wir beginnen, uns diesen Schätzen zuzuwenden und sie wertzuschätzen. Oftmals – besonders in unserem Kulturkreis – ist das leider noch immer negativ besetzt. Schnell kommen (Glaubens-)Sätze auf wie »Eigenlob stinkt« oder ein beklemmendes Gefühl von »Das ist nicht erlaubt«. Auch unsere evolutionäre Prägung spielt wesentlich mit hinein. Negative Dinge wiegen weitaus schwerer als positive Dinge –[88] da die Vermeidung von negativen Dingen in unserer Entwicklungsgeschichte für unser Überleben immer wichtiger war als das Schwelgen im Glück. Das hat sich mit gesellschaftlichem Fortschritt geändert,[89] wie wir in einem der nächsten Kapitel ausführlicher entdecken werden. Über diese Prägung hinauszuwachsen und stets das gesamte Bild vor Augen zu haben, anstatt den kleinen unschönen Teil durch das Mikroskop zu betrachten, ist also ein wesentlicher Teil des Glücklicher-Werdens. Denn durch diese Prägung kann der Zugang zu unseren Stärken sogar getrübt oder versperrt sein.

Du kennst dieses Phänomen vielleicht: Von dem Essen, das du gezaubert hast, sind alle begeistert – nur eine Person findet es nicht gut und gibt das auch lautstark kund. Welches Feedback beschäftigt dich länger – das der Begeisterten oder die eine kritische Rückmeldung? Und noch viel entscheidender: Welches Feedback hat größeren Einfluss auf deine eigene Einschätzung deiner Kochkünste?

An dieses Phänomen andockend, gibt es einen weiteren wesentlichen und noch etwas subtileren Stärken-Abwehrmechanismus: die allgegenwärtige Optimierungskultur, die unseren Selbstwert prägt. Hier stehen Schwächen im Vordergrund, die unbedingt verbessert werden müssen oder aber Stärken, die noch weit davon entfernt sind, gut genug zu sein.

All das ist nicht nur Quatsch, ich halte es sogar für gefährlich. Denn wenn wir glücklich leben und handeln wollen und uns ein Leben erschaffen möchten, das wir lieben zu leben, wo anders könnten wir anfangen als bei den inneren Qualitäten, die wir mitbringen?

Eine Teilnehmerin in einem meiner Workshops erzählte nach einer Übung einmal: »Ich kenne solche Übungen natürlich. Und bisher dachte ich immer: ›Okay, jetzt nehme ich es mir mal heraus, mich selbst zu loben‹ oder ›Na gut, jetzt gönne ich es mir mal, mich in einem etwas freundlicheren Licht zu betrachten‹. Aber hier wurde mir klar: Meine Ressourcen, Qualitäten, Stärken, Fähigkeiten und Interessen sind *die Basis* dafür, dass ich in dem, was ich tue, überhaupt erfolgreich sein kann, dass ich wirklich hilfreich für andere und unsere Welt da sein kann.«

Es ist sehr ähnlich wie mit der Erlaubnis, glücklich zu sein. Wenn wir uns nicht erlauben, die besten Seiten in uns kennenzulernen und wertzuschätzen, können wir weder im Zwischenmenschlichen noch im Beruflichen das geben, was wir könnten.

Also: Bist du bereit, deine wunderbaren Qualitäten anzuerkennen, zu entdecken, zu erfahren, auszubuddeln und wertzuschätzen?

Das Beste entdecken

Das Beste in dir ist ganz nah. Es ist ein wichtiger Teil des Baumes, zu dem du gerade wirst. Manches ist dir bereits bekannt. Anderes ähnelt kleinen Perlen, über die du hier und da stolperst. Auf einiges machen dich deine Mitmenschen aufmerksam. Wieder anderes versteckt sich in einem Misthaufen aus limitierenden Glaubenssätzen (den Glücksfressern). Heben wir also deine inneren Schätze Stück für Stück.

Mache deine Glückserfahrung: Schatz-Sammlung

Ich lade dich ein, es dir mit deinem Lieblingsgetränk, deinem Lieblingsstift und deinem Notizbuch gemütlich zu machen. Wenn du möchtest, schaffe dir ganz bewusst eine Wohlfühl-Atmosphäre.

Verschiedene Fragen unterstützen dich im Folgenden dabei, deine Schätze zu sammeln. Bestimme vorher, ob du eine Liste pro Frage, eine Mindmap oder vielleicht auch eine bunte Wildblumenwiese an Qualitäten in deinem Notizbuch anlegen möchtest. Ein Tipp: Hast du Mini-Post-its da oder kleine Zettel (und Kreppband), auf denen du jede Qualität einzeln festhalten magst, dann kannst du sie später gruppieren und dennoch in deinem Büchlein beisammenhalten.

Widme dich nun nach und nach den folgenden Fragen:

- Was magst du richtig gern an dir?
- Welche Fähigkeiten, Talente und guten Eigenschaften stecken in dir?
- Auf welche Erfolge blickst du gern zurück (sammle auch sie!)? Welche Eigenschaften haben dir dabei geholfen?
- Bei welchen Tätigkeiten und in welchen Situationen blühst du auf?

Sieh dir zum Schluss noch einmal all deine positiven Qualitäten an. Atme tief durch und sage »Ja« zu ihnen. Das ist dein innerer Schatz, den du bisher gehoben hast. Wenn das Gedankenhamsterrad beginnt, mit Abschwächung, Relativierung und Gegenargumenten alles wieder zermalmen zu wollen, bemerke dies und steige aus. Es ist dein Schatz, dein Glück und du bestimmst, worauf du dein Herz setzen möchtest.

Wie fühlst du dich nach dieser Übung?

Wenn du dich darauf konzentrierst, was du gut kannst, was für wertvolle, hilfreiche, liebenswerte Qualitäten du in dir trägst und mit welchen Eigenschaften du deine Mitwelt bereicherst, ist es sehr wahrscheinlich, dass dein Glück wächst:

Bereits das Wissen um unsere Qualitäten hat einen enormen, wissenschaftlich erwiesenen Einfluss auf unser Wohlbefinden.[90] Ein Professor, der einmal Gast in meinem Workshop war, war begeistert von der Übung, sich über die eigenen Stärken und Erfolge auszutauschen und brachte dies so auf den Punkt: »Das ist genial! Wenn ich meine Erfolge vermehrt kogniziere, geht es mir nicht nur direkt besser, sondern ich verankere diese Erfolge auch in mir. Und das stärkt natürlich meine Selbstwirksamkeitserwartung, Herausforderungen meistern zu können.«

Das Beste erfahren

Wusstest du, dass Schmetterlinge ihre eigenen Flügel nicht sehen können? Diese tanzenden Glücksboten werden niemals ihre eigene farbenfrohe, großartige Schönheit sehen – nur alle anderen damit erfreuen. Ich denke, bei uns Menschen ist es manchmal genauso.

Das, was dich ausmacht, dich leuchten lässt, dich wertvoll, einzigartig und liebenswert für andere macht, ist dir zu einem weitaus größeren Teil zugänglich, als es dem Schmetterling möglich ist. Doch um dein gesamtes Bild zu erkennen, brauchst du mehr.

Deine Mitmenschen sind es, die dich in deinem Gefühl über dich bestärken, dir aber vor allem auch viele weitere Seiten spiegeln, die außerhalb deines Wahrnehmungsradius' liegen.

Im letzten Kapitel warst du bereits eingeladen, den wichtigen Menschen in deinem Leben eine Nachricht mit wertschätzenden Impulsen zu gestalten. Zu einer daran anknüpfenden und sie erweiternden Begegnung lade ich dich nun ein.

Mache deine Glückserfahrung: Stärken-Spiegel

Lade drei Menschen, die dir nahestehen, zu einem besonderen Austausch ein. In diesem Austausch spiegelt ihr euch gegenseitig die Fähigkeiten und Eigenschaften wider, die ihr aneinander bewundert und schätzt und die den jeweils anderen in besonderer Weise auszeichnen.

Dafür sind folgende Dinge hilfreich:

- Legt fest, ob ihr euch schriftlich, telefonisch oder persönlich austauschen wollt.
- Nehmt euch Vorbereitungszeit allein, um eure Gedanken schriftlich festzuhalten (auch wenn ihr euch trefft!).
- Legt die Anzahl der Qualitäten fest, die ihr miteinander teilen möchtet (z. B. drei).

Die folgenden Fragen unterstützen euch in eurer Vorbereitung:

- Was macht diesen Menschen so besonders für mich?
- Was zeichnet diesen Menschen in besonderer Weise aus?
- Wofür bewundere ich diesen Menschen? Welche Eigenschaften stehen dahinter?
- Was kann dieser Mensch wirklich gut?
- Welche Eigenschaften haben diesem Menschen aus meiner Sicht zu Erfolgen, positiven Beziehungen oder innerer Entwicklung verholfen?
- Welche Eigenschaften haben diesem Menschen aus meiner Sicht geholfen, Herausforderungen zu überwinden?

Nehmt euch Zeit für diesen Austausch und genießt ihn. Er wird auch eure Beziehung stärken und euch gemeinsam wachsen lassen.

Durch die Erforschung deiner inneren Reichtümer wächst dein Glück. Deine Beziehungen wachsen und vertiefen sich.

Aber vor allem wächst auch du. Deine Stärken sind Teil des Samens, der du bist, du erkennst mehr und mehr, wer du bist.

Das Beste ausbuddeln

Um zu werden, wer du bist, ist es wichtig zu erkennen, wer du bist. Du darfst erkennen, wer du hinter dem Chaos bist, das einschränkende Glaubenssätze und Selbstzweifel in deinem Inneren verursachen. Wer du bist, wenn die durch Glücksfresser entstandenen Scherben nach japanischer Tradition mit Gold zusammengefügt wurden. Wer du bist, wenn du glücklich, entspannt und zugleich tatkräftig bist, in deiner vollen Kraft.

Wer bist du also? Im Kapitel »Keine Macht den Glücksfressern und Selbstzweifeln« (S. 61) habe ich es bereits angedeutet: Ich glaube nicht, dass wir unsere Ängste sind, unsere Selbstzweifel, unsere Sorgen und Grübeleien. Das alles mag unser Leben in starkem Ausmaß bestimmen und auch für unsere Mitwelt ausmachen, wie sie uns wahrnimmt. Aber es ist nicht, wer wir wirklich sind.

Ich kann mich noch sehr gut daran erinnern, wie ich in meiner Schulzeit die Lehrer dafür verflucht habe, ein Referat halten zu müssen, denn ich hatte richtig Angst davor, vor der gesamten Klasse zu stehen und längere Zeit etwas zu erzählen. Damals hätte ich mir nicht träumen lassen, wie sehr ich es einmal lieben würde, Vorträge vor vielen Menschen zu halten und interaktive Workshops und Seminare zu gestalten. Hätte ich mich von dieser Angst weiter leiten lassen und aus ihr abgeleitet, dass das nichts für mich ist, hätte mein Leben bereits im Studium, in dem etliche benotete Referate pro Semester anstanden, eine völlig andere Wendung genommen. Ich würde auf keinen Fall das Leben führen, das ich jetzt leben darf.

Ängste und Zweifel sitzen da, wo das größte Potenzial ist. Gerade in den Bereichen, in denen deine größten Leidenschaften und Stärken liegen, ist es besonders wahrscheinlich, dass dort auch große Ängste oder Selbstzweifel sitzen. Warum ist das so? Weil uns vor allem in jungen Jahren Feedback von anderen sehr stark prägt. Und weil dieses

Feedback weitaus schwerer wiegt in den Bereichen, die uns am Herzen liegen.

Hätte ich in der ersten Klasse eine missbilligende Rückmeldung zu meinem ersten »Mini-Buch« von unserer Klassenlehrerin erhalten, hätte es mir nicht nur das Herz gebrochen. Auch meine Liebe zum Schreiben wäre mit einem dicken Felsbrocken im Keim erstickt worden – und dieses Buch würde wohl nicht existieren. Die vier in Mathe in der dritten Klasse hat mich dagegen zwar sehr erschüttert – tatsächlich fand ich Mathe aber auch davor schon wenig spannend. Selbst wenn ich für Abitur und Studium auch hier über die gröbsten mathematischrelevanten Selbstzweifel hinauswachsen musste und bis heute nicht behaupten kann, ganz frei von ihnen zu sein, so ist das eine Einschränkung, die mich in meiner freien Entfaltung deutlich weniger beeinträchtigt. Denn von Beginn an floss weder Leidenschaft noch Herzblut in diesen Bereich, weshalb er niemals den Kern meines Potenzials, meiner Wachstumsrichtung hätte bilden können.

Viele schlummernde Potenziale aus Qualitäten, Fähigkeiten, Stärken und Gaben sind unerkannt vergraben unter eben erwähnten Felsbrocken aus negativem Feedback oder Misserfolgserfahrungen. Die schlummernden Samen des Baums, zu dem du werden möchtest, machen sich jedoch gleichzeitig immer wieder bemerkbar. Durch Sehnsüchte, durch Wünsche, durch Zukunftsträume. Darauf, dass wir diesen Zeichen als Wegweiser zumindest einmal nachspüren und sie ernst nehmen dürfen, wies bereits Goethe hin:

Wünsche sind die Vorgefühle der Fähigkeiten,
die in uns liegen, Vorboten desjenigen,
was wir zu leisten imstande sein werden.

J. W. Goethe

Auch wenn der Samen bei seiner Entdeckung viele gute Bedingungen braucht, bevor er in seiner ganzen Blüte steht, ist er da. Um diesen Teil von dir ein klein wenig zu erkunden, lade ich dich nun zu einem Blick hinter die aktiven Glaubenssätze und Ängste ein, den ich – wenn auch unter anderem Namen – in einem sehr inspirierenden Seminar von Viktor Vehreschild und Leonie Manthey kennenlernen durfte.

Mache deine Glückserfahrung: Vorboten des Besten

Meine von Herzen kommende Empfehlung ist, dir die folgenden Fragen nicht zuvor anzusehen, sondern sie mit einem Blatt Papier abzudecken und immer nur eine Frage weiterzugehen. Diese Entdeckungsreise kannst du sowohl schriftlich als auch gedanklich antreten und dir anschließend eine Haupterkenntnis notieren. Nimm das Papier zur Hand, mit dem du die Fragen Schritt für Schritt aufdeckst und begib dich in deine Tiefen.

1. Welche Fähigkeit, Eigenschaft oder Stärke wünschst du dir? Widme dich einer Qualität. Weiteren Qualitäten kannst du gern in weiteren Durchgängen nachgehen.
2. Woran würdest du merken, dass du diese Fähigkeit, Eigenschaft oder Stärke besitzt? Nimm dir Zeit und male dir auch Details aus.
3. Woran würden andere bemerken, dass du diese Qualität besitzt?
4. Wann war es schon einmal ein klein wenig so, als würdest du diese Qualität besitzen? Erinnere dich ganz genau daran. Erzähle dir noch einmal selbst von dieser Erfahrung.
5. Wenn du diese Qualität bereits in dir wahrgenommen hast, ergänze sie gern in deiner Schatz-Sammlung. Vielleicht als kleine, noch in der Entwicklung begriffene Qualität, die in dir wachsen möchte.

Wenn du diese Stärken und Fähigkeiten bewusst entwickelst und wenn du deine voll in ihrer Blüte befindlichen Stärken bewusst in deinen Alltag einfließen lässt,[91] bereitest du den Weg für langfristige Fülle. Denn deine Stärken und Qualitäten, das, was deiner Natur entspricht und dir Freude macht, ist ein Teil der Richtung, in die dein Glück wachsen will.

Deine Win-Win-Win-Entscheidung: Schätze säen

Während du deine eigenen Schätze entdeckst, kannst du auch Schätze im Außen säen: Mit bunten heimischen Blumen für Fensterbank, Balkon oder Garten, die gleichzeitig das farbenfrohe Treiben von Bienen, Hummeln und Schmetterlingen erhalten. Das klappt mit Samen und Pflanzen in Bioqualität, da hier keine Pestizide eingesetzt wurden.

Die Liebe deines Lebens

Wie wäre es, dich selbst zu lieben? Genau so wie du bist? Ohne Make-up, ohne Show. Ohne Fassade, ohne Selbstabwertung. Ohne Status und die Dinge, mit denen du ihn nach außen trägst. Einfach du. Als Mensch mit Stärken und Schwächen, Fehlern und Grandiosität. Als Mensch mit Träumen und Ängsten, Selbstzweifeln und Visionen und der Sehnsucht nach dem, was wirklich zählt: du, mit dem tiefen Wunsch glücklich zu sein.

Es besteht eine sehr tiefe Sehnsucht in uns, uns selbst zu lieben. Intuitiv wissen wir, dass diese Selbstliebe der Grundstein für unser Glück ist. Auch Fordyce entdeckte diese tiefe Wertschätzung und Akzeptanz von sich selbst bei den sehr glücklichen Menschen.[92] Und in gewissem Sinne lädt dich das gesamte Buch dazu ein, deine Liebe zu dir zu stärken. Denn Selbstliebe bedeutet, dich kennen zu lernen und wertzuschätzen. Ein wichtiger Teil von Selbstliebe ist es, dir selbst zu erlauben, glücklich zu sein – und ganz aktiv zu schauen, was dich tatsächlich glücklich macht. Selbstliebe heißt mit absoluter Sicherheit auch, für dich da zu sein, wenn du dich am meisten brauchst. Der Weg zu deiner Selbstliebe hat also schon längst begonnen.

Es gibt Zeiten, da kann sie uns sehr weit weg vorkommen. Doch der Selbstliebe-Funken in dir ist da. Die Tatsache, dass du jetzt gerade diese Zeilen liest, dass du dein inneres Glück stärken möchtest, dass du lebst, isst und atmest, sind bereits fünf Beweise dafür, dass da schon jetzt viel Liebe zu dir selbst in dir vorhanden ist. Sie mag dir gerade vielleicht eher wie ein kleines Pflänzchen erscheinen. Vielleicht geht sie auch momentan durch einen kalten Winter. Aber sie ist da. Alles was du zu tun brauchst, ist sie zu nähren und gute Bedingungen zu schaffen, damit sie wachsen und blühen kann. Und dazu lade ich dich in diesem Kapitel ein.

Du bist wert-voll

Mögest du darauf vertrauen, dass du genau so bist,
wie du gemeint bist. [...]
Mögest du die Gaben nutzen, die du bekommen hast
und die Liebe weitergeben, die du empfangen hast. [...]

Teresa von Ávila

Mit dem Kontakt zu deinem inneren Schatz im vorherigen Kapitel haben wir bereits eine wunderbare Grundlage geschaffen für deine Selbstwertschätzung. Ja! Da ist so viel in dir, was wundervoll und liebenswert ist, was dich einzigartig macht. So oft neigen wir dazu, uns klein zu machen oder unsere Gaben als Selbstverständlichkeiten anzusehen. Doch dein innerer Schatz verdient mehr – *du* verdienst mehr.

Vielleicht kennst du es, dass du Aufmerksamkeit, Wertschätzung und Liebe im Außen suchst – von Menschen, die du attraktiv findest, von Arbeitskollegen und dem Chef, deinem Partner, von Freunden und Familie. Was wäre, wenn diese Sehnsucht in dir – die eine gute und wichtige Sehnsucht ist, der Ausdruck eines grundlegenden Bedürfnisses in uns – im tiefsten Kern die Sehnsucht nach deiner eigenen Wertschätzung ist? Nach deiner eigenen Freundlichkeit, deiner eigenen Liebe zu dir? Was wäre, wenn du im Außen eigentlich viel eher die Erlaubnis suchst, dass du dich selbst wertschätzen und lieben darfst?

Was, wenn du die Liebe deines Lebens bist?

Mache deine Glückserfahrung: Liebeserklärung an dich selbst

Die Inspiration zur folgenden Übung stammt aus der praxiserprobten Sammlung zur Selbstwertschätzung vom Positive Psychology Toolkit, die auf den »How To Love Yourself Worksheet« verweisen.[93]

Ich lade dich ein, deine Liste, Mindmap oder Blumenwiese an inneren Schätzen hervorzuholen. Solltest du die Übung aus dem vorherigen Kapitel noch nicht gemacht haben, nimm dir jetzt einen kurzen Moment Zeit und mache dir drei Dinge bewusst, die du an dir selbst magst. Vielleicht magst du nun eine Hand auf dein Herz legen und während des nächsten Teils deine Augen schließen. Vielleicht bist du auch so mutig, mit deinen inneren Schätzen vor einen Spiegel zu treten und dir selbst in die Augen zu sehen.

Und nun benenne, einen Schatz nach dem anderen, was du an dir selbst liebst und beginne jeden Satz mit deinem Namen. Beispielsweise: »Anni, ich liebe deine Fähigkeit …« oder »Anni, ich liebe es, wie du …«.

Dies ist eine Liebeserklärung an dich selbst. Eine Liebeserklärung an den einzigartigen Menschen, der du bist. Du, so wie du bist, verdienst deine Liebe und Zuneigung.

So oft vergessen wir die auffälligste und grundlegendste Qualität von uns: unsere Einzigartigkeit. Dein Leben, mit jeder einzelnen Erfahrung, all den schweren und glücklichen Zeiten, all deinem Wachstum und all deinen Prägungen ist einzigartig. Niemand (auch nicht dein Zwilling, solltest du einen haben) teilt deine Gene – denn Gene werden aktiviert und deaktiviert durch die Erfahrungen, die wir machen, und unseren Umgang mit ihnen.[94]

Niemand blickt so wie du auf die Welt. Niemand trägt genau deine Interessen und Leidenschaften in sich. Niemand trägt den Reichtum, die Facetten und die besondere Zusammenstellung deines inneren Schatzes in sich – außer dir. Dein einzigartiges Wachstum, dein einzigartiges Blühen ist wertvoll. Und nur du kannst es in die Welt hinein entfalten.

Wir brauchen Beziehungen. Wir brauchen Beziehungen zu anderen Menschen und auch ihre Liebe und Wertschätzung. Doch die wichtigste Beziehung ist die Beziehung zu uns selbst.

Du bist genug

Die Liebe zu dir selbst umfasst die Wertschätzung deiner wunderbaren Qualitäten. Doch sie endet nicht dort. Tatsächlich ist das »Ja« zu deinen Qualitäten nur die eine Hälfte von Selbstliebe. Wie eine wirkliche Freundin nicht nur dann zu dir hält, wenn du deine besten Seiten zeigst, sondern vor allem auch dann für dich da ist, wenn du mal total daneben liegst, wenn du stark an dir selbst zweifelst oder Fehler machst, genauso darfst auch du für dich da sein.

Du, so wie du bist, verdienst deine Liebe und Zuneigung.

Was uns als Menschen miteinander verbindet, ist, dass wir alle diese Situationen kennen. Jeder einzelne von uns hat Dinge, die er an sich selbst nicht mag. Jeder einzelne von uns hat Angst. Jeder von uns erlebt Momente, in denen er an sich zweifelt.[95] Was wäre, wenn du auch zu diesen Anteilen, zu diesen Seiten und zu diesen Phasen in deinem Leben »Ja« sagen würdest?

Wir haben keine Ahnung. Wir haben keine Ahnung, was gerade in uns in Bewegung ist, wenn wir tiefe Täler durchschreiten. Wir haben keine Ahnung, wozu dieser Fehler, jener Misserfolg oder diese »Unzulänglichkeit« in uns gut sein wird. Das Einzige, was du wissen kannst, ist: Das ist jetzt der Ort, wo du stehst. Und das darfst du.

Du darfst fühlen, was du gerade fühlst. Du darfst sein, ganz wie du jetzt gerade bist. Ganz an dem Punkt, an dem du jetzt gerade stehst. Ganz mit dir in Kontakt und dem, was dich jetzt gerade unterstützt. Ganz in Klarheit über das, was du nicht möchtest. Denn erst dann gibt es die Möglichkeit für Entwicklung und Wachstum.

Das Potenzial zu fliegen trägt bereits die Raupe in sich. Doch zunächst tut sie vor allem eins: Sie futtert Blätter. Sie versucht nicht, sich dazu zu zwingen, Nektar zu naschen und sie hat auch kein Interesse an einem Kokon. Sie futtert und zwischendurch häutet sie sich ein paar Mal. Und diese Phase ist nicht nur in Ordnung, nicht nur genauso wertvoll wie alle anderen Phasen: Sie ist die *Voraussetzung* für alles, was danach kommt.

Du darfst sein, ganz wie du jetzt gerade bist. Ganz an dem Punkt, an dem du jetzt gerade stehst.

Und dann kommt der Wendepunkt. Plötzlich ist es Zeit für die Raupe, einen Kokon zu spinnen und sich ganz darin zu verschließen. Während dieses vollkommenen Rückzugs von der Welt – und nur dort – geschieht etwas Unfassbares in ihrem Inneren: Neue Zellen wachsen in ihr. Zellen, die sich zusammenschließen, nach und nach mehr werden und die alte Zellstruktur schließlich vollständig auflösen. Die Raupe verwandelt sich von Grund auf. Doch was passiert dann?

In einer sehr herausfordernden Zeit, in der ich eigentlich nur meine Schwächen sah, erklärte mir eine meiner liebsten Freundinnen Lilli einmal Folgendes: Ein Schmetterling braucht unglaublich lange, um sich aus dem Kokon zu kämpfen. Er ist vielleicht verwandelt – aber er ist noch lange nicht frei. Nach irrsinnig viel Kampf und Anstrengung klettert er schließlich auf einen Ast. »Wusstest du, dass es auch dann noch Stunden dauert, bis der Schmetterling seine Flügel entfaltet hat? Er sitzt dort auf dem Ast, kann nicht mehr zurück in den sicheren Kokon, doch er kann auch noch nicht fliegen. Vollkommen ungeschützt, zerbrechlich und erschöpft wartet er, bis sich seine Flügel entfaltet haben. Und sie entfalten sich – auch wenn es dauert. Er wird fliegen.«

Ich glaube, dass wir Menschen genau diesen Prozess immer und immer wieder durchlaufen, in all unseren Lebensbereichen: über Selbstfindung, Partnerschaft, Beruf, Freundschaften, Sinnfindung bis hin zur Freizeitgestaltung. Manchmal durchlaufen wir den Prozess für uns, manchmal mit anderen zusammen.

Es gibt Phasen, in denen wir viel Inspiration oder Neues von Außen genießen und lernen. Das ist die Phase der Neugier, der Begeisterung, auch der Verliebtheit und des Lernens. Dann gibt es Phasen, in denen wir uns zurückziehen und viel verarbeiten. Das ist die Phase der Vertiefung, der genauen Betrachtung, der Integration und manchmal auch des Konflikts. Und dann gibt es Phasen, in denen wir uns verändern, manchmal von Grund auf, manchmal in einem kleinen Aspekt. Das ist die Phase der Transformation, der Wandlung oder des Neubeginns. Dazwischen gibt es Phasen, in denen wir zwischen den Stadien stecken bleiben oder uns gegen das Nächste wehren. Es gibt Phasen, in denen unsere Stärken mehr ins Gewicht fallen und es gibt Phasen, in denen unsere Schwächen und Unvollkommenheiten ans Tageslicht treten.

Und wir sind genug. Du bist genug – in allen Stadien dieses Prozesses.

Diese freundliche Selbstakzeptanz ist laut mehreren Forscherteams der einflussreichste und stärkendste Faktor für unser Wohlbefinden.[96] Selbstakzeptanz ist zudem eine sehr realistische und gesunde Form der Beziehung zu uns selbst.

Unseren Selbstwert hingegen definieren wir häufig darüber, was wir können, schon erreicht haben, noch erreichen wollen (müssen) und wie gut wir dabei im Vergleich zu anderen abschneiden. Diese Haltung, die dem klassisch definierten Selbstbewusstsein entspricht, ist nicht nur vollkommen unrealistisch und auf vielfache Weise entmenschlichend, sie ist zudem wissenschaftlich erwiesen eine der größten Gefahren für unser Wohlbefinden.[97] Denn wir definieren uns über Leistung und sind stets hinter einer zukünftigen Version von uns selbst her, von der wir denken, sie sein zu müssen.

Doch dabei verpassen wir das, wonach wir uns eigentlich sehnen: Wir verpassen es, uns selbst in jedem Moment unseres Lebens genau so zu lieben, zu umarmen und wertzuschätzen, wie wir sind. Selbst wenn wir unseren hochgehängten Vorstellungen entsprechen werden, wird dieser Moment vergehen. So ist es mit äußeren Zielen, wie wir es im Hamsterrad bereits entdeckt haben, und so ist es auch mit Selbstoptimierungszielen.

Du musst dich nicht verändern. Du kannst dich verändern. Und die Tatsache, dass du dich verändern kannst, bedeutet nicht, dass etwas falsch ist an dir. Es bedeutet lediglich, dass du noch schöner werden kannst, als du schon bist.

Shai Tubali

Was, wenn du gar kein Problem bist, das es zu lösen gilt? Was, wenn das »Nein« zu dir, wie du jetzt gerade bist, das einzige ist, was dir im Weg steht?

Mache deine Glückserfahrung: dein »Ja« zu dir darf wachsen

Ich lade dich dazu ein, die folgenden Sätze einmal etwas langsamer zu lesen:

Wie wäre es, dich selbst anzunehmen, ganz wie du bist?
In dich hineinzusinken, dich in dich hinein zu entspannen?
Und von diesem Ort aus auf die Welt zu schauen?
Aus diesem Ort heraus zu handeln?
Aus diesem Ort heraus dein Leben zu gestalten?

Ein Irrglaube ist, dass wir, sobald wir uns selbst vollkommen annehmen und lieben, wie wir sind, plötzlich in eine Art Faultier-Koma fallen. Zunächst einmal: Schau in das stets überglückliche Gesicht eines Faultieres und sage mir dann noch einmal, dass du keines sein möchtest. Zum zweiten ist es nun Zeit, die bittere Wahrheit anzuerkennen: du bist kein Faultier. Du bist du. Und ohne die Ängste, nicht genug zu sein, ohne die viele Energie, die in Gedankenhamsterrad-Anstrengung gebunden war und stattdessen nun frei fließt, ohne die Blockaden durch Selbstzweifel wirst du einfach noch mehr du selbst werden. Du wirst zum besten und glücklichsten Menschen, der du werden kannst. Nicht aus Druck, sondern aus Leichtigkeit. Nicht aus Angst, sondern aus Freude.

Mache deine Glückserfahrung:
»Liebe-deines-Lebens«-Meditation

Ich lade dich ein, eine Sitzposition zu wählen, die für dich jetzt gerade am ehesten Selbstliebe verkörpert. Ist es eine aufrechte, würdevolle Haltung? Ist es eine Haltung, in der du dich halten lässt? Welche Haltung du auch immer wählst: Alle Anspannung, die du jetzt gerade nicht brauchst, darf ein klein wenig weicher werden und sich lockern.

Lenke deine freundliche, wohlwollende Aufmerksamkeit dann auf deine Herzregion. Komme in Kontakt mit dir, lass dich hier landen. Spüre nach, wie dein Atem sanfte Bewegung in deinem Brustkorb verursacht. Du darfst es genießen.

Schau nach ein paar Atemzügen, was der folgenden Satz auslöst, wenn du ihn an dich selbst richtest: »Möge ich von Herzen glücklich sein.« Spüre nach, was in dir geschieht. Erlaube entstehender Freundlichkeit zu dir selbst, größer zu werden.

Und dann weite Stück für Stück deine freundliche, von Herzen kommende Aufmerksamkeit auf deinen gesamten Körper aus. Wie bei dem Licht einer Taschenlampe, bei dem du den Lichtkegel nach und nach vergrößerst. Da bist du, gehalten in deiner liebevollen Aufmerksamkeit.

Wenn du möchtest, dann nimm nun auch deine positiven Qualitäten mit hinzu. Vielleicht tauchen sie als Worte auf, vielleicht kommst du über Bilder mit ihnen in Kontakt. Lass dich in deinen Schatz hineinsinken. Und weite dann deine Freundlichkeit noch weiter aus und schließe auch Eigenschaften mit ein, die du an dir selbst nicht magst. Was geschieht, wenn du sie freundlich da sein lässt?

Mit diesem Kontakt zu dir, so wie du bist, erlaube dir, »Ja« zu dir zu sagen. Lass dich hineinsinken in das, wie du jetzt gerade bist.

Thich Nhat Hanh sagt: »Du bist angekommen. Nun atme durch.«

Eine Audioanleitung zu dieser Übung findest du auf meiner Website unter happyroots.de/buch/glueckserfahrung.

Egal, wo du gerade stehst: So wie ein Baum, der wächst, weil er es liebt zu wachsen, so wie eine Blume, die nur gute Bedingungen braucht, um zu blühen, so wie ein Schmetterling, der aus dem Kokon klettert, seine Flügel entfaltet und fliegt, so darfst auch du sein.

Egal, ob du gerade Blätter mampfst, dich in den Kokon zurückziehst oder ungeschützt darauf wartest, dass sich deine Flügel entfalten. Egal ob du an der Schwelle zur Transformation stehst, dich gerade aus dem Kokon kämpfst oder noch zu schwach zum fliegen bist. Das Potenzial zum Fliegen ist in dir. Du darfst so sein, wie du jetzt gerade bist.

Je mehr du dich hineinsinken lässt in genau das, wo du stehst, annimmst, wie und wer du gerade bist und von hier aus den nächsten Schritt gehst, umso leichtherziger, freudiger und sogar schneller wächst du. Vor allem aber bist du beim Wachsen schon glücklich.

Du bist die Liebe deines Lebens

Auf meinem Weg zu mehr Liebe für mich selbst entdeckte ich irgendwann die tiefsitzende Tendenz, mir Liebe im Außen zu suchen – ständig war ich auf der Suche nach »dem Richtigen« oder machte mich in ungesunder Weise abhängig von der romantischen Beziehung, die ich gerade führte. Und ging eine solche Beziehung zu Bruch, fühlte sich mein Leben sehr schnell vollkommen leer und sinnlos an. Ja, ich selbst kam mir unvollständig vor. Doch damit verlagerte ich nicht nur mein Glück ins Außen. Ich schnitt mich von dem ab, was ich eigentlich tatsächlich suchte, was meine größte Sehnsucht war: mir selbst zu glauben, dass ich wertvoll bin.

Als ich das erkannte, schaufelte ich langsam und Schritt für Schritt die Liebe zu mir selbst frei, goss sie, pflegte sie, schenkte ihr Sonnenschein und ließ sie wachsen.

Die Kultivierung meiner Selbstliebe, wie wir es in der »Liebe deines Lebens«-Meditation zelebriert haben, ist ein sehr wichtiger Schlüssel dafür gewesen. An sie anknüpfend möchte ich dir eine weitere Möglichkeit mitgeben, deiner Liebe zu dir auch im Alltag Sonnenschein, Nahrung und Wasser zu schenken.

Mache deine Glückserfahrung: deine Selbstliebe-Erinnerung

Ich lade dich ein, einen Satz zu finden, der dich am stärksten und direktesten mit deiner Selbstliebe in Verbindung bringt, der dich tatsächlich berührt. Vielleicht hast du ihn in diesem Buch gefunden, vielleicht formt er sich aus dem, was du dir für dich selbst am meisten wünschst.

Hier sind ein paar Beispiele oder Anfangspunkte:
Möge ich von Herzen glücklich sein.
Ich bin hier, um echt zu sein – nicht perfekt.
Möge ich darauf vertrauen, dass ich genau so bin, wie ich gemeint bin.
Ich bin die Liebe meines Lebens.

Wenn du deinen Satz gefunden hast, erlaube ihm, dich in deinem Alltag zu begleiten. Schreibe ihn mit Lippenstift auf deinen Spiegel, lass es der erste Satz sein, den du denkst – noch bevor du aufstehst – oder lass es den Satz sein, mit dem du schlafen gehst. Hol ihn dir in deinen Alltag und spüre immer in deinem Körper nach: Was löst er in dir aus? Gib jedem noch so kleinen guten Gefühl Raum.

Auch nach der Tendenz, mein Glück an Partner zu hängen, entdecke ich noch immer tiefere Ebenen. Ich brauche meine Selbstliebe nicht nur nicht an andere Menschen zu knüpfen – ich darf sie auch von inneren Anforderungen und Bedingungen, von all dem »ich sollte« lösen. Ich darf mich hineinentspannen in das, wie und wer ich jetzt gerade bin – und gleichzeitig freudig wachsen wollen.

Was, wenn all die Bestätigung, die du dir im Außen so sehr wünschst eigentlich nur dafür da ist, dir selbst zu erlauben, dich zu lieben? Was, wenn die beste Version von dir sich nur dann entfalten kann, wenn du dir selbst dein liebevollstes »Jawort« gibst? Was, wenn du die Liebe deines Lebens bist? Was, wenn du dir selbst versprichst, dich bis ans Ende deines Lebens zu lieben, zu ehren, zu unterstützen – und dir treu zu sein? In guten wie in schlechten Zeiten?

Tatsächlich bist du der einzige Mensch, der dir das versprechen kann. Und du bist dieser eine Mensch, von dem du es dir im tiefsten Inneren am meisten wünschst.

Deine Win-Win-Win-Entscheidung: Liebes-Dinner

Feiere dein »Ja« zu dir und weite es aus, indem du dir Liebe auf den Teller zauberst. Das gelingt besonders gesund und wohltuend, indem du etwas öfter fleischfrei kochst. Genieße die Energie, die du dadurch bei der Verdauung sparst und nutze sie für dein Fliegen.

Eine Frage des Glücks

Du bist wieder auf deinem Strandweg unterwegs. Das Meer rauscht und umspült deine Füße. Das Rufen und Singen der Tiere aus dem nahen Wald klingen an dein Ohr und gerade lugt die Sonne durch die Wolkendecke. Du weißt, dass du wieder auf dem richtigen Weg bist – nach der letzten Sackgasse ist dir so viel leichter ums Herz. Doch nach einiger Zeit bemerkst du auch, dass deine Füße beginnen zu schmerzen. Deine Lieblings-Flip-Flops graben sich zwischen deine Zehen. Puh, was deine Füße angeht, war das Stehen in der Sackgasse doch angenehmer. Irgendwann lässt du dich erschöpft auf einen Baumstamm sinken. So geht es nicht weiter! Doch was nun? Zurück in die Sackgasse? Das kommt dir gerade so wunderbar einfach vor. Diese blinkenden Lichter schenken zumindest eine kleine Freude …

»Meine Güte, die sehen ja furchtbar aus!« Eine Stimme lässt dich herumfahren. Ein anderer Reisender, der gerade aus dem Wald getreten ist, mustert besorgt deine Füße. »Ja, der Strand ist wirklich ein gemeines Terrain. Mein Weg hat mich auch mal dort entlang geführt. Es war wahnsinnig schön – das Wasser, der Sand, die Wärme – aber dann gab es da auch diese scharfen Muschelstücke, weshalb man Schuhe braucht. Geschlossene Schuhe kommen jedoch auch nicht infrage! Ja, aber diese Flip-Flops …«. Du nickst. Genau das ist deine Zwickmühle. »Hier. Diese Schuhe wurden mir damals geschenkt. Sie sind offen, sodass das Wasser dich erreicht, du bindest sie selbst, der Stoff ist reißfest und angenehm – und vor allem lassen sie deine Zehen aus dem Spiel.« Du lachst und bedankst dich. »Doch was ist mit dir? Du bist ja auch wieder am Strand.« Der Reisende nickt wissend und deutet hinter sich. Dort liegt aus Holzstämmen gebaut ein kleines Segelboot. »Ja. Aber diesmal führt mich mein Weg über's Meer. Da sind diese Neoprenschuhe die beste Wahl.« Er zwinkert dir zu und zieht sein Boot über den Sand in Richtung Wellen.

Genauso wie es Sackgassen gibt, Umwege und ungeeignete Ausrüstung, so gibt es auch Ausrüstung, Rituale und Gewohnheiten, die deine Schritte auf dem Glückspfad beflügeln. Manchmal bedeutet das, die Lieblings-Flip-Flops oder eine liebgewonnene Gewohnheit zurückzulassen und gegen etwas Hilfreicheres einzutauschen.

Was in einer Sackgasse ganz wunderbar aussah und überhaupt nicht gestört hat, kann auf dem neuen Weg zum Verhängnis werden. Was dir ein gutes Stück deines Weges gedient hat, mag irgendwann nicht mehr das Passende sein, wenn sich der Untergrund verändert.

Wie du dein Leben gestaltest, welche Rituale, Unterstützung und Verpflegung du wählst, wie du auf deinen Körper und deine Gesundheit acht gibst, wie du deine Freude auf dem Weg wachhältst und sogar, wie du dich auf Herausforderungen vorbereitest, ist also nicht nur eine Frage des (Lebens-)Stils. Es ist eine Frage des (Lebens-)Glücks. Und es liegt an dir, wie viel Selbstfürsorge du dir schenkst.

Ich lade dich ein, dich selbst zu beschenken und deine Selbstliebe zu feiern, ihr Ausdruck zu verleihen.

Deinen Weg beschenken

Wenn du deinen eigenen Weg beschenken möchtest und ahnst, dass dir eine neue Gewohnheit oder ein anderer Proviant jetzt wirklich guttun würde, lade ich dich hiermit ein, deiner Selbstliebe Ausdruck zu verleihen. Dieser nächste Schritt ist eine aktive Liebeserklärung an dich selbst.

Dabei geht es nicht darum, dich zu etwas zu zwingen, sondern darum, das zu entdecken, was dir auf deinem Weg jetzt gerade tatsächlich und am meisten helfen wird – und eine ähnliche Erleichterung bringt, wie die Flip-Flops auszuziehen. So, wie nur du deinen Weg gehen kannst, so kannst auch nur du herausfinden, was dich jetzt gerade unterstützt.

Schritt eins: hinsehen. Oft haben wir bereits eine Ahnung, eine Intuition, was ein hilfreicher Begleiter, eine stärkende Gewohnheit oder eine gute Idee für den nächsten Wegabschnitt wäre. Dieser Intuition können wir am ehesten trauen. Unser Körper ist viel näher dran an dem, was uns guttut und was nicht, als es unser Geist jemals sein könnte. Das gilt nicht nur für geschwollene Füße, sondern auch, wie wir zu Beginn bereits gesehen haben, für gute Bedingungen zu unserem Wohlergehen.

Die folgende Übung unterstützt dich darin, deinen Glücksbegleiter finden.

Mache deine Glückserfahrung: Glücksbegleiter-Map

Schnapp dir dein Notizbuch und zwei unterschiedlich farbige Stifte. Du brauchst einen dunklen und einen farbenfrohen Stift.

Was zehrt an deinen Kräften – bzw. wo drückt der Schuh?

Benenne oder beschreibe den Umstand, das Gefühl oder die Herausforderung, die sich aktuell zeigt und halte sie in dunkler Farbe als *klein geschriebene* Überschrift fest. Vielleicht ist es Energielosigkeit oder Verzettelung, Einsamkeit oder starker Stress.

Welchen inneren Zustand wünschst du dir jetzt am meisten?

Halte nun nach einem Schlagwort Ausschau, das den inneren Zustand beschreibt, in dem du dich (bei gleichen Umständen) befinden möchtest. Schreibe ihn mit dem farbenfrohen Stift unter den drückenden Schuh und achte darauf, dass er größer geschrieben ist. Beispiele: frisch, klar, verbunden, zentriert oder kraftvoll.

Welche neue Gewohnheit, welcher neue Begleiter kann dich dabei unterstützen?

Nun schreibe für zehn Minuten alles auf, was dir einfällt, ohne den Stift abzusetzen. Wenn du nicht weiter weißt, schreibe »Ich weiß nicht« oder »Mir fällt nichts ein«, so lange, bis du wieder etwas anderes schreibst.

Inspektion

Gehe deine Aufzeichnungen durch und unterstreiche *alle* Ideen, die aufkamen, außer denjenigen, die sich wiederholen.

Intuitiv entscheiden

Nun verbinde dich noch einmal mit deiner Absicht, dass du dich beschenken möchtest. Stelle dir bei jedem Punkt bildhaft vor, du hättest dich nun für ihn entschieden. Bei welchen Punkten sagt dein Körper am deutlichsten »Ja«? Du merkst es z. B. daran, dass du den inneren Zustand, den du dir wünschst, ein wenig fühlst. Oder dass sich ein angenehmes Körperempfinden einstellt. Markiere diese Punkte. Entscheide dich am Ende für eine Möglichkeit unter den markierten, die du ausprobieren möchtest.

Schritt zwei: ausprobieren Du hast nun etwas gefunden, bei dem du ein gutes Bauch- oder Körpergefühl verspürst und das hilfreich ist. Es gehört vielleicht auch zu den Dingen, die sehr glückliche Menschen ähnlich handhaben oder die vielversprechend glücklich machen.

Nun geht es ans Ausprobieren! Beschenke dich und prüfe dabei, ob deine Intuition richtig war. Prüfe wirklich, ob sich das Wohlgefühl einstellt und wie es sich anfühlt. Mein Geheimtipp dabei ist, dich zu fragen: Wie kann ich mir diese neue Gewohnheit so freudvoll wie möglich gestalten?

Die unansehnlichsten Strandschuhe kann man mit Farbe, hübschen Muscheln, Steinen und Glitzer aufpeppen. Um ein sehr simples Beispiel zu geben: Wer sagt, dass es das Fitness-Studio sein muss, wenn du schon immer mal Kampfsport ausprobieren wolltest oder wenn deine Lieblingspartyhits in deinem Wohnzimmer dich viel mehr dazu motivieren, deine Hüften kreisen zu lassen, als ein Bauch-Beine-Po-Kurs es jemals könnte?

Schritt drei: gib dir Zeit Zum wirklichen Prüfen braucht es eine gewisse Zeit. Das Wohlgefühl mag vielleicht nicht direkt eintreten, sondern erst ein paar Stunden später, oder es baut sich langsam über längere Zeit auf. Eine Woche Kaffee-Entzug z. B. kann erstmal zur Folge haben, dass wir uns schlapper fühlen, manche berichten sogar von Kopfschmerzen.[98]

Deshalb möchte ich dich hier zu liebevoller Disziplin einladen. Für die »Disziplin« macht es sehr viel Sinn, dir einen bestimmten Zeitraum von beispielsweise vier Wochen fest vorzunehmen, um deine neue Routine aufzubauen – und zu prüfen. Dies »liebevoll« zu tun ist jedoch ebenso wichtig. Du bestimmst das Tempo und die Intensität deiner Selbstliebe-Entscheidung.

Dir Zeit zu geben meint jedoch noch etwas anderes: Wenn du die Flip-Flops gerade gewechselt hast und noch etwas dran zu knabbern hast, dass deine Besohlung dir nun weniger hübsch vorkommt, brauchst du nicht auch gleichzeitig dein Verlangen nach Süßigkeiten anzugehen oder dich an den Aufbau einer täglichen Achtsamkeitspraxis zu wagen. Du bestimmst dein Wandeltempo und du darfst einen Schritt nach dem anderen gehen. Ohne Eile und ohne Selbstvorwürfe.

Für die letzten Meter in deine neue Gewohnheit möchte ich dich noch einmal ermutigen: Das Wissen darum, dir etwas Gutes zu tun, verstärkt oft seinen positiven Effekt. Denn schon der Gedanke daran zaubert dir ein Grinsen ins Gesicht. Du bist stolz, dir die Zeit genommen zu haben (spätestens danach). Und wenn du dir etwas wirklich Gutes tust, vermittelst du dir selbst eine essenzielle Botschaft:

Ich bin wertvoll. Ich bin es wert, mir etwas Gutes zu tun.

Mache deine Glückserfahrung: Glücksbegleiter-Logbuch

Um in Kontakt mit dem Wohlgefühl von eher subtil oder nachträglich beglückenden Gewohnheiten zu kommen und um zu prüfen, ob diese neue Gewohnheit dir auch wirklich hilft, lade ich dich zur folgenden Übung ein:

Wirf einen Blick auf dein Anliegen in deinem Notizbuch. Das, was du dir wünschst. Woran würdest du bemerken, dass es eintritt? Halte zwei bis drei ganz konkrete Punkte fest.

Betrachten wir einmal das Beispiel »Mehr Energie im Alltag haben«. Die »Bemerker« in deinem Alltag können sein: Du fühlst dich wacher, du arbeitest längere Zeit konzentriert durch oder du stellst fest, dass du an einem Tag viele Dinge unterbekommst und dich trotzdem währenddessen gut fühlst.

Über die kommenden Wochen, in denen du dieses Selbstliebe-Experiment wagst, notiere dir dann jeden Abend:

- Wie viel (mein Wunsch) auf einer Skala von null (gar nicht) bis zehn (vollkommen) habe ich heute gespürt?
- Woran konnte ich das bemerken? Hier kannst du Gefühle und Stimmungen, Körperempfindungen, aber auch Aktivitäten, Rückmeldung von anderen und Situationen festhalten, in denen du dich selbst überrascht hast.
- Wofür bin ich mir selbst heute dankbar? Diese Frage kannst du in Bezug auf deine Liebeserklärung, aber auch vollkommen losgelöst davon beantworten.

Von Wegweisern und Experten

Dein Glücksbegleiter ist sehr individuell, wie dein aktueller Wegabschnitt und die Stelle, an der dein Schuh drückt. Zugleich gibt es sehr spannende Erkenntnisse zur Schnittstelle von Lebensstil und Glück – Zusammenhänge, die du vielleicht noch nicht kennst.

Schon Michael Fordyce fand staunend heraus, dass sehr glückliche Menschen intuitiv einen Lebensstil wählen, der sie aktiv und freudvoll hält.[99] Neuere Studien schlüsseln genauer auf, wie unser Lebensstil unser Glück beeinflusst. Diese Erkenntnisse sind durchaus auch unbequem (so habe ich sie jedenfalls empfunden). Deshalb teile ich mit dir ein paar meiner Manöver, das Glück auf Kurs zu halten.

Herztraining. »Be smart, exercise your heart« (»Sei schlau, trainiere dein Herz«) ist der Titel eines wissenschaftlichen Artikels, der mein Leben nachhaltig beeinflusst hat. Herztraining ist hier leider weniger romantisch als es erst klingt: Es geht um Ausdauersport. Tatsächlich ist dieser genauso effektiv darin, Depressions-[100] und Demenz-Erkrankungen zu lindern[101] wie Standardtherapien mit Medikamenten oder Gesprächen. Glückliche Menschen scheinen mehr Bewegung und Sport in ihren Alltag zu bringen.[102] Der Knaller kommt aber jetzt erst: Durch Ausdauersport werden neue Gehirnzellen direkt neben dem Hippocampus, deiner Gedächtniszentrale, geboren.[103] Das erweitert dein flexibles Denken, deine kreative Assoziationsfähigkeit und deine Merkfähigkeit.

Sogar als Sportmuffel hat mich das begeistert. Konsequentes Treppensteigen (statt Aufzug oder Rolltreppe) und zu Fuß unterwegs zu sein sind seitdem meine täglichen Begleiter. Im Wohnzimmer zu tanzen, im Kletterwald neue Abenteuer zu wagen, zu schwimmen und Schlittschuh zu laufen lässt mein Herz zudem weitaus glücklicher schlagen als »Standardsport«.

Herz- und Kopfweitung. Der Effekt von Sport auf die Geburt neuer Gehirnzellen nennt sich Neurogenese. Etwas, das die Neurogenese ebenfalls stärkt, ist Meditation.[104] Doch Meditation – vor allem die Loving-Kindness-Meditation (Meditation liebevoller Freundlichkeit) –

kann auf genetischer Ebene noch mehr: Sie kann unser Leben verlängern, indem sie das Altern auf Zellebene verzögert! Durch den Alterungsprozess verkürzen sich die Enden unserer Chromosomen, auf denen das Erbgut gespeichert ist (man nennte sie Telomere). Das ist ein ganz normaler Vorgang, der zum natürlichen Tod der Zelle führt. Unter Stress geht dieser Prozess aber schneller als normalerweise vor sich – doch bei dieser Art der Meditation *verlangsamt* sich die Verkürzung – und damit auch der Alterungsprozess![105] Jon Kabat-Zinn spricht sogar von Hinweisen dafür, dass sich die Telomere durch Meditation wieder verlängern.[106]

Weil sie auch solch eine Kraft auf das Wohlbefinden und die eigene glückliche Entfaltung hat, fließen Facetten der Loving-Kindness-Meditation in nahezu alle angeleiteten Erfahrungen in diesem Buch mit ein. In meiner täglichen Meditationspraxis unterstützt es mich sehr, liebevolle Disziplin zu üben. Ich meditiere jeden Tag, komme, was wolle. Aber in sehr intensiven Zeiten erlaube ich mir, dies kürzer zu tun und manchmal sogar im Liegen vor dem Einschlafen.

Früchtchen. Dass Obst und Gemüse uns frischer, wohler und energiegeladener zurücklassen und auch psychischen Erkrankungen vorbeugen, ist kein Geheimnis mehr und auch in Langzeitstudien belegt worden.[107] Gruseliger wird's hingegen, wenn man die Effekte von Fleischkonsum betrachtet. Menschen, die sich pflanzlich ernähren, sind glücklicher als solche, die viel Fleisch essen.[108] Und auch Gemischtköstler werden glücklicher, wenn sie beginnen, weniger Fleisch zu essen.[109] In ihrem Buch »How Not to Die« (Wie man nicht stirbt), fassen die Autoren Greger und Stone wissenschaftliche Erkenntnisse zur Ernährung zusammen und zeigen: Fleisch und Milch begünstigen Tumoren, Herz-Kreislauf-Erkrankungen, Depression und Organkrankheiten[110] – können jedoch mit einer pflanzlicheren Ernährung sogar geheilt werden. Das hat mich auch schlucken lassen …

Ich hole diese Erkenntnis durch Entdeckerfreude und Genussfokus in meinen Alltag. Mein Lebenspartner Carlos und ich experimentieren mit Rezepten und Pflanzenmilchsorten, schenken uns kulinarische Ausflüge in solche Restaurants, die pflanzliche Ernährung in den Fokus setzen, und achten zugleich darauf, einen flexiblen Umgang mit unserem Essen zu wahren und genau hinzuspüren, was wir brauchen und was uns guttut.

Zucker + Fett = Heroin Es kommt noch dicker ... Dass raffinierter Zucker nicht gerade das Beste für uns ist und Früchte uns wesentlich besser tun, haben dir mit Sicherheit schon einige Menschen erzählt. Ertappt gefühlt habe ich mich bei der Entdeckung, dass die Kombination von Fett und Zucker ähnlich süchtig macht wie Drogen.[111]

Um meiner durchaus bestehenden Schokoladen- und Zuckersucht möglichst hilfreich im Alltag entgegenzukommen, kombiniere ich seit einiger Zeit Datteln mit sehr dunkler Zartbitterschokolade (die einen hohen Fettanteil durch die Kakaobutter hat). Spannenderweise hält seitdem eine Tafel auch in hochintensiven Arbeitszeiten mehrere Tage lang, ich habe weniger »Zucker-Hochs« und vor allem weniger »Zucker-Tiefs«. Das Stück Schokokuchen gönne ich mir hin und wieder mit umso achtsamerem Genuss.

Natur pur. Kommen wir zu den guten Nachrichten. Spaziergänge in der Natur tun nicht nur der Seele gut. Sie aktivieren Krebskillerzellen in unserem Immunsystem, die tatsächlich Krebs bekämpfen,[112] lassen unsere Kreativität erblühen,[113] machen uns direkt glücklicher und steigern unsere Merkfähigkeit,[114] reduzieren Gefühle von Ängstlichkeit, Niedergeschlagenheit und Stress.[115] Spaziergänger in der Natur kommen sogar mit gestärktem Selbstbewusstsein nach Hause![116]

Seit ich das weiß, nehme ich oftmals eine andere Route nach Hause, die mich durch einen wunderschönen Park führt und verlagere Treffen mit Lieblingsmenschen so oft es geht in den Wald oder den Park. Das klappt herrlich und wird auch von anfänglichen Skeptikern sehr geschätzt.

Die wirklich spannende Frage ist: Warum entscheiden sich Menschen zu dieser Art der Lebensführung? Wie schaffen sie es, Gewohnheiten aufzubauen, von denen viele von uns vielleicht so etwas denken wie »gute Idee« oder »müsste ich auch« und es dennoch nicht angehen oder beibehalten? Tun sie es, weil sie es müssten? Weil sie sich dazu zwingen?

Ich glaube, sie tun es, weil es ihnen Freude macht. Weil sie bemerken, dass es sie direkt und vor allem auch langfristig glücklicher macht. Sie tun es für sich selbst – im Endeffekt aus Liebe zu sich.

Die Selbstliebe lässt uns Ausschau halten nach diesen Dingen. Doch erst durch das aktiv erfahrene Wohlgefühl wird eine Überwindung (zum endlich mal gesunden Kochen, zum endlich mal wieder mit dem Lieblingssport beginnen) zu einer Überwindung, die man gerne auf sich nimmt. Weil man direkt spürt, dass dahinter mehr Glück wartet.

Deine Win-Win-Win-Entscheidung: Liebeserklärung

Dein eigenes langfristiges Glück ist ganz oft mit einem Win für diese Erde verknüpft. Wo entdeckst du es bereits? Und wenn du es nicht auf Anhieb entdeckst – wie möchtest du deine Liebeserklärung an dich selbst um eine Liebeserklärung an die Erde erweitern und vertiefen?

Die entscheidende Frage

Es ist Nacht. Nach dem erfolglosen Kampf mit einem Dornengestrüpp, das dir in den Weg geraten ist, lässt du dich auf den Boden sinken und streckst dich aus. Wenn du ganz ehrlich zu dir bist, hast du die Orientierung verloren. Dein Blick gleitet zum riesigen, funkelnden Sternenzelt über dir. Die Geschichte vom Indianderjungen und seinem Großvater fällt dir wieder ein und du lächelst. Unwillkürlich denkst du: »Ja, auf meine beiden Wölfe achte ich bereits ganz gut. Vor allem die Selbstliebe füttere und nähre ich.« Du stockst. »Doch – wofür eigentlich?« Verwirrt blickst du in die Weite. Ist das der Grund, warum du die Orientierung verloren hast? Weil du eigentlich nicht so recht weißt, wofür du diesen Weg gehst? Klar, du möchtest dich selbst lieben, glücklich sein, erfüllt leben. Und doch … wofür?

In diesem Moment zieht eine Sternschnuppe über den Nachthimmel und verglüht kurz oberhalb des Polarsterns. Ein Leitstern. Natürlich! Du hattest dich schon länger gefragt, woher der Reisende, der dir die Schuhe geschenkt hatte, wusste, dass es Zeit war, den Wald zu verlassen und auf See zu fahren. Mit Sicherheit hatte auch er so einen Leitstern. Da fällt dir auf, dass dich der Polarstern in genau die Richtung lenkt, in der sich das unliebsame Dornengestrüpp befindet. Und plötzlich weißt du, dass du mit deinem Leitstern sogar dieses Dornengestrüpp überwinden würdest. Dir ist leichter ums Herz. Zuversichtlich ziehst du deine Decke aus dem Rucksack hervor und kuschelst dich hinein. Und kurz bevor du unter den Sternen in tiefen Schlaf sinkst, kommt dir das Bild einer Laterne in den Sinn, mit der du dein »Wofür« sogar auf den Weg vor dir leuchten lässt …

Das eigene »Wofür«

Wir sind bei einer weiteren essenziellen Komponente auf dem Weg zum erfüllten Leben angekommen. Vera Birkenbihl nannte es den »Leitstern« oder »Fixstern«,[117] Dr. Hugo Alberts nennt es in seiner

Boots-Metapher das »Steuerrad«.[118] Allgemein wird es meistens unter den Begriff »Sinn« gefasst und Viktor Frankl brachte es im Fragewort »Warum« auf den Punkt,[119] das später von seinem Schüler Alfried Längle zum »Wofür« erweitert wurde.[120] Diese Orientierung, die aus dir selbst stammt, die du selbst festlegst, ist wichtiger denn je. Sie ist nicht nur wichtig, wenn du dich verlaufen hast, im Dunkeln tappst, in einer Sackgasse feststeckst oder auf einen Umweg geraten bist. Sie ist auch wichtig, um dich überhaupt für eine Richtung zu entscheiden, wenn dir so viele Wege offenstehen.

Die Frage nach dem »Wofür« ist so grundlegend, weil sie Sinn schafft. In einer Welt von unglaublicher Komplexität und endlosen Möglichkeiten sind wir mehr denn je selbst gefragt, unserem Leben Sinn zu *geben*.

Viktor Frankl beobachtete in der unvorstellbar grausamen Zeit, in der er KZ-Gefangener war, etwas ganz Erstaunliches. Es schien Menschen zu geben, die selbst unter diesen Bedingungen Lebensmut und Mitgefühl bewahrten.[121] Diese Menschen waren es, die nicht nur ungebrochen aus dieser Zeit hinauszugehen schienen – sie schienen durch diese unglaublich dunkle Zeit sogar gewachsen zu sein.

Als einziger Überlebender seiner Familie kehrte Frankl nach dem zweiten Weltkrieg zu seiner Tätigkeit als Psychotherapeut zurück und ging der Frage nach, wie diese Menschen das geschafft hatten. Die Frage führte ihn zum Sinn. Zu einem anderen Sinn als dem, der uns landläufig vielleicht als »Sinn« bekannt ist. Denn er erkannte, dass diese Menschen keinen Sinn in ihrer Gefangenschaft, in der Folter und dem Verlust von lieben Menschen *gesucht* haben. Sie haben ihrem eigenen (Über-)Leben jeden neuen Tag Sinn *gegeben*. Sie haben entschieden, *wofür* sie diesen Tag, diese neuen Stunden, diesen Moment nutzen wollten – und *wie* sie dies tun wollten.

Diese bewegende und gleichsam kaum zu fassende Beobachtung von Viktor Frankl zeigt uns zwei Dinge:

- Nach diesem »Wofür« zu leben, es sogar zu finden, scheint auch im furchtbarsten »Wo« möglich zu sein. Und gerade dort kann es uns hindurchtragen.
- Das eigene Leben nach einem »Wofür« auszurichten scheint eine ungeheuer stärkende Kraft auf unser Wohlbefinden und unser Wachstum zu haben.

Tatsächlich gibt es immer mehr Wissenschaftler, die davon ausgehen, dass tiefes Glück ohne ein Wofür – ohne einen Sinn – nicht möglich ist, unabhängig davon, ob wir uns in der Hölle oder im Himmel befinden.[122]

Diesem weiteren Geheimnis des glücklichen Lebens kam auch Fordyce auf die Spur. Er entdeckte, dass all die sehr glücklichen Menschen nicht nur angaben, einen Sinn zu haben. Tatsächlich waren sie sehr produktiv in Projekten, in Herzensangelegenheiten oder in einer Arbeit, die höchst bedeutungsvoll für sie war, die sie mit Sinn erfüllte.[123] Diese Menschen wissen, was ihnen wirklich wichtig ist, sie wissen, wofür sie sich mit ihrem Besten einsetzen möchten. Und sie tun dies mit Freude und mit ganzem Herzen – jeden Tag.

Doch ist Sinn nun etwas, das ich habe, das mir zufällt oder eben nicht? Diese sehr glücklichen Menschen hatten sich intensiv mit der Wofür-Frage (mit all dem Hadern und all den Zweifeln, die dazu gehören) auseinandergesetzt. Sie hatten diese Frage für sich beantwortet – sie hatten ihrem Leben Sinn gegeben.

Wir sind mehr denn je selbst gefragt, unserem Leben Sinn zu geben.

Wichtig ist an dieser Stelle, dass sehr glückliche Menschen ihren Tag nicht nur mit Sinn füllen. Sie durchschreiten Dornengestrüppe, wenn es nötig ist, doch sie tun dies nicht, um ein Dornengestrüpp überwunden zu haben. Sie nehmen zuerst den angenehmeren Weg, wenn es ihn gibt. Und auf beiden Wegen füllen sie jeden Schritt mit Freude. Sie füllen ihren Tag mit Freude.

Eine amüsante Streitigkeit zu diesem Thema durchzog für ein paar Jahre die positiv-psychologische Forschung. Was macht nun wirklich glücklich? Es gab die »Sinn-Verfechter« und die »Spaß-und-Genuss-Verfechter«, die sich über mehrere wissenschaftliche Publikationen hinweg gegenseitig beweisen wollten, dass (nur) sie Recht hatten. Schließlich siegte der Wissenschaftsgeist und beide Seiten entdeckten in zwei unabhängigen Studien, dass die Menschen am glücklichsten waren, die beides in ihr Leben integrierten: Freude und Sinn.[124]

Wir brauchen einen Leitstern – und wir brauchen schöne Wegabschnitte, genussvolle Essenspausen und heitere Begegnungen.

Die Größe unserer Wofürs

Doch warum reicht es als Wofür nicht, glücklich zu werden und sich selbst zu lieben?

Als wir am Strand lagen und orientierungslos in die Sterne blickten, mag diese Erkenntnis zunächst kontraintuitiv geklungen haben. *Dafür* hatten wir uns ja schließlich auf den Weg gemacht: Für mehr Glück und mehr Selbstliebe. Diese Gründe für unsere Reise sind ein wunderschöner Startpunkt. Gerade, wenn wir uns in diesem Zuge mehr und mehr nach innen wenden und dort nach Glück, nach Liebe suchen. Wenn wir hinschauen und uns fragen, was tatsächlich glücklich macht.

Doch sie werden bei den allermeisten von uns nicht die endgültigen Gründe gewesen sein. Denn wir alle teilen ein weiteres Bedürfnis: Das Bedürfnis, Gutes in die Welt zu bringen – über uns selbst hinaus (dazu mehr im Kapitel »Blühen heißt Weitergeben« (S. 184). Spätestens in dem Moment, in dem wir merken: »Ja, meine Selbstliebe wächst, ja, ich bin in Kontakt mit Glück«, können sie nicht mehr unsere Leitsterne oder unsere Wofürs für den Weg sein. Sie sind so nah, dass sie vielmehr Wegbegleiter, ja Gaben werden: für größere Wofürs.

Mache deine Glückserfahrung: Sinnspüren

Ich lade dich zu einem kleinen Hinspür-Experiment ein. Schau, wie du es dir jetzt gerade gemütlich und bequem machen möchtest und lass dich entspannt nach hinten sinken.

Lass dich ganz da nieder, da, wo du jetzt gerade bist und nimm Kontakt auf zu deiner Selbstliebe. Erlaube ihr ganz bewusst, größer zu werden, dich zu umschließen. Stell dir vor – wie weit weg es dir auch gerade erscheinen mag – du liebst dich von ganzem Herzen.
Du sagst mit jeder Faser deines Herzens »Ja« zu dir.

Wie würde sich dein Körper anfühlen? Mit welchem Gefühl würdest du morgens aufwachen? Und was würdest du tun? Wofür würdest du diesen neuen Tag nutzen?

Spule nun ein Jahr weiter. Deine Selbstliebe ist dein festes Fundament geworden. Dein inneres Glück ist dein Begleiter und du weißt, dass diese beiden dich nicht mehr verlassen.

Womit würdest du deine Tage verbringen? Was wäre dein Herzensanliegen?

Ein jeder hat andere Nuancen für seine großen Wofürs. Wir sind so unterschiedlich in unseren Qualitäten und dem, was uns wichtig ist. Doch ob wir ein sicheres, liebevolles Fundament für unsere Familie legen, Schönheit und Genuss in die Welt bringen, Kraft und Stärke in uns und anderen fördern, tiefe zwischenmenschliche Begegnungen pflegen und ermöglichen, eine Vision von einer besseren Welt in die Tat umsetzen, uns mit Hingabe dem Erforschen und Entdecken von Zusammenhängen zuwenden, uns einem spirituellen Weg widmen oder in ganz anderer Weise Sinn leben: All diese Wege haben gemeinsam, dass sie über uns selbst hinausgehen. Und das ist sehr wichtig – auch für unser Glück. Wofür wir leben ist nicht gleichgültig. Es hinterlässt Spuren in uns, in unserer Mitwelt und in unserem Glück.

Dazu führten Kasser und Kollegen etliche Studien durch. In einer von ihnen wurden Studierende zu Werten, Zielen und Wohlbefinden am Ende ihres Studiums befragt. Werte kann man als Begriffe für übergeordnete Wofürs bezeichnen, Ziele sind die konkreten Ausdrücke dieser Werte. Anhand der Angaben konnten die Forscher zwei spannende Muster entdecken. Die einen Studierenden suchten im Außen nach dem, was sie erfüllen könnte. Dieses »extrinsische Muster« zeichnete sich durch Werte wie Status, Ansehen, äußerer Schönheit, Geld, Einfluss, Macht und Erfolg aus. Die anderen schienen mehr aus ihrem Inneren heraus etwas in die Welt geben zu wollen. Dieses »intrinsische Muster« enthielt Werte wie Selbstakzeptanz, Solidarität, Gerechtigkeit, Mitgefühl, Erhaltung und Schutz anderer Menschen und der Umwelt.

Nach einem Jahr wurden diese Studierenden – die in der Zwischenzeit ihren ersten Beruf ergriffen hatten – noch einmal befragt. Diesmal zu ihrem Glück und wie nah sie ihren zuvor angegebenen Zielen bereits gekommen waren. Beide Gruppen gaben an, dass sie ihren Zielen näher gekommen waren. Doch die extrinsische Gruppe war unglücklicher. Nicht nur unglücklicher als die andere Gruppe – sondern sogar unglücklicher als ein Jahr zuvor.[125] Die Gruppe mit den intrinsischen Werten hingegen war glücklicher geworden. Dutzende weitere Studien, die Kasser in seinem aktuellen Buch zusammenfasst, untermauern diesen Befund.[126]

So erschreckend diese Befunde auf den ersten Blick erscheinen, sie sind eine verdammt gute Nachricht, für alle von uns. In wenigen Sätzen fasste ich diese Erkenntnis einmal für einen leitenden Mitarbeiter und Familienvater zusammen – und plötzlich überzog ein strahlendes Lächeln sein ganzes Gesicht. »Wie jetzt? Mehr Geld und die nächsthöhere Position machen nicht glücklich? Ich kann mich einfach mehr um meine Familie kümmern, meine Freunde treffen und freundlich zu anderen sein?« Für ihn waren diese Gedanken sichtlich neu und revolutionär. »Das ist ja grandios!«

Wenn Glück weder in Geld noch in Status liegt und weder durch Ansehen noch durch Erfolg erworben werden kann, ja, wenn das sogar unglücklicher macht – dann dürfen wir uns ein für alle Mal richtig entspannen.

Dann dürfen wir jetzt unsere Arbeitsstunden reduzieren. Dann dürfen wir jetzt die Priorität etwas mehr auf das ausrichten, was uns am Herzen liegt. Dann dürfen wir jetzt entscheiden, wofür wir denn tatsächlich unsere Zeit, unsere Energie, unsere Stärken und Gaben, kurz: unser Leben, gern einsetzen würden.

Dein Wofür

Kehren wir an den nächtlichen Strand zurück. Wenn deine Wofürs einem Leitstern entsprechen, dann geben sie dir Orientierung, eine Richtung. Sie laden dich ein, dir konkrete Ziele zu stecken, konkrete Wege einzuschlagen, die mit ihnen im Einklang stehen und vor allem geben sie der ganzen Reise einen Sinn – ja, sogar dir Motivation, ein Dornengestrüpp zu überwinden. Ohne sie könntest du auch an der Strandbar liegen bleiben (wogegen zunächst einmal nichts spricht).

Mir gefällt das Wort »Wofür« sehr viel mehr als Begriffe wie »Leitstern« oder »Sinn«, weil diese zwar ein schönes Sinnbild und ein bekanntes Konzept vermitteln, das Wofür jedoch direkt verdeutlicht, um was es ganz konkret geht – und wie wir ihm auf die Spur kommen: Es geht um das, was dir wirklich wichtig ist. Das kann etwas sein, worum du dich kümmern möchtest, wozu du beitragen möchtest, was du schützen möchtest, was du in die Welt bringen möchtest oder auch in ihr verändern magst.

Darunter fallen sehr konkrete Dinge, wie Harmonie in der Familie zu stiften oder deinen Lieblingswald von Plastik freizuhalten. Und es können eher abstrakte Wofürs sein, zum Beispiel Gerechtigkeit in die Welt zu bringen oder die Erde zu schützen oder Mitmenschlichkeit in der Gesellschaft zu fördern. Wie konkret oder abstrakt es ist, spielt zunächst keine Rolle. Wichtig ist, dass es dich wirklich bewegt.

Bist du bereit, deinen Wofürs auf die Spur zu kommen? Dann lade ich dich auf die Entdeckungsreise ein.

Mache deine Glückserfahrung: entscheidende Antwort

Spüre zu Beginn einmal nach, in welcher Form du diese Übung am liebsten machen möchtest. Du kannst still für dich sein, im Sessel, auf dem Kissen oder auf einem Spaziergang und die Frage in deinem Herzen bewegen. Du kannst eine Mindmap (oder Sternenkarte) in dein Notizbuch zeichnen. Und vielleicht merkst du, das möchtest du am liebsten im Gespräch mit einem lieben Menschen erörtern. Wende dich auf deine Weise den folgenden Fragen zu:

Wofür? Wofür möchtest du deine Zeit, deine Energie, deine Stärken – kurz: dich – wirklich einsetzen? Wofür möchtest du leben?

Wofür möchtest du vielleicht auch stehen und wonach möchtest du dich ausrichten?

Es kann hilfreich sein, an ein dunkles Übel in deiner Mitwelt oder der ganzen Welt zu denken, das dich wirklich berührt. Welches Wofür erwächst daraus? Spüre wirklich hin. Egal, was du gehört hast, wofür man leben sollte – jetzt geht es um das, was *dich* im tiefsten Inneren berührt.

Ein Wofür ist wundervoll. Manchmal tauchen mehrere auf, auch das ist gut. Lasse nach spätestens drei Wofürs die Übung ruhen.

Dein Wofür wird dich auf unserer weiteren gemeinsamen Reise begleiten. Es wird tatsächlich dein Leitstern werden und dich sehr dabei unterstützen, nächste Schritte in dein erfülltes Leben zu gehen. Gleichzeitig ist es nicht unabänderlich. Manchmal entdecken wir noch passendere, klarere Begriffe, manchmal wechselt ein Wofür tatsächlich auch. Durch die Übung hast du diesen Prozess nun angestoßen – erlaube ihm, mal still, mal aktiv in dir weiterzuarbeiten.

Unser Wofür kann uns zu den genialsten Visionen, zu hochgesteckten Zielen und zu großen Herzensprojekten leiten – und das ist okay, wenn es so ist, ohne dass es so sein muss. Gleichzeitig beginnt dein

Wofür in diesem Moment. Es wird erst dann vollkommen gelebt, wenn es jeden deiner Schritte beleuchtet. Wenn es nicht nur ein Stern, sondern auch eine Laterne wird, sodass du jede Situation, jeden Ort, jede Begegnung im Licht deines Wofürs betrachten kannst.

Gerechtigkeit beginnt in dem Moment, in dem du demjenigen ehrlich zuhörst, mit dem du gerade streitest. Humor und Leichtigkeit beginnen da, wo du über dich selbst lachst, wenn du einen Fehler gemacht hast. Die Welt zu retten beginnt bei der nächsten Kaufentscheidung. Geht es ohne Plastikverpackung? Wofür brauche ich das? Wie schmeckt eigentlich Bio?

Liebe beginnt mit dem nächsten herzlichen Lächeln.

Mache deine Glückserfahrung:
Wofür-to-Go

Nutze die Laterne deines Wofürs für deinen Alltag – erlaube ihm, dein Leben tatsächlich zu durchdringen.

Im Laternenschein deines Wofürs: Wie erscheint deine aktuelle Herausforderung? Entdeckst du in diesem Licht vielleicht sogar einen Weg, mit ihr umzugehen?

Im Laternenschein deines Wofürs: Wie möchtest du den jetzigen Moment leben?

Wenn du magst, nimm das Bild der Wofür-Laterne mit in deinen Alltag und lass sie deine Schritte erhellen.

Während ich dieses Kapitel schreibe, erreicht mich die Nachricht, dass ein Mensch verstorben ist, den ich aus Jugendtagen kenne. Dieser Mensch hat sehr früh bereits schwere Zeiten durchlebt, hat sehr viel Liebe in die Welt gebracht und starb mit nicht einmal dreißig Jahren. Dieses Leben ist so unglaublich zerbrechlich.

Der Rest deines Lebens startet jetzt. Wir wissen nicht, wann wir unseren letzten Schritt gehen. Aber wir können von jetzt bis dorthin das tun, was uns wirklich wichtig ist. Von jetzt bis dorthin können wir das tun, was wirklich zählt. Und in jeden Moment können wir es einfließen lassen.

Deine Win-Win-Win-Entscheidung: weltverwandelnde Fragen

Deine Fragen können noch mehr. Ob große, kleine oder alltägliche Fragen: pflanze Hoffnung und Wachstum, während du nach einer Antwort suchst. Ist es nicht schön, wenn du mit jeder Frage auch für ein bisschen mehr Grün auf diesem Planeten sorgen kannst? Das gelingt mit einer Suchmaschine, die für jede Suche Bäume pflanzt, z. B.: www.ecosia.org.

Die Lüge vom Erfolg

Da bist du also. An dem Ort, den sie dir alle haargenau beschrieben haben. Beziehungsweise fast haargenau beschrieben haben. Da ist dieser große, ausgebaute und sichere Weg vor dir, der schnurgerade zwischen den höheren Felsen, die ringsum aufragen, hindurch in eine nicht erkennbare Ferne führt. Du kannst steilere Abschnitte erkennen, viele Wegmarkierungen an den Felsen, aber vor allem graue Felsen. Sicher ist: Der Weg geht bergauf. Und – ja, tatsächlich, so wie sie gesagt haben: Da steht ein skurriles Gefährt am Wegesrand für dich bereit, das du brauchst, um diesem Weg folgen zu können. Du würdest schon lernen, mit den fünf Rädern, den zwei Lenkern und den versetzten Pedalen, die man mit der linken Hand und dem rechten Fuß bedienen muss, zurechtzukommen. Das hätten schon ganz andere vor dir geschafft. Besonders toll, so sagten sie, sei zudem, dass du mit diesem Gefährt auch noch richtig schnell ans Ziel kommen würdest. Und da möchtest du ja schließlich hin: ans Ziel.

Doch du entdeckst auch etwas, das sie dir nicht gesagt haben. Kurz bevor die gepflasterte Straße beginnt, zweigen kaum sichtbare kleine Wege schräg nach oben ab, hinein in einen grün bewaldeten Teil des Gebirges. An allen Weganfängen hängen bunte Laternen. Neugierig gehst du näher heran und wirfst einen Blick auf einen dieser Wege. Überrascht stellst du fest, dass Blumen am Wegesrand wachsen und just in diesem Moment eine Frucht von einem Baum fällt, direkt vor deine Füße. Noch bevor du dich wundern kannst, seit wann Obstbäume in Wäldern wachsen, entdeckst du am Ende des kleinen Wegstücks, das du gerade noch einsehen kannst, eine weitere Lieblingsfrucht von dir. »Ein sehr, sehr schöner Weg.« Warm und ermutigend klingt die Stimme einer alten Frau an dein Ohr. »Für niemanden ist dieser Weg gleich. Viele, die ihn betreten, haben ein Wofür in ihrem Herzen, einen Leitstern, aber niemand kann genau wissen, wie sein Weg verlaufen wird. Ich weiß nur, dass viele auf Lichtungen, Bächlein, Freunde und Wasserfälle getroffen sind.« Ihr Blick ruht gelassen und klar auf deinem erstaunten Gesicht. »Damit du auch bei Nacht weißt, ob du noch richtig gehst, hängen diese Laternen an jedem

Eingang. Denn es gibt dort auch Herausforderungen. Die Nächte sollen dunkler sein, manchmal sogar beängstigend. Doch dafür kann man die Sterne sehen.« Ihr faltiges Gesicht legt sich in ein herzliches, freudiges Lächeln.

Ein Räuspern lässt dich erschreckt herumfahren. Der Herr, der viel zu dicht hinter dir steht, sieht ähnlich skurril aus wie das Gefährt für den gepflasterten Weg. Gerade so, als würde er nichts anderes tun, als es zu fahren. Seine Haltung ist, passend zum Gefährt, deformiert, dafür trägt er den ganzen Ernst der Welt in seinem Gesicht. »Wie Sie sicher wissen, haben wir keine Zeit zu verlieren, wenn Sie Ihre Zukunft ernst nehmen.« Er schaut dich durchdringend an. »Ich werde Ihnen jetzt den »X-Project 5000« kurz erklären, er ist der Beste seiner Art. Wir erwarten, dass Sie ihn innerhalb von sieben Minuten sicher fahren können.«

Überrumpelt blickst du zwischen dem Gefährt, der gepflasterten, grauen Straße und dem wunderschönen Weg hinter dir hin und her.

Was tust du?

Verdrehte Tatsachen

Es ist Zeit, mit einem populären Irrglauben aufzuräumen, der sich selbst in der Wissenschaft lange Zeit hielt. Bis heute ist er in den Köpfen der allermeisten Menschen verankert und leitet ihre Entscheidung für den Lebensweg, den sie einschlagen. Dieser Lebensweg hat einen beruflichen Strang, es gehören jedoch auch Herzensprojekte, Familienplanung, Wohnvisionen, gelebte Freizeit und vieles mehr dazu.

All diese Bereiche können durch die Augen der gegenwärtigen Gesellschaft als »erfolgreich« oder »weniger erfolgreich« eingeschätzt werden. Und mit diesem »erfolgreich sein« assoziieren wir alle zu einem kleineren oder größeren Teil auch Glück. Der Glaube, dass Glück auf uns wartet, wenn wir unsere Ziele erreichen, ist tief eingeprägt – wir sind ihm bereits auf die Schliche gekommen, als wir uns dem Gedankenhamsterrad zugewandt haben. Dass (beruflich) erfolgreiche Menschen glücklicher sind, ist ein Forschungsbefund, der schon lange existiert. Und aus ihm wurde abgeleitet: »Erfolg macht glücklich.« Doch das ist falsch.

Sehr glückliche Menschen wissen, dass es nicht darum gehen kann, Ziele zu erreichen und erfolgreich zu sein. Das, was sehr glückliche Menschen anders machen ist: Sie sind bereits auf dem Weg zu ihren Zielen, zu ihren Wofürs glücklich – und damit verdammt erfolgreich.

Tatsächlich ist es so, dass Glück zum Erfolg führt – nicht umgekehrt! Das ist nun auch wissenschaftlich belegt.[127] Bereits Michael Fordyce machte diese erstaunliche Entdeckung bei seinen sehr glücklichen Menschen. Ja, diese Menschen hatten Ziele. Aber sie knüpften nicht ihr Glück daran, sondern ließen ihr Glück entscheiden, welche Alltagsgestaltung, berufliche Möglichkeit und Familienplanung sie wählten.[128] »Der Weg ist das Ziel« ist also nicht nur eine Binsenweisheit, die nett klingt. Sie ist ein weiteres Fundament für ein glückliches und erfülltes Leben.

Erst, wenn ich auf dem Weg, den ich einschlage prinzipiell glücklich bin, führt dieser Weg auch zum Glück.

Sehr glückliche Menschen sind bereits auf dem Weg zu ihren Zielen glücklich.

Doch irgendwie mag es vielleicht wagemutig oder gar irrsinnig klingen, dass du dein Leben glücklich gestalten darfst und damit auch noch deine Erfolgsaussichten drastisch erhöhst. »Wohin soll das denn führen?« fragt ein kritischer Teil in dir vielleicht. Nun, wohin führte das Streben nach Erfolg ohne Rücksicht auf das Glück bisher?

Mache deine Glückserfahrung: Erfolgsreflexion

Ich lade dich ein, dieser Frage in deinem eigenen Leben nachzugehen.

Wann bist du schon einmal auf ein Ziel zugesteuert oder hast Dinge gemacht, um ein bestimmtes Resultat zu erzielen (z. B. aus Pflichtgefühl oder um ein schlechtes Gewissen zu vermeiden), obwohl du dabei und damit nicht so ganz glücklich warst?

Wie ging es dir währenddessen? Was kam dabei heraus? Wenn du die freie Wahl hättest, würdest du es noch einmal machen?

Auch auf gesellschaftlicher Ebene können wir die Folgen vom Glauben an die verdrehte Tatsache und das unglaubliche Streben nach Erfolg, koste es, was es wolle, erstaunlich erschreckend an folgenden Dingen beobachten:

- an stetig wachsendem Konkurrenz- und Leistungsdruck,
- an starker Überarbeitung und dem Schwinden von Freizeit,
- an den hohen Raten an psychischen Erkrankungen, die jährlich steigen,
- an einer Flut von Produkten, die niemand braucht,
- an einem wunderschönen Ökosystem, das kurz vor dem Zusammenbruch steht.

Quälst du dich durch ein Studium oder eine Karriereleiter hoch, nur um danach mehr Geld, Sicherheit, Ansehen oder Macht zu haben, macht dich das wissenschaftlich nachgewiesenermaßen nicht glücklicher.[129] Es kann dich sogar von dem entfremden, was dich wirklich glücklich machen würde.

So wie du ungeheuer viel Kraft aufbringen müsstest, um zu lernen, den skurrilen »X-Project 5000« zu fahren und sich deine Haltung dadurch verformen würde, so natürlich kann sich dein eigener Weg anfühlen, auf dem du dich, wie du bist, wohl fühlen und einbringen kannst. Was würde passieren, wenn du deinem inneren Glück mehr die Führung überlässt? Und warum macht das am meisten Sinn?

Der Schlüssel deines inneren Schatzes

Wir knüpfen an deinen einzigartigen Reichtum an Begabungen, Stärken, Fähigkeiten und auch Interessen an, dem du auf die Spur gekommen bist. Diese Qualitäten zeigen dir einen Teil deines Wachstumspotenzials auf. Sie können dich darin unterstützen, die Richtung zu finden, in die mehr Glück für dich liegt.

> *Wenn du ein Pinguin bist, dann machen auch sieben Jahre Psychotherapie aus dir in diesem Leben keine Giraffe.*
>
> *Eckhardt von Hirschhausen*

Ich möchte diesen treffenden Satz noch gerne ergänzen: und dann bist du auch in der Steppe falsch.

Auf deinem Weg, in deinem Element zu sein und deine Stärken zu nutzen, ist das Gefühl, das der Pinguin hat, der endlich zum Ozean gelangt – und feststellt, dass er sich hier ungeheuer schnell und wendig und vor allem freudvoll bewegen kann. Das bringt nicht nur unglaublich viel Glück mit sich, sondern ermöglicht es dir auch, diesen Strang deines Lebensweges erfüllt und nach Außen sogar »erfolgreich« entfalten zu können:

- Folgst du deiner Begeisterung, bahnt sich dein authentischer Weg, auf dem du immer integrierter und immer erfüllter lebst.
- Du hast viel mehr Energie, hast viel weniger »Schweinehundkämpfe« auszufechten und schaffst dadurch in weniger Zeit mehr.[130]
- Du tust das, was du liebst, auf eine Weise, die für dich stimmig ist und vertiefst dadurch deine Fähigkeiten und Stärken.

- Es entstehen auch verwandte oder ganz andere Kompetenzen. Widmest du dich zum Beispiel deiner Liebe zum Gärtnern, eignest du dir in diesem Zuge vielleicht auch an, wie man einen Teich anlegt oder aus Kürbis einen Kuchen macht.
- Langsam verschiebt sich die Waage hin zu mehr *gelebter* Zeit – Zeit, in der du glücklich bist und damit weg von verschwendeter Zeit, die du absitzt oder gar verfluchst.

Der Schlüssel deines Glücks

Allein das Nutzen deiner Stärken macht unglaublich glücklich,[131] denn du fühlst dich authentisch und bist mit deiner Fülle in Kontakt, die im Außen deine Lieblingsfrüchte hervorbringt. Dieses Glück vertieft deine Entspanntheit, deine Weite und Offenheit. Diese Merkmale haben wir im ersten Teil dem zuordnen können, wie sich Glück anfühlt und was sein Entstehen unterstützt.

Aus dieser größeren Weite und Offenheit heraus ist wiederum viel, viel mehr möglich. So viele Dinge, nach denen wir uns sehnen, brauchen unsere Weite, unsere entspannte Offenheit, um uns überhaupt erreichen zu können:

- Gehen wir aufgeschlossen durch den Alltag, begegnen uns viel eher Inspirationen und Informationen für unseren Weg.
- Auch innere neue Ideen werden erst dann möglich und zugänglich, wenn wir uns und ihnen Raum geben.[132]
- Sogar für Herausforderungen finden wir schneller kreative Lösungen und entdecken Türen, wo andere nur Wände sehen.[133]
- Frauen, die mit viel Druck und Stress versuchen, schwanger zu werden, werden nicht schwanger. Umgekehrt können Frauen, die sogar kaum Aussichten darauf haben, durch einen tief gelebten und genossenen Liebesakt schwanger werden.[134]
- Nicht zuletzt kommen wir auch mit anderen Menschen viel eher in Kontakt, wenn wir aufgeschlossen und innerlich entspannt sind. Und aus diesen Kontakten kann sich viel entwickeln …

Der Schlüssel deiner Ausstrahlung

Wenn du durch deine Nachbarschaft oder deine Stadt gehst, achte einmal darauf, wie die einzelnen Menschen um dich herum wirken. Wir bekommen sehr schnell mit, wie es den Menschen um uns herum geht und was deren aktuelle Grundstimmung ist. Wir bekommen mit, ob wir jemandem trauen können, oder nicht, und ob dieser Mensch Visionen und sogar Wofürs mit uns teilt oder nicht. Dazu stehen uns eine Vielzahl von Informationsquellen zur Verfügung: Die Mimik und Gestik, die Körperhaltung, tatsächlich nehmen wir aber auch wahr, wie ausbalanciert oder eben chaotisch die elektromagnetischen Wellen sind, die vom (physischen) Herzen dieses Menschen ausgehen.[135]

Und auch uns selbst sieht und merkt man unsere Stimmung und auch unsere Grundhaltung zum Leben an. Was passiert also, wenn du mehr Fülle und innere Zufriedenheit ausstrahlst?

- Du kommst mit ebensolchen Menschen ins Gespräch, wodurch sich Netzwerke und neue Freundschaften bilden können.
- Deine Freundschaften mit den Menschen, die dich glücklich sehen wollen, vertiefen sich und festigen dein Fundament.
- Du begeisterst andere Menschen viel eher für das, wofür du brennst,[136] wodurch die Wahrscheinlichkeit für Inspiration, neue Wege, Kooperationen und geteilte Visionen steigt.
- Du sprichst innerlich gelassener Menschen an, von denen du weißt, dass sie dich unterstützen oder inspirieren können und eröffnest dir dadurch eine wertvolle Quelle.
- Es ist so viel wahrscheinlicher, einen passenden, liebevollen, ebenfalls glücklichen Partner zu finden, als wenn du Mangel ausstrahlst.
- Auch Menschen, an die du dich beruflich richtest und für die du einen inneren oder äußeren Mehrwert schaffen möchtest, finden viel eher zu dir.

Der Schlüssel deines eigenen Weges

Wie die alte Frau von der Geschichte am Anfang sagte: Die Menschen, die ihrem Glück folgen, haben oftmals eine Herzensvision – ein Wofür. Wir haben bereits gesehen, dass diese ganz vage sein können, wie: »Ich möchte dazu beitragen, dass Menschen glücklicher sind.« Oder auch sehr konkret, wie: »Ich möchte Eltern dabei unterstützen, mehr Paarzeit in ihrem Leben zu genießen.«

Je weiter du auf deinem Weg unterwegs bist, desto konkretere Ausdrücke findest du für deine Vision. Und gleichzeitig entwickelt sich dein Weg immer auch mit dir mit. Aus dem bepflanzten Beet um einen Baum herum erwächst ein Urban-Gardening-Projekt und mündet in die Beratung der Stadtverwaltung für solche Projekte.

Es geschieht auch, dass ein Abschnitt deines Weges zu Ende ist und ein neues Wofür entsteht, eine neue Richtung, die dein Glück nehmen möchte. Wie auch immer es ist, es ist *dein* Weg. Und darin liegt eine unglaubliche Stärke:

- Du wirst von einer Vision, einem Wofür geleitet, was deinem Leben einen tiefen Sinn vermittelt und dich mit unglaublich viel Klarheit, Entschlossenheit, Energie und Hingabe austattet.[137]
- Du weißt, *wofür* du Schwierigkeiten und Durststrecken auf dich nimmst (die es auf jedem Weg gibt): Es ist für deinen Weg. Du tust es nicht für einen Weg, dem du ohnehin nur halbherzig folgst.
- Du wirst immer authentischer »du« und entfernst mehr und mehr Masken. Dabei stellst du dich tiefen Unsicherheiten und Ängsten, aber bist anschließend viel mehr in deiner Kraft.

Tatsächlich: Du darfst raus aus dem Gedankenhamsterrad »X-Project 5000« und rein in dein Leben.

Mache deine Glückserfahrung: Erfolgserlaubnis

Ich lade dich ein, die richtig gestellte Tatsache einmal tief sacken zu lassen. Egal, wie unglaublich oder wagemutig es dir noch vorkommt: Gestaltest du deine wichtigen Lebensbereiche so, dass du glücklich bist, führt das zu Erfolg – zu einem erfüllten Leben. Und zwar viel eher als auf einem Weg, der dich auslaugt oder auf dem du kämpfst.

Lehne dich dafür bequem zurück und erlaube, eine Anspannung, die vielleicht im Körper ist, sich etwas zu lösen.

Wende dich einem Lebensbereich zu, bei dem du nicht so recht glücklich bist mit dem Weg, den du gerade gehst. Und dann nimm Kontakt auf mit der Tatsache: »Ich darf in diesem Lebensbereich einen Weg einschlagen, den ich ihn gerne und glücklich gehe. Dann folgt das erfüllte Leben.«

Wende dich dann einem Ziel zu, das dich in einem Lebensbereich unter Druck setzt. Was passiert, wenn du dir erlaubst, auf dem Weg zum Ziel vor allem für dein Glück zu sorgen? Nimm Kontakt auf zu der Tatsache: »Ich darf diesen Weg glücklich gehen – und werde dadurch das Ziel viel erfüllter erreichen.«

Du darfst dir die Erlaubnis geben, mit Glück deinen Lebensweg zu gehen.

Deine Win-Win-Win-Entscheidung: Lieblingswege

Auch auf deine alltäglichen Wege darfst du das Glück einladen. Wie du dabei unterwegs bist, spielt eine wichtige Rolle dafür. Welche Schätze, Skurrilitäten und Glücksmomente entdeckst du, wenn du zu Fuß, mit dem Rad oder der Bahn deine täglichen Wege zurücklegst?

Hinein ins Wachstumsabenteuer

Veränderung ist unvermeidbar.
Weiterentwicklung ist (d)eine Wahl.

Dean Lindsay

Als Jack Ma Yun geboren wird, ist seine Familie sehr arm. Sie leben zusammen in Hangzhou, einer der größten Metropolen ihrer Region in China. Was den jungen Jack wirklich begeistert, ist Englisch als Sprache. In seiner Freizeit plaudert er mit Touristen und bietet lange Touren durch die Stadt an, um Englisch zu lernen. Als er sich schließlich für Englisch in der Universität einschreiben möchte, fällt er in der Aufnahmeprüfung durch. Er versucht es ein zweites Mal und fällt erneut durch. Erst nach vier Jahren und dem dritten Versuch schafft er den Einstieg ins Studium. Mit seinem Bachelor in der Tasche macht er sich auf die Suche nach einem Job – und kassiert 30 Ablehnungen. »Als KFC zu uns in die Stadt kam, haben sich 24 Menschen beworben. Dreiundzwanzig wurden genommen – ich war der Einzige, der abgelehnt wurde.«[138] Er bewirbt sich zehnmal bei der Harvard Business School – und wird zehnmal abgelehnt. Als er einen Job als Englischlehrer erhält, reist er zum ersten Mal in die USA und entdeckt – das Internet. Begeistert von dieser vollkommen neuen Welt gründet er ein internetbasiertes Start-up, ohne irgendeine Ahnung von Business oder Programmieren zu haben. Nur vier Jahre später gründet er die »Alibaba Group«, zu der mittlerweile elf Unternehmen zählen, die einflussreicher und umsatzstärker sind als ihre westlichen Pendants wie Paypal, Amazon, Ebay und Booking.com.[139] Heute ist er der reichste Mann Chinas und wurde bereits 2009 von der Zeitschrift »Time« zu einem der einflussreichsten Männer der Welt gekürt.[140]

Wie hat Jack Ma das geschafft? Ganz ohne Frage: Er hatte die feste Überzeugung, dass er sich entwickeln kann, dass er wachsen kann, dass nichts festgeschrieben ist. Diese Überzeugung nennt sich auch

»Growth Mindset« oder Wachstumshaltung. Und sie ist eine grundlegende Überzeugung, die über unser Glück, die über unser Leben entscheidet.

Jeder kann lernen, dass er wachsen kann

Glaubst du daran, dass du wachsen kannst? Glaubst du daran, dass kein Misserfolg jemals bestimmen kann, wer du bist oder zu wem du einmal wirst? Glaubst du daran, dass du alles lernen kannst, was du wirklich lernen möchtest?

Die Gedanken, denen wir glauben, haben enorme Macht – sie werden zu unserer Realität. Diesen Zusammenhang haben wir bereits im Kapitel über die Glücksfresser (S. 61) beleuchtet. Ob Stress deine Gesundheit beeinträchtigt, hängt davon ab, ob du das glaubst. Ob Selbstzweifel, Sorgen oder Grübeln dein Glück beeinträchtigen, hängt davon ab, ob du diesen Gedanken glaubst. Sogar deine Willensstärke hängt davon ab, ob du glaubst, dass sie eine stark begrenzte Ressource oder im Überfluss vorhanden ist.

In mehreren spannenden Studien fanden Wissenschaftler heraus, dass Teilnehmer, die der Überzeugung waren, ihre Willensstärke sei unbegrenzt, weniger erschöpft nach anstrengenden Aufgaben waren und Prokrastination (auch unter »Aufschieberitis« bekannt), ihr Essverhalten und das Verfolgen ihrer Ziele auch während zehrender Umstände hilfreicher und besser regulieren konnten.[141] Sie fanden sogar heraus, dass Studierende mit der »Überfluss-Theorie« ihre Zeit besser einteilten, weniger Prokrastination, ungesundes Essverhalten und impulsives Geldausgeben während Klausurphasen an den Tag legten – und dann auch noch bessere Noten mit nach Hause brachten.[142] Aber das Wichtigste ist wohl: Auch in stressreichen, intensiven Phasen blieb das Wohlbefinden der Menschen mit »Überfluss-Theorie« stabil – das der Menschen, die der Überzeugung waren, ihre Willensstärke sei begrenzt, sank hingegen.[143]

Du bist so viel freier als dir so viele andere erzählen wollen oder erzählt haben. Du entscheidest, wohin du wachsen möchtest. Du bestimmst unglaublich viel von deiner Realität. Das, was wirklich zählt, ist, dass du dabei glücklich bist. Dass du deiner Begeisterung folgst – und dass du dich von Misserfolgen nicht aufhalten lässt.

Kommen wir zunächst noch einmal zurück zu deiner Überzeugung bezüglich deines Wachstums, bezüglich der Grenzen deiner Möglichkeiten und beginnen wir, diese Grenzen lächelnd – aber entschieden – zu sprengen.

Wir sind zum Wachsen geboren. Die »Wachstumshaltung« (oder Growth Mindset), die Überzeugung, dass ich wachsen kann, dass ich alles schaffen kann, was ich mir vornehme und dass ich sogar aus Fehlern lernen kann, muss in uns allen angelegt sein. Kein kleines Kind lässt sich von den zahllosen Plumpsern auf den Allerwertesten davon abhalten, Laufen zu lernen. Jedes Kind kommt mit ganz viel Neugier und Staunen auf diese Welt. Und wir alle entwickeln uns und lernen konstant dazu.

Jede deiner Fähigkeiten hat sich entwickelt. Jede deiner Stärken hat sich entwickelt. Und solange du lebst, verändert sich dein Gehirn jeden Tag, mit jeder neuen Aufgabe, die du annimmst, mit jeder Herausforderung, der du begegnest. Diese Formbarkeit deines Gehirns wird Neuroplastizität genannt.[144] Doch damit hört es nicht auf. Es werden sogar neue Gehirnzellen geboren – direkt neben dem Hippocampus, deiner Gedächtniszentrale.[145] Dieses Phänomen nennt sich Neurogenese. Ob die neuen Nervenzellen in das Wunder, das du bist, integriert werden, hängt jedoch davon ab, ob du sie nutzt.

Was geht also schief, wenn wir (wovon ich mich nicht gänzlich freisprechen kann) glauben, wir seien in Mathe schlecht? Wodurch verlieren wir diese Wachstumseinstellung – und sei es nur in ein paar Bereichen? Und wie können wir sie wieder in unser Leben holen?

Die Wachstumshaltung wurde von Carol Dweck, einer grandiosen Forscherin, die auch an den Studien zur »Willensstärke im Überfluss« beteiligt war, bereits lange davor bei Schulkindern untersucht. Der »Wachstumshaltung« steht die »festgelegte Haltung« gegenüber, in der wir die Überzeugung haben, dass Talente, Intelligenz und sogar Fähigkeiten angeboren und festgeschrieben sind. Bin ich nicht gut in Mathe, brauche ich es gar nicht erst versuchen, denn dann ist das so. Mit einer ganz erschreckend einfachen Stellschraube schaffte sie es, die Überzeugung der Kinder über sich selbst zu verändern – und damit noch ganz andere Dinge zu beeinflussen.

Die Stellschraube war die *Art von Lob*, die die Kinder beim erfolgreichen Bewältigen einer Aufgabe erhielten.

a) Leistungslob: »Klasse, du bist aber schlau! Das Ergebnis ist richtig.«
b) Prozesslob: »Toll, wie du an der Aufgabe dran geblieben bist! Das Ergebnis ist richtig.« Oder »Super, du hast bereits mehr richtig als beim letzten Mal!«

Was für einen Effekt haben diese beiden Lobarten jeweils?

Nach einem Leistungslob war die festgelegte Haltung der Kinder über sich selbst begünstigt worden, hier sogar die »positive« Haltung von »Ich bin schlau«. Spannenderweise hatten sie daraufhin weniger Lust, sich einer neuen, schwierigen Aufgabe zuzuwenden und schnitten in einem späteren Test sogar schlechter ab. Die Kinder, die ein Prozesslob erhielten, wurden hingegen in ihrer Wachstumshaltung bestärkt. Anschließend gingen sie neue Herausforderungen mit viel Freude an und schnitten in einem späteren Test besser ab. Langzeituntersuchungen lassen darauf schließen, dass Kinder mit der Wachstumshaltung auch in der gesamten Schullaufbahn erfolgreicher sind.[146]

Die Wachstumshaltung ist bereits in mehreren Übungen angeklungen. Lass uns deinem Wachstum, deiner Willensstärke und deiner Kapazität, Herausforderungen zu meistern, noch eine weitere, kräftige Schippe Dünger geben.

Mache deine Glückserfahrung: Wachstum zurückerobern

Lege dir Notizbuch und Lieblingsstift bereit und setze dich diesmal aufrecht hin. Wenn du möchtest, schließe für ein paar Momente die Augen und sage dir innerlich (oder auch laut) den folgenden Satz:

»Ich schaffe das, was ich mir vornehme.«

Spüre in dich hinein. Wo in deinem Körper entdeckst du einen Funken in dir, der das bereits glaubt, der es bereits weiß? Der überzeugt davon ist, dass du alles schaffen kannst?

Es mögen Zweifel durch dein Gedankenhamsterrad rauschen oder Anspannung im Körper entstehen. Doch es *gibt* diesen Teil, der bereits jetzt davon überzeugt ist. Sonst hättest du nie Laufen, Lesen und Radfahren gelernt. Sonst würdest du diese Übung gerade nicht machen.

Gib diesem Funken in deinem Körper Raum, etwas größer zu werden. Lass diese Überzeugung in dir wachsen. Öffne dann deine Augen.

Welche zehn Beispiele findest du in deinem eigenen Leben dafür, dass das stimmt? Es können

- gemeisterte Herausforderungen,
- Erfolge und Anstrengungen
- und Dinge sein, die du gelernt hast.

Halte sie in deinem Notizbuch fest.

Und nun schaue noch einmal auf diese Liste. Wertschätze deine eigene Anstrengung, die zu jeder gemeisterten Herausforderung, zu jedem Erfolg geführt hat ganz bewusst, unabhängig vom Resultat: dein Durchhaltevermögen, dein Öffnen für neue Möglichkeiten, deine Frustrationstoleranz, deine Disziplin, deinen Mut, dein Wiederaufstehen unter schwierigsten Bedingungen. Ja – du kannst sehr viel erreichen!

Eine Audioanleitung zu dieser Übung findest du auf meiner Website unter happyroots.de/buch/glueckserfahrung.

Über dich hinaus

Beinah sitzen geblieben und wenig begeistert vom Konstrukt Schule, stellte ich in der zehnten Klasse unserem Stufengenie und mittlerweile guten Freund die Frage, die sich jeder schon einmal gestellt hatte: Die Frage, wie er es schafft, in allen (wirklich allen!) Fächern auf einer Eins zu stehen. »Also, Thomas, was ist dein Geheimnis?« Thomas überlegte eine kurze Zeit – ich hatte Glück, er nahm die Frage ernst. »Eigentlich … ist es ganz einfach. Es ist Interesse.«

Interesse. Die Antwort klang so logisch, so ehrlich – und vor allem so machbar. Das war meine Kopfrevolution. Dadurch schloss ich mein Abitur mit Noten ab, die es mir erlaubten, Psychologie zu studieren. Dadurch revolutionierte ich innerhalb von drei Monaten mein Englisch von »Eh … nice … eh, thing there« auf fließendes C 1-Niveau, als ich es für den Master in Angewandter Positiver Psychologie brauchte.

Hätte mir das jemand in meiner Schulzeit vorausgesagt, hätte ich ihm einen Vogel gezeigt. Denn Englisch war (neben Sport) das Fach, das ich am ätzendsten fand. Sogar Mathe konnte ich mehr abgewinnen. Außer daran, dass es mir nicht den Schnitt versaute, hatte ich null Interesse an Englisch.

Deine Stärken sind dazu da, um dich zu bestärken – aber sie sind nicht dazu da, dich einzuschränken oder festzulegen. Jack Ma aus der Eingangsgeschichte ist seiner Begeisterung gefolgt. Und er ist dafür weit über seine Stärken hinausgegangen.

Deine Begeisterung, deine Wachstumshaltung und deine Abenteuerlust sind das, worauf es wirklich ankommt. Du darfst die Gaben nutzen, die du hast. Und du darfst dich konstant weiterentwickeln und ganz neue Dinge lernen.

Was Jack Ma (und viele weitere erfolgreiche Menschen) auszeichnet, ist, dass sie ihre Entscheidung für einen Weg nicht von möglichen Fehlschlägen oder Misserfolgen abhängig machen. Und das liegt an ihrer unerschütterlichen Wachstumshaltung, die Jack Ma so wunderbar auf den Punkt bringt:

Egal was man tut, unabhängig von Fehlschlägen oder Erfolgen: Die Erfahrung an sich ist ein Erfolg. Du musst es weiter versuchen, und wenn es nicht funktioniert, kannst du jederzeit zu dem zurückkehren, was du vorher gemacht hast.[147]

Jack Ma

Es ist deine Entscheidung. Wenn du bereits dein Bemühen wertschätzt, ja, dein bloßes Ausprobieren genießt, gibt es nichts, das du verlieren könntest.

Ob dich dein Wollen beflügelt, dir Kraft, Richtung und neue Horizonte schenkt oder dich auslaugt, dich eher von deinem Weg entfernt, in ein schickeres Gedankenhamsterrad sperrt oder dich ausbremst, ist also viel weniger davon abhängig, ob du Fehlschläge oder Erfolge damit erzielst. Es hängt noch nicht mal hauptsächlich von dem ab, was du (jetzt schon) gut kannst. Es hängt im Wesentlichen von einer entscheidenden Sache ab.

In der Schule hatte ich null Interesse an Englisch – *und noch weniger Interesse daran, das zu ändern.* Der Knackpunkt ist also: Möchtest du etwas *wirklich* tun, lernen, verändern, erreichen – oder nicht?

Dafür gibt es einen sehr zuverlässigen Indikator. Der einen Hälfte dieses Indikators sind wir durch das gesamte Buch hinweg immer wieder begegnet: Wie viel Freude und Begeisterung liegt in deinem Wollen? Seit der Lüge vom Erfolg wissen wir, dass dies wirklich der beste Wegweiser ist, dem wir folgen können – und es darf in kleinen Schritten geschehen. Entscheiden wir uns aus diesem Beweggrund heraus, entscheiden wir uns aus der Fülle.

Der Gegenindikator ist hingegen, ob da ein subtiles »Sollte« oder »Müsste« in deinem Wollen vorherrscht. Diese Art von Beweggrund geschieht nämlich eher aus dem Mangel heraus und ist dadurch weniger glücksversprechend.

Wollen oder Sollen

Wenn du ein konkretes Wachstumsziel vor Augen hast, das du nun – gestärkt in deiner Wachstumshaltung – angehen möchtest, spüre jetzt einmal hin und antworte spontan: Zu wie viel Prozent liegt ehrliches, begeistertes Wollen aus der Fülle darin? Und wie viel Prozent an »Ich sollte« entdeckst du?

Wie du in den Fällen, wo du dir nicht ganz sicher bist, zielsicher herausfindest, ob mehr Fülle oder mehr Mangel hinter einer Entscheidung steckt und wann eine Mischung sogar hilfreich sein kann, betrachten wir im nächsten Kapitel. Dort werden wir auch die vielen Fäden zusammenführen, die auf unserer bisherigen Reise entstanden sind und flechten deinen Weg und deine Bestimmung, die sich nun in sehr natürlicher Form daraus ergeben.

Glück bedeutet Entwicklung, Weiterentwicklung – zu immer neuen Horizonten. Und es ist Entwicklung aus Freude, aus Begeisterung, nicht aus Druck oder Selbstablehnung heraus. Diese spielerische Freude ist es, mit der wir an neue Fähigkeiten, neue Stärken, neue Aufgaben, neue Abschnitte herangehen dürfen.

Deine Win-Win-Win-Entscheidung: Ehrenglück

Den Wachstumsturbo und die Entfaltung ganz neuer Facetten von dir kurbelst du weiter an, indem du dich nach einer Organisation, einem Verein oder einer Einrichtung umsiehst, die du ehrenamtlich unterstützen magst. Vielleicht stellst du auch etwas Eigenes auf die Beine? Genieße die neuen Wachstumsgelegenheiten und deine aktive Teilhabe an etwas, das du in dieser Welt sehen möchtest.

Die Fäden verbinden und dem Besten folgen

Du hältst nun verschiedene Fäden in der Hand. Den *roten Faden* haben wir bereits ganz zu Beginn entrollt und im Kapitel »Eine Frage des Glücks« (S. 117) zu deinem Geschenk an dich selbst weitergesponnen. Er ist der Faden deiner Selbstfürsorge, deiner Erlaubnis, für Bedingungen zu sorgen, die dich unterstützen und dir guttun. Er ist zugleich auch der Faden, der dich am stärksten mit deinen Wurzeln verbindet und aus dem du deine wichtigsten Nährstoffe ziehst.

Dann gibt es den *grünen Faden* deines inneren Schatzes. Hier bist du in deiner Kraft und in Kontakt mit dem, was in dir steckt. Deine Stärken, Talente und Fähigkeiten sind in diesen Faden eingewoben, genauso wie deine Wachstumsüberzeugung. Deine Liebe zu dir selbst, so wie du bist, verleiht ihm Stärke und einen seidigen Glanz. Dies sind deine ganz konkreten Handwerkszeuge, mit denen du deinen Weg gestaltest und die du konstant weiterentwickeln kannst.

Der dritte *Faden ist blau* und gleichzeitig der einzige, der von vorne auf dich zukommt, sodass du eine Richtung erahnen kannst. Er verbindet dich mit deinem Wofür und gibt dir damit deinen Grund, Richtung Himmel zu wachsen. Somit zieht er dich bereits zu deinem Blühen hin und ist deine Motivation, auch Dornengestrüpp zu überwinden.

Selbstverständlich gibt es auch noch einen vierten Faden – den *goldenen Faden* deines Glücks. Er verbindet alle vorherigen Fäden und erinnert dich durch seine Kostbarkeit stets an diese drei Dinge:

- Deine Verbindung zum Glück ist eine Entscheidung, die in dir selbst beginnt, die in jedem Moment möglich und unglaublich kostbar ist.
- Nur wenn dein Glück in jeden Schritt fließt, führt der Schritt auch zum Glück. Ob du für dich selbst sorgst, deine Stärken einbringst oder deinem Wofür folgst: Du darfst es freudvoll tun!

- Du kannst weit über deine jetzigen Stärken, Kontexte oder Fähigkeiten hinauswachsen und dieser Faden, deine innere Freude und Begeisterung, weisen dir die Richtung.

Der eigene Weg ist die natürliche Konsequenz aus dem, was dir guttut, dem Besten in dir, deinem Wofür und der Entscheidung, das Glück zur obersten Priorität und zur Wachstumsmotivation zu machen. Alles, was du nun zu tun brauchst, ist, diese Fäden zusammenzuflechten und dich Schritt für Schritt leiten zu lassen.

Einige nennen es Bestimmung, andere nennen es den eigenen Weg. Unabhängig davon, wie du es nennst: Auf diese Weise gestaltest du dir das Leben, das wirklich zu dir passt, das dich erfüllt, und wächst natürlich in den nächsten Schritt hinein und mit ihm weiter. Dabei bestimmst du das Tempo und auch die Lebensbereiche und Herzensanliegen, denen du dich wirklich widmen möchtest, in die du das Beste deiner Energie hineingeben möchtest. Das vielleicht Schönste daran ist: dich auf deinen Weg zu machen, macht direkt glücklich.

Das bedeutet nicht, dass das Leben der eigenen Bestimmung frei von Widrigkeiten und Herausforderung, Zweifeln und Ängsten ist. Die wird es geben (und wir werden im nächsten großen Abschnitt auch diese etwas beleuchten). Aber dieser Weg ist wahrscheinlich sogar der einzige Weg, der es wert ist. Alle anderen Wege bringen ebenfalls Herausforderungen, Zweifel und Ängste mit sich – und dafür weniger Glück, weniger tiefen Sinn und weniger Gelegenheit, dich einzubringen wie du bist, um zu wachsen wohin du möchtest.

Mache deine Glückserfahrung: Bestimmung flechten

Nun ist es an der Zeit, die Fäden zusammenzubringen. Dazu lade ich dich ganz herzlich ein. Vielleicht magst du diese Übung sogar mit Zetteln machen, die du an verschiedenfarbige Wollfäden bindest und damit dein eigenes Kunstwerk gestaltest.

Die folgenden Fragen leiten deinen Prozess:

- Was macht dich wirklich glücklich, erfüllt dich?
- Wofür möchtest du das einsetzen?
- Wie kannst du dies tun? Welche Stärken, Begabungen und Leidenschaften können dich dabei unterstützen? Gibt es Stärken und Fähigkeiten, die du dafür entwickeln möchtest?
- Und wie sorgst du für einen selbstfürsorglichen Rahmen? Welche Bedingungen tun dir dabei gut?

Gib dir Zeit dazu. Vielleicht entdeckst du mehrere glücksbringende Ideen und erfüllende Herzensprojekte, vielleicht schaust du mit einer den Blick schärfenden Brille auf Bestehendes – du brauchst dich jetzt nicht zu entscheiden. Wenn du magst, skizziere alle deine Ideen und »Erfüller« und spiele die verschiedenen Stärken-Unterstützer und Selbstfürsorge-Faktoren durch.

Unsere Bestimmung und unser Weg sind nichts Abstraktes und auch keine Privilegien, die nur wenigen Menschen vorbehalten sind.

Wir alle haben ein Gespür für das, was uns glücklich macht. Wir alle haben Stärken, Talente und Eigenschaften mit auf den Weg bekommen. Wir alle können uns auf das ausrichten, was uns ganz persönlich wirklich wichtig ist. Wir alle haben ein immenses Wachstumspotenzial. Und wir können mehr und mehr im Einklang mit hilfreichen Bedingungen leben. Für uns alle liegt unser Weg direkt zu unseren Füßen.

Und dabei geht es nicht notwendigerweise um deinen Beruf! Nicht jedermanns Bestimmung liegt im Arbeiten. Von ehrgeizig arbeitenden Menschen gibt es mehr als genug. Die Welt braucht dich so wie du bist. In deinem vollen Glück und mit deiner ehrlichen und von Herzen kommenden Leidenschaft, Kraft, Gelassenheit und Leichtigkeit. Du kannst hier und jetzt beginnen, mehr deinem Weg zu folgen.

Entdecke den Weg zu deinen Füßen

Manchmal fragen wir uns, wie wir denn Zugang zum nächsten Schritt bekommen. Und dazu möchte ich dich am Ende dieses Wachstumsschritts ermutigen. Es ist viel näher als du glaubst – und du weißt es. Diese vier Fäden finden in deinem Herzen zusammen. In deiner Mitte, deinem Kern, weißt du, was dein Weg ist, weißt du auch, was der nächste Schritt ist.

Und bevor ich mehr dazu schreibe, möchte ich dich einladen, in deinem eigenen Erfahrungsschatz die Antwort zu entdecken.

Mache deine Glückserfahrung: dem Herzen folgen

Du brauchst dein Notizbuch, deine(n) Lieblingsstift(e) und eine Doppelseite deines Buches.

Schreibe in die Mitte: Wann bin ich schon einmal meinem Herzen gefolgt? Notiere auf der linken Seite ein paar kleine, alltägliche Dinge, wie eine spontane Zu-(oder Ab-)sage zu einer Party, ein liebes oder klares Wort an eine Freundin, dem Folgen eines spontanen Impulses.

Notiere auf der rechten Seite die größeren Dinge, vielleicht die Wahl deiner Wohnung, das Angehen eines Herzensprojektes, deine Studienwahl oder eine Entscheidung in Liebesdingen.

Woher wusstest du, dass dies eine Herzensentscheidung ist, der du da folgst?

Durch welche Anzeichen und Hinweise hat sich dein Herz in der jeweiligen Entscheidung bemerkbar gemacht?

Gerade wenn in der Situation auch Zweifel und Unsicherheit da waren: Was hat dich dennoch diese Entscheidung treffen lassen?

Schau zum Abschluss noch einmal darauf. Auch hier bist du mitten in deiner Fülle und deinem Erfahrungsschatz. Welches Muster erkennst du, mit dem sich dein Herz äußert?

Radikale Ehrlichkeit zu uns selbst ist der Schlüssel zu unserem Herzen. Wenn wir ganz, ganz ehrlich mit uns sind: Was *wollen* wir dann wirklich tun – aus unserer inneren Fülle heraus? Dr. Marshall Rosenberg, Pionier und Begründer einer Weltbewegung der gelungenen Kommunikation, brachte es einmal sehr klar auf den Punkt:[148]

Tue nichts, was du nicht aus spielerischer Freude heraus tun würdest.

Das klingt zunächst utopisch oder naiv. Und es bedeutet nicht, dass wir alles, was uns nervt, über Bord werfen sollten und können. Putzen zum Beispiel ist etwas, was mich wirklich nervt. Wenn ich jedoch tiefer schaue, ist ein Wunsch dahinter, in eine gemütliche, einladende, saubere Wohnung Freunde einzuladen. Dieser Wunsch entsteht aus Freude, aus Fülle. Und wenn ich mich mit diesem eigentlichen Beweggrund verbinde, fällt es mir leichter, anzufangen.

Spielerische Freude ist Fülle. Und so drückt sich dein Herz aus. In großen Dingen ist es deine Begeisterung, deine Leidenschaft. Ein Gefühl von Stimmigkeit. Und in großen wie alltäglichen Dingen hörst du dein Herz am deutlichsten, wenn du die ängstliche, unsichere oder auch träge Stimme deines Gedankenhamsterrads heraushörst – und ihr nicht folgst. Denn das, was du wählst, wird größer und stärker. Und du entscheidest, ob du Glücksfresser oder dein inneres Glück nährst.

Marshall Rosenberg gab uns noch einen weiteren sehr wichtigen Anhaltspunkt. Er sagte: Tue nichts, was du hauptsächlich aus einem der folgenden Gründe tun würdest:

- wegen des Geldes,
- um kein Schuldgefühl zu haben,
- um dich nicht zu schämen,
- um dazuzugehören,
- weil du den Eindruck hast, dass andere es von dir erwarten,
- weil du dir einen Abschluss oder Ansehen erhoffst.

Warum könnten diese Gründe als alleinige Ausschlaggeber weniger hilfreich sein?

Wenn wir uns in diese Gründe hineinversetzen, fällt vor allem auf, dass sie sich nicht angenehm anfühlen. Manche sind mit Druck, andere mit Schwere behaftet und spannenderweise richten wir unsere Entscheidung hier auch nach Äußerem aus. Beispielsweise nach Zugehörigkeit um jeden Preis, wie auch nach extrinsischen Werten wie Ansehen, Geld, Erfolg. Das macht, wie wir im Kapitel »Die entscheidende Frage« (S. 127) gesehen haben, über die Zeit sogar unglücklicher. Kurz: Alle Gründe deuten klar in Richtung Mangel. Und deshalb sind sie als hauptsächliche Entscheidungsgrundlage dafür auserkoren, diesen zu verstärken.

Als ich begann, mich selbst zu lieben,
erkannte ich, dass Schmerz und emotionales Leid
nur Warnzeichen dafür sind, dass ich dabei war,
gegen meine eigene Wahrheit zu leben.
Heute weiß ich, das ist Authentizität.

Charlie Chaplin

Erinnerst du dich daran, dass unsere Willenskraft davon abhängt, ob wir glauben, dass sie im Überfluss vorhanden ist, oder glauben, dass sie begrenzt ist? Ein Erklärungsversuch für dieses Phänomen greift spannenderweise die Gründe auf, die hinter unseren Willensakten (z. B. intensives Lernen, viele parallele Projekte) liegen. Sind es Gründe wie Pflicht- oder Schuldgefühl? Oder sind die Gründe eher Freude und ein erfüllendes Zufriedenheitsgefühl? Je stärker der Pflicht- oder Schuldanteil ist, desto stärker müssen wir Selbstkontrolle ausüben, um ein Ziel in uns wach halten zu können.[149]

Doch äußere Gründe dürfen mitschwingen! Entscheidungen, die wir treffen, sind eher selten gänzlich frei von ihnen. Und das ist meiner Ansicht nach vollkommen gut und in Ordnung.

Mit zwanzig, ganz zu Beginn meines Studiums, arbeitete ich für kurze Zeit in der Cocktailkleider-Abteilung eines großen Bekleidungskaufhauses. Natürlich machte ich es, weil ich etwas Geld verdienen wollte – und ohne dies hätte ich es wahrscheinlich nicht gemacht. Aber ich liebte es auch. Ich liebte es, wie die Frauen strahlten, wenn sie »ihr« Kleid gefunden hatten. Ich liebte es, wie Frauen, die sich nicht wohl in ihrer Haut fühlten oder sehr unsicher waren, auftauten, aufblühten und die Erfahrung machten: »Ich bin schön!« Ich liebte es, sie zu beraten und sie in dieser Erfahrung zu unterstützen. Es schwang also auch Freude, auch so etwas wie Leidenschaft mit in diesem Job. Sogar verhältnismäßig viel im Vergleich zu einem anderen Nebenjob, den ich kurz darauf für ein Jahr machte. Deshalb ist der *Grad an Freude* ein wirklich hilfreiches Barometer beim Treffen von Entscheidungen.

Wenn du dich also fragst, inwiefern dein Herz denn tatsächlich dahintersteht, frage dich: Zu wie viel Prozent fließt deine spielerische Freude mit ein? Und zu wie viel Prozent steckt einer der nicht empfehlenswerten Gründe in dem, was du tust?

1. Ist deine Freude bei Null, raubt es dir lediglich deine Kraft.
2. Ist deine Freude zu einem guten Anteil dabei, auch wenn Geld, Abschluss oder Zugehörigkeit dich mehr motivieren, kann es eine hilfreiche Unterstützung sein und auch eine gute Übergangslösung.
3. Ist deine Freude sogar überwiegend (ab 60 Prozent) dein Motivator, kann es bereits eine wunderbare Möglichkeit und Etappe auf deinem Weg sein.
4. Ist deine Freude so groß, dass du es sogar ohne Geld, ohne Abschluss, ohne Ansehen und Zugehörigkeit tun würdest, weißt du, dass dein pures Herz dich ruft.

Deine Freude bedeutet nicht, dass jeder Schritt mit Glitzer und Hurra-Rufen gesäumt ist. Sie verhindert nicht, dass eine Herzensentscheidung nervige oder herausfordernde Etappen mit sich bringt. Aber sie bedeutet, dass du weißt, wofür du es tust. Sie bedeutet, dass der Kern (der goldene Faden) Freude ist. Freude, dich in deiner Mitwelt mit dem was du hast und bist einzubringen.

Und damit widmen wir uns deinem Blühen: deiner glücklichen Entfaltung, dem Leben deines erfüllten Lebens und dem *Gehen* deines Weges.

Deine Win-Win-Win-Entscheidung: Goldfaden

Auch wenn unser Geld schon lange nicht mehr mit Gold gedeckt ist, kannst du deinen *Geld*faden glänzen lassen – und damit Glück für dich und die Welt flechten. Das klappt mit einer Bank, die nur das mit de-(ine-)m Geld fördert, was du auch wirklich in der Welt sehen möchtest. Wie eine Bank, die ethische, solidarische oder ökologische Projekte fördert, statt Waffenexport und Umweltzerstörung. Mit wenig Aufwand ist dein Bankkonto gewechselt.

Aufblühen

Sehr glückliche Menschen blühen auf

Dein Glück möchte blühen

Dein Glück hat dich bis hierher gebracht. Nun möchte es blühen. Es möchte sich *und* dich zur vollen Entfaltung bringen. Damit ermöglicht es dir nicht nur, ein erfülltes Leben zu leben, sondern auch, der Welt und deiner Mitwelt genau das zu geben, was sie jetzt am meisten brauchen: dich. Mit deinen Schätzen, deinem Wofür und deiner Liebe für dich und andere.

Dein Glück braucht dich ganz, um sich voll zu entfalten – und du brauchst dein Glück ganz, um vollkommen aufzublühen. Wie bei einer Blume, die durch ihr Blühen Schönheit, Nahrung und Unterschlupf bietet, ist es deine eigene Entfaltung, durch die du deine Mitwelt bereicherst. Deine Einzigartigkeit, deine innere Fülle und das Glück, das du damit stiftest, erfüllen dich – und sie sind zugleich das, was diese Welt braucht.

Um dein Blühen zu entfalten, bauen wir auf der gewachsenen Klarheit über deinen inneren Schatz, dein Glück, dein Wofür und deine Selbstliebe auf und folgen dem sich anbahnenden Weg. Dafür stärken wir den Mut, den es braucht, um seinem individuellen Weg – oder seiner Bestimmung – zu folgen und sein Leben wirklich authentisch zu gestalten. Wir wagen uns ins Vertrauen und stärken die Wachstumshaltung in uns weiter. Auch das Zusammenspiel von Glück und unserem Besten für die Mitwelt fließt in den nächsten Wachstumsschritt mit ein und wir erforschen und vertiefen die Freude, die dabei entsteht. Dadurch legen wir auch deine unerschöpflichen Glücksquellen frei, die dich sogar Dürren und harte Winter überstehen lassen und tauchen ein in unsere tiefgreifende Vernetztheit. Dann betrachten wir drei häufige Herausforderungen, die sich auf unserem Weg zeigen können und finden Möglichkeiten, mit ihnen umzugehen, bevor wir zum Abschluss deinen aktiven Schritt ins Blühen gehen.

Vom Mut, man selbst zu sein

*Und dann kam der Tag, an dem das Risiko,
eng umschlossen in der Knospe zu bleiben,
größer war, als das Risiko zu blühen.*

Anaïs Nin

Wenn du beginnst, deinen Weg zu gehen, beginnst du, mehr von deinem Innersten sichtbar zu machen. Nicht nur du wirst mehr wie du bist, sondern auch dein Leben wird mehr wie du bist. Und dafür braucht es Mut. Mut, du selbst zu sein.

Denn anders als die Blume, die sich Stück für Stück entfaltet, anders als die Raupe, die sich ganz ihrem Wandlungsprozess hingibt, haben wir eine Fähigkeit, die uns hier zum Verhängnis wird: wir denken. Gerade, wenn uns etwas wirklich wichtig ist, wenn uns etwas im Innersten berührt, bringt unser Verstand all die Geschichten aufs Tablett, die uns andere unglückliche Menschen über uns erzählt haben. Gerade dann kommen die tiefsten Zweifel und Selbstzweifel hoch und gerade dann jagen uns die wildesten »du müsstest«, »du solltest« oder auch »du darfst auf keinen Fall …«.

Ich glaube, wir haben eine sehr romantische Vorstellung davon, was es bedeutet, ein Schmetterling zu werden. Ich bin mir sehr sicher: Wenn Raupen denken könnten, dann gäbe es keine Schmetterlinge. Kein Wesen, das »bei Verstand« ist, würde sich freiwillig vollständig auflösen, um einer vollkommen unbekannten Zukunft entgegenzustreben – wie schillernd, frei und bunt sie auch immer gemalt wird.

Umgekehrt bedeutet dies aber auch, dass unsere tiefsten Ängste oft unser größtes Potenzial deckeln – denn genau an diesen Stellen zählt es ja wirklich für uns, genau an diesen Stellen schlummert ein wichtiger Teil unserer Authentizität.

Das heißt, die nächsten Schritte in deine Authentizität führen uns dahin, unser inneres Wissen und Spüren, unser Herzenswissen zu stärken und unseren Verstand auf unsere Seite zu holen; dahin, wo er hingehört.

Den Verstand an Bord holen

Der von mir so hochverehrte Michael Fordyce fand bereits heraus, dass dieser Punkt so zentral in glücklichen Menschen ist, dass er ihm einen eigenen Glücksgrundsatz widmete: Sei du selbst.[150] Und wie wenige sonst versteht er es, den Verstand davon zu überzeugen, dass dies im Kern das einzig Sinnvolle ist:

Der Grund, der uns davon abhält, ganz wir selbst zu sein, ist die diffuse und manchmal auch recht greifbare Angst, abgelehnt zu werden. Das bedeutet, wir richten Teile unseres Seins und unseres Lebens an anderen aus. Ich hege, ganz in Fordyces Sinne, sogar die Vermutung, dass dies vor allem unglückliche Menschen sind, nach denen wir uns da ausrichten.

Nicht nur du wirst mehr wie du bist,
sondern auch dein Leben wird mehr wie du bist.
Und dafür braucht es Mut.

Diese Angst vor Ablehnung kann sich in zwei typischen Verhaltensweisen ausdrücken: Sowohl Menschen, die wie ein Wasserfall reden und andere kaum zu Wort kommen lassen als auch Menschen, die zurückstecken und viel Hemmung im Gespräch spüren, sind nicht in ihrer vollen Authentizität. Beide Verhaltensweisen sind Muster, die letztendlich auf Angst zurückzuführen sind.

Sehr glückliche Menschen sind locker und gelöst im Umgang mit anderen.[151] Sie bringen sich ohne Scheu ein und hören mit voller Aufmerksamkeit zu. Ihnen ist es möglich, eine Verbindung zu anderen aufzubauen und gleichzeitig zu ihrem Weg zu stehen wie er ist. Sie sind frei von der Angst, abgelehnt zu werden, die sie entweder dazu bringt, sich stetig zu beweisen oder eben sich zurückzuziehen.

Selbstverständlich werden je nach Umgebung und Mitmenschen andere Teile in uns angesprochen. Die Frage ist also, was es uns erlaubt, authentisch angemessen mit unserem Gegenüber in Kontakt zu treten. Ich glaube, es ist unsere *von Angst und von Geltungsdrang befreite Authentizität*, die uns das ermöglicht.

Wie schmelzen wir also die Angst, die uns einfach nur hemmt und auch noch durch Menschen entstanden ist, die selbst nicht in Verbindung mit ihrem Glück waren? Fordyce schlägt vor, die Konsequenzen vollständig zu durchdenken.[152]

Mache deine Glückserfahrung: Folgen-Schau

Ich lade dich ein, deinen Verstand an Bord zu holen, indem du ihn dazu anhältst, geradeaus anstatt im Kreis zu denken. Dafür brauchst du weder Papier noch Stift, sondern tatsächlich nur deinen messerscharfen Verstand. Dein Lieblingsgetränk kann dabei zur gemütlich-humorvollen Atmosphäre beitragen.

Lasse die folgenden Fragen und Gedanken etwas langsamer vorbeiziehen und erlaube dir genussvolle Denkpausen.

Wenn man nicht authentisch ist – wen oder was mögen andere dann? Und wohin führt das?

Eine leere Hülle kann oberflächliche Kontakte knüpfen, aber sie kann keine tiefen Verbindungen zu anderen aufbauen. Wenn wir uns verstellen, besteht eine gewisse Chance, dass wir von bestimmten Menschen möglicherweise nicht abgelehnt, vielleicht sogar gemocht werden. Doch selbst, wenn uns das gelingt, werden wir niemals für den Menschen geliebt, der wir wirklich sind. Was haben wir davon?

Wenn man nicht authentisch ist – welchen Eindruck erweckt man bei den Menschen, die einen so mögen würden, wie man wirklich ist?

Diese Menschen erkennen uns mit großer Wahrscheinlichkeit nicht. Wie könnten sie auch? Und deshalb sind wir ihnen bestenfalls egal – vielleicht finden sie uns sogar unsympathisch. Das Risiko ist also relativ hoch, dass wir die Menschen, die uns mögen, feiern, unterstützen oder buchen würden abstoßen. Wir verhindern also auch die tiefgreifende Verbindung zu den richtigen Menschen.

Was wäre so schlimm daran, wenn dich die falschen Menschen nicht mögen würden, wenn dich im Gegenzug dafür die richtigen Menschen von Herzen mögen? Ist das den Preis nicht wert? Ist es nicht deine eigene Entfaltung wert?

Und dennoch, auch mit einem wunderbaren, stabilen Freundeskreis kann Ablehnung (oder unsere Fantasie davon) in anderen Kontexten weh tun. Ich erinnere mich noch sehr bildhaft daran, als ich im Master mein allerersten Seminar für Bachelor-Studierende leitete, das damals noch nichts mit Glück zu tun hatte. Von zwei Frauen in diesem Kurs hatte ich den starken Eindruck, dass sie mich nicht mochten. Wie viel davon meine Fantasie und wie viel davon Realität war, habe ich nie herausgefunden. Und ich lernte vor allem, dass dies vollkommen irrelevant ist.

Eine Mentorin, die mich damals begleitete und der ich die Situation schilderte, stellte mir *die Zauberfrage*: »Kannst du anderen Menschen erlauben, dich nicht zu mögen?« Ja, kannst du?

Als mir diese Frage gestellt wurde, musste ich unwillkürlich lächeln, was sich in seiner entspannenden Wirkung auch auf meinen Körper ausweitete. Die nächsten Seminarstunden verbrachte ich großzügiger – und vor allem wieder in meiner eigenen Kraft. Ich verschwendete meine Energie nicht mehr mit dieser diffusen Angst.

Wenn du ganz du selbst bist, wird es einen Teil von Menschen geben, die dich richtig mögen, mit denen es passt. Für einen weiteren Teil bist du ziemlich neutral. Und dann wird es auch einen Teil geben, der dich gar nicht mögen wird. So ist es bei jedem Menschen, auch bei Selbstständigen und Künstlern. Das ist völlig normal. Wenn es richtig gut läuft, steht ein weitaus größerer Teil der Weltbevölkerung hinter dir – doch dafür wollen dir ein paar sehr wenige aber sehr mächtige Menschen im wörtlichsten Sinne an den Kragen. Weltbewegende Beispiele dafür sind Martin Luther King Jr., Mahatma Gandhi, Nelson Mandela und John Lennon.

Ohne dass du dich jetzt entscheiden müsstest, was dir lieber ist, darfst du dich absolut in die Tatsache hinein entspannen: Es gab und gibt niemanden auf der Welt, den alle mögen. Wirklich niemanden. Dieses Ziel anzustreben, ist vollkommen utopisch.

Dein Spüren stärken

Dein Verstand ist nun für eine gewisse Zeit ruhig gestellt – und vielleicht sogar schon mehr auf deiner Seite. Viel wichtiger ist jedoch: deine Seite. Was ist denn deins, deine Authentizität? Und wie nimmst du diese wahr und lässt zu, dass sie dich mehr und mehr verkörpert? Genau dafür kommen wir jetzt ins Spüren.

Mache deine Glückserfahrung:
Wie wäre es, wenn …

Lass dich in deinen Körper hineinsinken. Wenn du magst, lasse die folgenden Sätze etwas langsamer vorbeiziehen:

- Wie wäre es, ganz du selbst zu sein?
- Wie würde sich dein Körper anfühlen, wenn deine Authentizität befreit wäre?
- Wie würdest du sitzen und stehen?
- Wie wäre deine aktuelle Körperhaltung? Vielleicht magst du sie jetzt gerade einnehmen.
- Vielleicht bist du mit einem Gefühl von Selbstvertrauen und Entspanntheit in Kontakt gekommen. Vielleicht wurde dies auch von einem Eindruck der Ganzheit getragen – du, als ganzer vollständiger Mensch.

Dies ist ein sehr wichtiger Teil unserer Authentizität: In Kontakt zu sein mit unserer Ganzheit. Denn des Öfteren suchen wir unsere Vollständigkeit in der Wertschätzung oder Aufmerksamkeit von anderen, wie wir es im Kapitel »Die Liebe deines Lebens« bereits beleuchtet haben. Des Öfteren fühlen wir uns auch in uns selbst zersplittert oder uneins. Da ist das Bedürfnis danach, mit lieben Menschen zusammenzusein und gleichzeitig eine überwältigende Müdigkeit. Da ist die Liebe zu den eigenen Kindern und seinem Elternsein und der riesige Freiheitsdrang, den man am liebsten damit auslebt, die Nacht durchzutanzen und sich unbeschwert zu fühlen. Da ist das immense Lampenfieber und der tiefe Wunsch, beim Chorauftritt mit dabei zu sein. Da sind die Konzerte mit der eigenen Heavy-Metal-Band und der sichere, konservative Verwaltungsjob. Da ist die tiefe Liebe zur Natur und das Freiheitsgefühl, mitten in der Stadt zu wohnen. Da ist die liebevoll-weiche, die kraftvoll-starke, die verspielt-kreative, die sicherheitsliebende, die visionär-träumende, die sich-tief-verbindende und die logisch-kalkulierende Seite in uns.

Welche Seiten auch immer in dir schlummern: Das bist alles du in deinem facettenreichen, wunderschönen Wesen!

Es passiert hin und wieder, dass wir Seiten von uns unterdrücken, oder verstecken – vielleicht auch in bestimmten Kontexten. Dadurch entstehen sehr viel Unsicherheit und auch eine innere Rastlosigkeit oder Unruhe. Vor allem aber sind wir dann nicht mit unserer Authentizität in Kontakt. Du darfst divers sein, verschiedene Seiten haben und sogar scheinbar widersprüchliche Seiten leben. Erst das macht dich vollständig.

Du bist nicht hier, um ins Bild zu passen. (Du erinnerst dich an den deformierten Herrn, der dir den »X-Project 5000« unterjubeln wollte.)

Du bist hier, um mit allem was du bist zu sein. Deshalb lade ich dich ein, vernachlässigte oder auch »unpassende«, gegensätzliche Anteile von dir zu integrieren. Dabei wirst du deine facettenreiche Ganzheit bewusster spüren, sie auch genießen können und vor allem bist du eingeladen »Ja!« zu ihr zu sagen.

♡ Mache deine Glückserfahrung: Integrationsglück

Vielleicht sind dir beim Lesen ein paar Seiten von dir eingefallen, die du in Gegenwart anderer eher versteckst, dich vielleicht dabei ertappst, wie du sie rechtfertigst oder es fast so ist, als würdest du dir eine Erlaubnis für sie einholen. Vielleicht ist auch gerade ein Spannungsfeld zwischen zwei Seiten da oder es gibt eine Seite, die du selbst eher verdrängst oder vernachlässigst. Wenn es dich unterstützt, notiere sie kurz, um sie in der folgenden Übung leichter wieder abrufen zu können.

Nimm eine bequeme Körperhaltung ein, in der deine Wirbelsäule aufrecht ist. Spüre in deinen Körper hinein und lass dich etwas in ihn hineinsinken. Wenn es dir angenehm ist, schließe deine Augen. Anspannung, die du gerade nicht brauchst, darf sich etwas lockern.

Nimm Kontakt auf zu dem authentischen Teil in dir, der bereits jetzt aktiv und sichtbar in dein Leben fließt. Wo spürst du ihn im Körper? In welchem Körperteil oder welcher Körperregion ist er zu Hause? Lass dich dort nieder und verbinde dich mit all den positiven Qualitäten, die dieser Anteil mit sich bringt. Male sie dir lebendig und farbenfroh aus, genieße die Qualitäten und den Anteil selbst.

Nimm dann Kontakt zu einer Seite in dir auf, die du bisher nicht vollständig integriert hast, die du eher zurückhaltend in dein Leben oder deine Begegnungen fließen lässt. Wo spürst du sie im Körper? In welchem Körperteil, welcher Körperregion ist sie zu Hause? Lass dich auch dort nieder und verbinde dich mit all den positiven Qualitäten, die dieser Teil von dir mit sich bringt. Erlaube dir, ihn zu genießen. Wenn du magst, nimm auf diese Weise mit mehr und mehr Seiten Kontakt auf, spüre sie im Körper und gib ihnen ihren Raum.

Weite dann deine Aufmerksamkeit aus und nimm all diese Seiten zusammen wahr: dein »Alltags-Ich« und die vielen weiteren Facetten, die ebenfalls zu dir gehören. Spüre sie alle in deinem Körper. Da bist du in deiner Fülle.

Erlaube dir, auch diese Fülle zu genießen. Erlaube dir, »Ja« zu dir zu sagen.

Eine Audioanleitung zu dieser Übung findest du auf meiner Website unter happyroots.de/buch/glueckserfahrung.

Es ist sehr gut möglich, dass du je nach Kontext ganz unterschiedliche Seiten deckelst und darauf achtest, sie nicht zu zeigen. Es ist vollkommen normal, dass in verschiedenen Situationen und Begegnungen andere Teile von dir angesprochen sind. Entscheidend ist, ob sie gerade tatsächlich nicht angesprochen sind oder ob du sie aktiv zurückhältst oder überrepräsentierst, aus Angst, dass sie abgelehnt werden könnten. Erst wenn alles, was zu dir gehört, auch prinzipiell da sein darf, in jedem Moment, entwickelt sich ein authentischer Fluss, in dem du bist wie du bist.

Die obige Übung unterstützt dich deshalb auch darin, dich auf Begegnungen einzustimmen, in denen du tatsächlich bemerkst, dass du Teile von dir systematisch ausklammerst, dich unwohl oder überdreht fühlst. Nimm Kontakt auf zu deiner ganzen Fülle – und nimm sie mit in die Begegnung hinein.

Und es gibt noch eine andere, ganz grandiose Möglichkeit, deine ganze Größe mit in eine Situation zu bringen – gerade wenn diese unverhofft entsteht.

Mache deine Glückserfahrung: deine Flügel

Diese Übung aus dem Embodiment durfte ich auf einem Workshop bei Anka Hansen kennenlernen. Stelle dich mit geradem Rücken an eine Wand, sodass du die etwas hervorragenden Spitzen deiner Schulterblätter spürst. Du kannst auch jemanden bitten, dich dort zu berühren. Hole dir über diesen Kontakt an deinen Schulterblättern deine Flügel zurück. Stell dir vor, wie diese riesigen Drei-Meter-Schwingen rechts und links aus deinen Schulterblättern sprießen und dich in ihrer ganzen Würde begleiten. Da sind deine Flügel! Stell sie dir bildlich vor, spüre hin, wie es ist, diese Flügel zu haben – für drei Minuten.

Beobachte, wie du mit deinen Flügeln im Gewahrsein gehst, stehst, sitzt, dich bewegst und mit anderen sprichst. Mache dir bewusst: Deine Flügel sind immer einsatzbereit.

Tauche ein in den Mut, du selbst zu sein. Hast du schon einmal etwas Neues oder Wagemutiges getan, das du dir zuvor nicht zugetraut hättest? Diese Momente sind unglaublich erhebend und energetisierend – denn dabei bist du plötzlich mitten im Leben.

Mut ist wie ein Muskel, den wir trainieren können. Und das vertiefen wir im nächsten Kapitel weiter. In Verbindung mit deiner Authentizität ist Mut eine wichtige Grundlage.

Du bist hier um echt zu sein, nicht perfekt.

Deshalb lade ich dich ein, zu trainieren, zu dir zu stehen. Begegne dafür hin und wieder ganz bewusst Menschen, bei denen du Seiten von dir eher deckelst oder überdeutlich darstellst und verteidigst. Was passiert, wenn du mal das Gegenteil von dem tust, was du eher automatisch tust? Wenn du mehr von deiner entspannten Authentizität in diese Begegnung fließen lässt? Wenn dich deine riesigen Flügel begleiten? Ein mulmiges Gefühl ist dabei vollkommen normal! Nimm es wahr – und tu es trotzdem. Ganz gleich, wie die Situation ausgeht, ob du eine positive oder eher unangenehme Erfahrung machst: Dein Mut ist Grund dich zu feiern! Und keine Reaktion ist Grund, dich ent-mutigen zu lassen.

Du bist hier um echt zu sein, nicht perfekt.

Deine Win-Win-Win-Entscheidung: kulinarische Kühnheit

Deinen Mutmuskel stärkst du durch neue, ungewohnte Erfahrungen. Lass dich dafür von super simplen Rezepten für Kuchen oder Gerichte verzaubern, die ohne Fleisch, Ei und Milchprodukte auskommen. Vielleicht magst du dich auch durch die riesige Auswahl an Pflanzendrinksorten probieren. Feiere deine kulinarische Kühnheit.

Dem Herzen folgen

Du stehst zwischen dem großen, gut ausgebauten Weg mit seinem skurrilen Gefährt namens »X-Project 5000« und den vielen verwunschen wirkenden kleinen Waldpfaden, die sich in die grünen Berge hinaufschlängeln. Die Miene des Herrn mit der deformierten Haltung, der den »sicheren Weg« hütet, wird immer unerbittlicher, je länger du schweigst. Die alte Frau bei den Waldwegen hingegen sieht dir gelassen und freundlich entgegen.

Und plötzlich kommen alle Erinnerungen zu dir zurück: Du bist ein solch skurriles Gefährt schon einmal gefahren! Oja, schon des Öfteren … Mit dem einen (dem »Romance-Dream 777«) versuchst du irgendwie immer noch, den siebten Himmel zu erreichen. Auf den anderen (dem »Abschluss-1.0«) haben dich deine Eltern verfrachtet, als du zehn Jahre alt warst. Und dann ist da der langweilige »Friendun-Express«, von dem du kürzlich erst abgesprungen bist. Und gab es nicht bereits den »X-Project 4000«, bei dem du dir den Rücken verknackst hast? Natürlich! Auf seiner Straße hast du doch dann diese kaum zu erkennende Lücke zwischen den Felsen entdeckt. Die Lücke, die dich zu diesem wunderschönen Strandweg führte, der dich jetzt hierher gebracht hat … Plötzlich musst du laut lachen. Dein Herz hüpft freudig in deinem Brustkorb und du weißt, dass du den Waldweg gehen wirst. Doch zwei Wege sind für den Anfang durchaus hilfreich … Dein Herz wagt sich tollkühn nach vorn: »Wenn Sie mir einen Teilzeitweg anzubieten haben, auf dem ich Inliner fahren darf, wäre ich dabei.« Sie grinsen den Herrn verschmitzt an. Dieser schnappt empört nach Luft, stammelt ein paar unzusammenhängende Sätze und sagt dann: »Inliner – also … also das geht zu weit!« Du wartest geduldig, bis er sich wieder gefangen hat. »Aber einen Tretroller könnte ich Ihnen anbieten.«

Als wir die vier Fäden zusammengeführt haben (deine Stärken und Fähigkeiten, deine Wofürs, deine Selbstfürsorge und dein Glück), haben wir bereits gesehen, wo sie zusammenfinden und wie du ganz unmittelbar mit ihnen in Kontakt bleiben kannst. Sie finden in deinem

Herzen zusammen, in deiner Mitte, in deinem Kern. Da ist etwas in dir, das die Fäden intuitiv zusammenhält und dir deinen Weg Schritt für Schritt zeigt. Es gab einen Nobelpreis für die Entdeckung, dass Entscheidungen emotional getroffen und erst danach vom Verstand »gerechtfertigt« werden.[153] Und dein physisches Herz scheint ein Informant deines Gehirns zu sein. In den Nervenzellen deines Herzens finden Informationen noch früher und noch geballter zusammen[154] als in deinem Oberstübchen – und werden direkt dorthin gesendet. All die klugen Volksweisheiten von »Folge deinem Herzen« oder »dein Herz kennt den Weg« haben also einen sinnvollen Kern.

Den Momenten, in denen dich eine tiefe Begeisterung packt, in denen du irgendwoher absolut sicher weißt: »Das ist es!«, sind wir auch auf unserer Reise bereits nachgegangen. Und wir haben sie aktiv erschaffen als du dein Wofür erkundet, deine Bestimmung geflochten und die Fäden ganz bewusst zusammengeführt hast – und vielleicht Ideen aufgetaucht sind, die dich richtig begeistern oder dich tief berühren.

Das bedeutet es, seinem Herzen zu folgen. Das bedeutet es, dass dein Herz den Weg kennt; dass *du* den Weg kennst. Und ich weiß, dass du ihn gehen kannst – und möchte in diesem Kapitel deinen Mut dafür stärken.

Wir wissen es nicht

Es klingt ganz wunderbar einfach, richtig und sinnvoll, wenn wir hören »Folge deinem Herzen!« Es mag richtig und sinnvoll sein, doch einfach ist es nicht. Denn wir verlassen gewohnte Wege, wir verlassen mitunter sogar Wege, die viele mit uns gehen und vor uns gegangen sind. Das erzeugt Unbehagen – und nicht selten tauchen daraufhin bereits Zweifel daran auf, ob es überhaupt richtig und sinnvoll ist.

Bereits an dem Punkt, an dem wir nur beginnen, an einen anderen, stimmigeren Weg zu denken, schaltet sich ein alter Bekannter ein: das Gedankenhamsterrad. Wenn wir es unser Leben lang gefüttert haben, wenn wir ihm lange Zeit den Chefsessel überlassen haben, ist das im Grunde nicht überraschend. Und das Gedankenhamsterrad tut was es kann, es gibt wirklich sein Bestes. Es spuckt alles aus, was schief gehen könnte, was andere denken würden und warum du nun wirklich nicht dazu gemacht bist, deine Beziehung oder deinen Wohnkontext selbstbestimmt zu gestalten. Dabei nimmt es richtig Fahrt auf und – dreht sich natürlich ständig im Kreis.

Dein Verstand ist ein sehr, sehr hilfreiches, ein notwendiges Werkzeug – *nachdem* du deine Entscheidung getroffen hast. Doch wenn du ihn beauftragst, die Entscheidung selbst zu fällen, dreht er in erschreckend wörtlichem Sinne durch. Dabei tut er gern so, als würde er in die Zukunft schauen können, indem er antizipiert und abwägt und alle möglichen Szenarien entwirft. Was er in diesen Situationen jedoch eigentlich tut, ist, das abzuspulen, was dir dein ganzes Leben lang erzählt wurde – und davon meistens das *weniger* Hilfreiche.

Das erzeugt ebenfalls alle möglichen Emotionen, wie Angst – und auch Angst trägt zu emotionalen Entscheidungen bei. Allerdings ist nicht jede Emotion ein hilfreicher Ratgeber. Und auch wenn Angst uns zu Vorsicht mahnt und auch wenn Unsicherheit uns genauer planen oder vorbereiten lässt und auch wenn Wut uns mit jeder Menge Energie versorgen kann und auch wenn Trägheit sich so schön kuschelig und sorglos anfühlt, sollten diese Gefühle uns niemals gänzlich davon abhalten, in eine Richtung zu gehen, in die wir eine tiefe Sehnsucht verspüren.

Denn die Wahrheit ist: Wir wissen es nicht. Wir haben keine Ahnung, was aus einem Schritt, einer Entscheidung einmal erwachsen wird, mit der wir uns mitten hinein wagen in dieses unglaublich vernetzte, irrsinnig komplexe Wunder namens Leben.

Auch dein Herz kann vielleicht nicht in die Zukunft sehen. Aber dein Herz sagt dir, wohin dich deine Fäden ziehen. Dein Herz sagt dir, was jetzt gerade der nächste Schritt ist, der sich richtig stimmig anfühlt (oder richtig falsch, selbst wenn noch keine Alternative in Sicht ist). Deshalb frage ich dich: Gibt es eine echte Alternative dazu, deinem Herzen zu folgen?

Mache deine Glückserfahrung: Herzensmut

Vielleicht hast du jetzt gerade bereits einen ganz konkreten Schritt vor Augen, den du eigentlich gern gehen würdest – zumindest ein klein wenig in seine Richtung. Und doch sind da viele Zweifel, Ängste, Trägheit und Sorgen in dir wach. Dann lade ich dich jetzt dazu ein, deinen Mut für diesen Schritt zu stärken.

Mach es dir bequem und schließe deine Augen. Erlaube der Anspannung, die du jetzt gerade nicht brauchst, ein klein wenig weicher zu werden und komm in deinem Körper an. Da ist dein Atem, der Bewegung in deinem Brustkorb verursacht. Lass dich dort nieder, bei deinem Atem im Brustkorb und genieße es für ein paar Momente, auf diese Weise bei dir anzukommen.

Nimm von dieser Basis aus Kontakt zu dem Schritt auf, der dich einlädt, dein Blühen zu vertiefen. Vielleicht in Form von einem Bild, einem Gefühl oder einem Wort oder Satz. Lass diesen Schritt lebendig werden, etwas größer vielleicht, farbiger, deutlicher oder konkreter.

In Kontakt mit deinem Herzen und deinem nächsten Schritt spüre nach: »Wo kann ich jetzt gerade in meinem Körper einen Funken Mut für diesen Schritt spüren?« Manchmal ist der Mut in der Herzregion, manchmal im Bauchraum – manchmal auch im großen Zeh. Wo auch immer du ihn jetzt gerade entdeckst, richte deine freundliche Aufmerksamkeit auf ihn und gib ihm Raum. Vielleicht mag er größer werden, etwas mehr Platz einnehmen. In ein paar mehr deiner Zellen dringen …

Und erst, wenn du soweit bist, bewege langsam deine Zehen und Finger und beende diese Übung sanft und in deinem Tempo.

Eine Audioanleitung zu dieser Übung findest du auf meiner Website unter happyroots.de/buch/glueckserfahrung.

Kein Lebensweg kommt ohne den Mut, ihn zu gehen. Ansonsten wären dein innerer Schatz, deine Wofürs und dein Glück tiefgreifend sinnlos. Bammel vor dem Unbekannten teilst du mit allen anderen Menschen. Jeder kennt diese Angst und es ist nichts falsch daran. Zugleich sagt niemand, dass du dir von dieser Angst deinen Lebensweg diktieren lassen musst.

Wir alle brauchen Mut. Mut ist der Schlüssel zu Entwicklung, der Dreh- und Angelpunkt, um heilsame Veränderungen im Leben anzustoßen. Sich seiner Trauer oder seinen Sorgen zu stellen, braucht unglaublich viel Mut. Es braucht Mut, sein Leben immer mehr auf das Glück hin auszurichten. Es braucht Mut, die eigenen Stärken zu erkennen. Es braucht Mut, sie und sich selbst, mit allem anderen, das einen ausmacht, wertzuschätzen. Es braucht Mut, hinter seinen Wofürs zu stehen. Und es braucht sehr viel Mut, Dinge anders zu machen. Anders als bisher, anders als das Umfeld, anders als »normal«, anders, als man es bequemerweise gern tun würde.

Für manche Menschen gehört der Mut, ihrem Lebensweg zu folgen, zu den Hauptherausforderungen. Bei anderen Menschen wartet die Hauptherausforderung in anderen Bereichen. Egal zu welcher Gruppe du dich gerade zählst – der Mut zu deinem Weg ist in dir.

Kein Lebensweg kommt ohne den Mut, ihn zu gehen. Es lohnt sich, ihm zu folgen.

Mut-Magie

Kennst du diese Momente, in denen du mit Mut einen Schritt gegangen und deinem Herzen gefolgt bist – und plötzlich eröffneten sich neue Türen, Möglichkeiten, Begegnungen und »Zufälle«, die diesen Weg unterstützten, ja sogar rasant beschleunigten?

Es ist der Schlüssel jeder Heldensaga, Paulo Coelho benennt ihn sogar ganz explizit in seinem Buch »Der Alchimist«,[155] Fordyce deutete diese faszinierende Beobachtung bei sehr glücklichen Menschen ebenfalls an.[156] Und dennoch gibt es nur einige wenige wissenschaftliche Untersuchungen, die in diese Richtung weisen,[157] ohne im Entferntesten das ganze Ausmaß zu erfassen. Ich habe keine Ahnung, woran es liegt. Doch ich weiß, dass Unglaubliches passiert, wenn wir mutig unserem Herzen folgen. Ich nenne es die »Mut-Magie«.

Wenn du dich für deinen Waldweg entscheidest und den deformierten Herrn mit seinem skurrilen Gefährt tollkühn nach einem Teilzeitweg auf Inlinern fragst – stehen die Chancen gut, dass sich ein für dich hilfreicher Weg vor deinen Füßen ausbreitet.

Mein bisher eindrücklichster Mut-Magie-Moment (aber bei Weitem nicht der einzige) begann mit der folgenden Frage, die mir der Professor stellte, bei dem ich zuvor Angewandte Positive Psychologie studiert hatte: »Wenn du in einem Jahr sterben würdest, was würdest du verändern?« Die allererste Antwort, die auf diese ziemlich schwergewichtige Frage auftauchte, war: Ich würde meine Stelle kündigen. Und die zweite auftauchende Antwort war: Ich würde einen Kurs entwickeln und ein Buch schreiben zum erfüllten Leben. Einige Monate später, an meinem letzten regulären Arbeitstag, an dem ich auch mit Wehmut von dem tollen Team, der schönen und lehrreichen Zeit und dem sinnstiftenden Projekt Abschied nahm, erreichte mich eine E-Mail. Der Verlag dieses Buches war über meinen Blog happyroots.de auf mich gestoßen und ein sehr herzlicher Mensch fragte mich nun, ob ich nicht ein Buch über Glück schreiben möchte. Dieses Buch hältst du jetzt in Händen.

Doch wie kommen wir in unseren Mut? Wie zapfen wir diese elementare Zutat an und stärken sie? Mut geht der Mut-Magie offensichtlich voran. Und Mut ist essenziell, wenn wir unserem Herzen folgen möchten.

Zunächst einmal ist Mut nicht das Gegenteil von Angst. Das ist ganz, ganz wichtig! Mut bedeutet, Angst zu bemerken – und es trotzdem zu tun.[158] Ohne Angst gibt es also überhaupt keinen Mut. Das heißt zum einen: Angst ist nicht schlimm. Und es bedeutet: Mit Mut ist Angst kein Grund, etwas nicht zu tun.

Mein Mut-Rezept besteht aus drei wesentlichen Schritten:

1. Angst bemerken. Ja, da ist Angst. Und das ist in Ordnung. Sie möchte dich warnen. Solange du dich nicht in tatsächlicher Gefahr befindest, bedeutet diese Angst einfach, dass nun eine Wachstumsgelegenheit da ist. Mut ist universell und höchst individuell. Wir alle brauchen ihn. Aber wir alle brauchen ihn für andere Dinge.

2. Es trotzdem tun. Ja, daran kommen wir nicht vorbei. Wir können es in kleinen Schritten tun, wir können es uns so einfach wie möglich machen, aber wenn wir uns von dieser Angst nicht länger einschränken lassen wollen, müssen wir es trotzdem tun.

3. Dich feiern. Vielleicht ist das der allerwichtigste Schritt. Dich wertzuschätzen dafür, dass du dich einer Angst gestellt hast, ist die Grundlage dafür, deinen Mut zu festigen. Denn nur dann wird das neue Selbstbild in dir verankert. Es ist irrelevant, ob dein Mut-Akt für den Nachbarn ein Klacks gewesen wäre. Für dich war es das nicht. Und du hast es trotzdem getan!

Das wirklich Wunderbare ist: Dein Mut ist wie ein Muskel – du kannst ihn trainieren. Und dazu musst du dich der Angst stellen. Auf dieser Basis wirken Behandlungen von Ängsten und Phobien[159] genauso wie Trainings für Verkäufer in der Kaltakquise.

Doch Mut ist nicht nur etwas, das du bereichsspezifisch stärkst. Wenn du deiner Angst in einem Bereich begegnest, deinem Mut folgst und sie überwindest, stärkst du deinen Mut in allen anderen Bereichen mit. Egal mit welcher (kleinen) Angst du beginnst: Ihr Überwinden wird dich als ganzen Menschen mutiger machen.

Das liegt daran, dass du mit einem solchen mutigen Akt ein neues Fundament in dir legst. Du stärkst deine Überzeugung, dass du Dinge schaffen kannst, dass du über Ängste hinauswachsen kannst und dass du – tatsächlich – mutig bist. Diese Überzeugung, die auf die »Selbstwirksamkeitserwartung« zurückgeht, ist dein Ticket ins Blühen.[160] Sie ist dein Fundament, das du mit jeder kleinen, mutigen Handlung stärkst.

Weil dies ein so wichtiger Schlüssel ist, lade ich dich ein, deinen Mutmuskel in den nächsten Tagen im Alltag zu stärken.

Mache deine Glückserfahrung: Mut-Ausbruch

Stell dich jeden Tag einer kleinen, dich etwas Mut kostenden Situation. Wofür du Mut brauchst, ist höchst individuell – und darf es sein! Der Ort, an dem du dich jetzt gerade befindest, ist der richtige, um zu starten.

Ob das für dich bedeutet, mit dem Aufzug zu fahren, die Spinne eigenhändig nach draußen zu befördern, lange von einer Brücke zu schauen, Nein zu sagen, einen Fremden anzusprechen, in der Innenstadt Gitarre zu spielen, zu dir selbst zu stehen oder auf der selben Straßenseite zu bleiben wie der Nachbarshund. Jede Tat, die deinen Mut braucht, zählt.

Gehörst du zu den Menschen, die sich gerade fragen, warum man für solche Dinge Mut brauchen könnte, darfst du dich gern an gewagteren Dingen versuchen. Gehe mit erhobenen Händen durch die Fußgängerzone. Lege dich flach auf den Gehweg und antworte auf Nachfragen, was du da machst, mit: »Ich suche meinen Leitstern.« Oder gehe mit einer Banane, die du an einem Seil festgebunden hast, Gassi.

Ich lade dich ein, diese wunderbar stärkende und erfahrungsreiche Möglichkeit zu nutzen, um deinem Herzen mehr und mehr folgen zu können – ja, um es auch deutlicher zu hören. Aung San Suu Kyi, eine Freiheitskämpferin aus Myanmar, hatte einen Großteil ihres Lebens unter Arrest verbracht. In der Rede, mit der sie den Friedensnobelpreis entgegennahm, sagte sie Folgendes (das ich wage in Klammern wie folgt zu erweitern):

> *Das einzige echte Gefängnis (was uns im Samenkorn, unter der Erde oder in der Knospe verharren lässt) ist unsere Angst. Und die einzige wirkliche Freiheit (die Freiheit, zu erblühen) ist die Freiheit von Angst.*
>
> *Aung San Suu Kyi*

Du bist nicht hier, um die vermeintlichen Erwartungen anderer zu erfüllen. Du bist nicht hier, um deinen Ängsten zu erlauben, dich von deinen Träumen abzuhalten. Du bist hier, um über diese Ängste hinauszuwachsen. Du bist hier, um echt zu sein. Um ganz du selbst zu werden. Um über dich selbst hinauszuwachsen. Und dein Herz ist dein Kompass dorthin.

Deine Win-Win-Win-Entscheidung: Urlaubsfreigeist mit Bodenhaftung

Die »Mut-Magie« – einschließlich wohltuendem Bodenkontakt – kannst du auch auf deiner nächsten Reise entdecken. Mit mehr Flexibilität statt Planung, naturnahem Schlafplatz statt Hotel und Rad oder Bahn statt Kreuzfahrtschiff oder Flieger. So wird deine Reise zu einem mutigen Authentisch-Ich-Erlebnis, bei dem du dich von deinem Herzen leiten lassen kannst.

Blühen heißt weitergeben

Dumpfe Geräusche und Gebrüll lassen dich mit einem Mal auf deinem Waldweg innehalten. Mit klopfendem Herzen schleichst du bis zur nächsten Biegung und spähst hinter einem Gebüsch hervor auf ein kleines Dörfchen. »Was fällt dir ein, mein Brot und meine Avocados zu stehlen, du freches kleines Ding!?« Ein wütender Dorfbewohner mittleren Alters erhebt sich drohend vor einem etwa zwölfjährigen Jungen. Dieser starrt wie geistesabwesend vor sich hin, während der Mann ihn am Kragen packt. Gerade, als du beherzt dazwischengehen möchtest, tritt eine junge Frau dazu. »Warten Sie!« Sie scheint ebenfalls eine Reisende zu sein, du erkennst es an ihrer robusten Kleidung, ihrer aufrechten, zielstrebigen Haltung und ihren fließenden Bewegungen. Der Mann ist so überrascht, dass er tatsächlich innehält. »Ich schlage Ihnen einen Deal vor: Wir beide, der Junge hier und ich, reparieren Ihr Dach. Ich habe bei dem heftigen Regenschauer mitbekommen, was für einen Ärger Sie mit Ihrem Dach hatten – und dass dabei auch Ihre Brote ungenießbar geworden sind.« Der Mann starrt sie weiter an. »Ich glaube, dass Strafe den Jungen nicht davon befreien wird, wieder zu stehlen. Wenn er hingegen von mir lernt, ein Dach zu reparieren – was richtig viel Freude macht, sag ich Ihnen – ist nicht nur weiterer Schaden von Ihnen abgewandt, sondern er hat sogar eine echte Chance, sein Avocadobrot zu verdienen.« Der Dorfbewohner ist sichtlich perplex, lässt den Kragen des Jungen jedoch endlich los. »Deal?« Zögerlich ergreift er die Hand der Reisenden und willigt ein.

Was für eine mutige Reisende! Und wie genial! Sie hat ihre Reparaturkenntnisse zum Streitschlichten eingesetzt. Sie hat Ihr Bestes für das wirklich Gute eingesetzt … Erfüllt von diesem Erlebnis setzt du gerührt und zugleich beschwingt deinen Weg fort – und hilfst auf deinem weiteren Weg einer älteren Frau, die Blumen auf dem kleinen Vordach zu gießen, an das sie selbst nicht ganz heranreicht und hörst einem älteren Herren weitaus länger zu als gewöhnlich.

Die Magie des Glück-Weitergebens

Zu Beginn unserer Reise haben wir bereits einen Blick in das geheimnisvolle Zusammenspiel gewagt, zu dem ich dich nun auf eine Vertiefungstour einlade. Und wir beginnen damit, dass du dieses Zusammenspiel in dir selbst entdeckst, freilegst und dich daran erfreust und stärkst.

Mache deine Glückserfahrung: Glücksbringer-Sein anzapfen

So oft munterst du bereits andere auf, unterstützt sie, hörst ihnen zu, hilfst ihnen weiter. Öfter als seltener kommen uns diese Taten selbstverständlich vor – doch das sind sie nicht. Sie sind gute Taten, die deine Mitwelt bereichern. Deshalb lade ich dich ein, auf deine letzten Wochen zurückzublicken:

Welche kleinen und größeren guten Taten hast du dort getan?

Das kann etwas ganz Kleines gewesen sein, wie ein Lächeln, das du einer alten Dame geschenkt hast oder dein spontanes »Stopp!« als Kinder auf eine vielbefahrene Straße zurannten. Es kann auch etwas Größeres gewesen sein, wie die Umzugshilfe für eine Freundin.

Du kannst diese Reflexion in Gedanken durchgehen. Besonders erfüllend ist sie, wissenschaftlich erwiesen, wenn du dir die Punkte notierst.[161]

Wie geht es dir jetzt?

Der Zusammenhang zwischen guten Taten, die wir tun, und unserem Gefühl von Glück und Fülle ist bereits aufgetaucht. Es scheint, dass uns eine Freude, die wir jemand anderem bereiten, weitaus glücklicher machen kann, als der Versuch, unseren eigenen Mangel-Modus mit Schnickschnack zu füllen – [162] und dass nach diesem Prinzip auch sehr glückliche Menschen leben.[163]

Sogar sozialängstliche Menschen werden durch den Auftrag, Fremden ganz bewusst etwas Gutes zu tun, glücklicher – und weniger sozialängstlich.[164] Ja, allein das Notieren von guten Taten, wie du es gerade getan hast, macht bereits glücklich.[165]

Eines der bewegendsten Forschungsfelder der Entwicklungspsychologie jedoch gibt einen Hinweis darauf, dass Gutes zu tun nicht einfach nur glücklicher macht, sondern eine grundlegende, menschliche Tendenz ist, die bereits 14-monatige Kleinkinder zeigen. Dabei reichen sie Erwachsenen Gegenstände an, die jenen heruntergefallen sind und überwinden sogar Hindernisse, um zu helfen.[166] Viele weitere Studien bestätigen eine sehr frühe Hilfsbereitschaft und tröstendes Verhalten[167] und weisen sogar darauf hin, dass eine Belohnung der Eltern helfendes Verhalten in Zukunft unwahrscheinlicher macht, also nicht der Hauptgrund für die Hilfsbereitschaft von Kleinkindern sein kann.[168]

Gleichzeitig scheint der Erziehungsstil der Eltern für die Hilfsbereitschaft in der späteren Kindheit entscheidend zu sein. Wie man sich denken kann, führt ein harscher, bestrafender Erziehungsstil zu wesentlich weniger Hilfsbereitschaft.[169]

So traurig dieser letzte Befund ist, so tief lebensbejahend und verbindend sind die vorherigen: Diese Welt gemeinschaftlich zu einem schöneren Ort zu machen, anderen zu helfen und ihnen beizustehen ist ein grundlegender, ganz früher menschlicher Impuls und Wunsch. Wie bei der Entscheidung, welchen inneren Wolf wir füttern, so ist es auch in unserer Mitwelt entscheidend, welche Samen wir in anderen gießen – die von Destruktivität, Konkurrenz und Gleichgültigkeit oder die von Hilfsbereitschaft, Freundlichkeit und Mitgefühl? Und was wäre, wenn wir dies maßgeblich durch unser eigenes Verhalten tun?

Die erste neue Ebene, die in der Eingangsgeschichte anklang, umfasst die Auswirkungen von guten Taten. Gute Taten haben natürlich einen Einfluss auf den Empfänger. Doch sie beeinflussen auch die Menschen, die Zeuge von ihnen werden. In dir als Beobachter passierte etwas, als du deinen Weg fortgesetzt hast. Jonathan Haidt nannte das unmittelbare Gefühl, das da auch in dir ausgelöst wurde, »Elevation«, was so viel bedeutet wie »erhebendes Gefühl«. Gerührt, beschwingt und irgendwie erfüllt fühlt sich dieses Gefühl an – und wird in unbeteiligten Beobachtern ausgelöst.

Jede von Herzen kommende gute Tat zählt.

Dazu stellte er weitere Forschungen an und setzte Studierende vor Videos, die gute Taten zeigten. Bei jedem Teilnehmer wurde dann eine kleine Panne inszeniert und ein hilflos dreinblickender Versuchsleiter murmelte, dass es nun knapp werden würde, das Chaos alleine zu beseitigen, bevor der nächste Teilnehmer käme. Die Studierenden, die zuvor gute Taten im Video sahen, halfen mit wesentlich höherer Wahrscheinlichkeit, zögerten dabei weniger lang und halfen vor allem bedeutend länger mit, das Chaos zu beseitigen.[170]

In einer Studie, die die Teilnehmer über mehrere Tage begleitete, zeigte sich zudem: An Tagen, an denen Menschen mit Depression einen hohen Grad an »Elevation« erlebten, halfen sie nicht nur viel eher, sondern berichteten auch von weniger Stresssymptomen und Konflikten mit anderen.[171] Das bedeutet Folgendes: du tust mit guten Taten nicht nur dir selbst und dem anderen etwas Gutes. Du inspirierst Außenstehende, es dir gleich zu tun.

Das bedeutet auch: Wir alle gestalten unsere Nachbarschaft, unsere Teamatmosphäre und unsere Gesellschaft mit. Wie klein unser Einfluss auch sein mag, er ist bedeutsam, er ist wichtig. Und er zieht seine Kreise, ohne dass wir dies bemerken. Diese Magie kannst du in jedem Moment anstoßen.

Jede von Herzen kommende gute Tat zählt!

Das Beste für das Gute

Wer anderen eine Blume sät, blüht selber auf.

Unbekannt

Wir sind im Herzen von dem angekommen, was es heißt, zu blühen. Dein eigenes Blühen ist wie bei einer Blume unweigerlich damit verknüpft, dass du mit deinem Besten deine Mitwelt bereicherst, erhellst, sie schöner und vollständiger machst.

Dies war die zweite neue Ebene in der Geschichte: Die Reisende hatte mit Begeisterung davon gesprochen, Dächer zu reparieren. Und diese Fähigkeit hat sie eingesetzt, um die Welt ein klein wenig besser, ein klein wenig gerechter, friedlicher, hoffnungsvoller zu machen.

Das zu tun, was du liebst und damit deine Mitwelt zu bereichern – wie wäre das? Du ahnst es bereits: Das wäre eine verdammt sichere Quelle für Glück und Er-*Füll*-ung. Denn bringst du aus deiner eigenen Fülle Glück in diese Welt, strahlt das tausendfach auf dich zurück. Es nährt die Fülle in dir, schenkt dir Sinn, gibt dir viele Gründe zur Mitfreude und lässt dich fühlen: Du kannst etwas bewirken.

Dein Blühen beginnt nicht erst dann, wenn dein Leben perfekt ist, du frei von Zweifeln und Glücksfressern bist oder den nächsten Schritt auf deinem Weg gegangen bist, den wir zuvor freigelegt haben.

Du blühst bereits.

Mache deine Glückserfahrung: blühende Bestandsaufnahme

Diese Bestandsaufnahme, zu der ich dich einlade, ist so zentral, dass du gern wieder Notizbuch und Lieblingsstifte zücken darfst.

Von guten Taten kommen wir jetzt zu deinem täglichen Tun. Trage in die Mitte einer Seite jeweils einen Lebensbereich ein: Partnerschaft, Freundschaften, Beruf, Leidenschaft/Hobby, Familie, Lebensstil, persönliche Entwicklung/Spiritualität, Engagement/Ehrenamt. Bei vielseitigen Lebensbereichen kannst du dein Notizbuch auch direkt quer legen. Jedes Leben ist individuell. Konzentriere dich deshalb auf die für dich wirklich wichtigen und finde stimmige Namen.

Und nun schau genauer hin. Wie bringst du in diesem Bereich bereits Glück in deine Mitwelt?

Sammle alle kleinen und großen Dinge um den Lebensbereich herum. Du kannst sie auflisten, mindmapförmig sammeln, oder, wenn es deinen Geschmack trifft, sie auch als Blütenblätter anordnen.

Welche deiner Stärken setzt du dafür ein?

Da es sehr viel Blühendes zu entdecken gibt, konzentriere dich auf die ein bis zwei Lebensbereiche, in die dich dein Herz am meisten zieht. Welche(n) wählst du frei von jeder Fremderwartung?
Deine aktiven Stärken bringst du am besten mit einer anderen Farbe zur Geltung, direkt neben die einzelnen Blühpunkte.

Wie verwirklichst du bereits dein Wofür?

Dein Wofür, das, wofür du dich einsetzen möchtest und was du in deiner Mitwelt sehen möchtest, ist auch jetzt schon vorhanden. Betrachte alle Lebensbereiche. Wo kannst du es bereits entdecken?

Blühgenuss

Schau dir dein ganzes Blühen noch einmal in Ruhe an. Auf so viele unterschiedliche Arten beschenkst du bereits deine Mitwelt!
Lass dich in diese Gewissheit hineinsinken.

Deine Reise in dein Blühen ist also eine Vertiefung. Natürlich stehen hier und da Feinjustierungen oder auch größere Veränderungen an. Auch ein Kurswechsel kann dazu gehören. Und ganz bestimmt darfst du ganz neue Fähigkeiten entwickeln, deine Wurzeln mit deiner Selbstfürsorge noch weiter festigen und ganz bestimmt darf dein Glück noch sprudelnder in dein Blühen mit einfließen. Aber du startest nicht von Null. Du hast lediglich die freudvolle Möglichkeit, dich noch mehr zu entfalten.

Je tiefer du dein Bestes einfließen lässt, je verankerter du in der Wachstumshaltung bist, je stärker du dich nach deinen Wofürs ausrichtest und je mehr du bist wie du bist (und dich dafür liebst), desto kraftvoller und klarer wird dein Blühen.

Diesem Geheimnis von sehr glücklichen Menschen sind wir bereits in den einzelnen Fäden auf die Spur gekommen. Hier laufen diese Fäden nun zusammen und bilden ein ganzes Bild für dein Blühen.

- Deine Stärken einzusetzen macht glücklich.
- Dein Wofür zu kennen und ihm zu folgen, macht glücklich und verknüpft dich direkt mit deiner Mitwelt.
- Dich selbst anzunehmen, zu akzeptieren und für dich zu sorgen ist die Basis für dein Glück.
- Den Weg zu wählen, bei dem dich auch die einzelnen Schritte glücklich machen und du deiner Begeisterung folgst, führt zum erfüllten Leben.
- Mit Mut über dich hinauszuwachsen und neue Stärken und Fähigkeiten zu erschließen, befreit dein Glück von jeder Grenze.
- All dies erfüllt dich tiefgreifend, wenn du Schritt für Schritt mehr du selbst wirst
- … und damit Gutes in deiner Mitwelt stiftest, wenn all dies zusammenfließt in (d)einen positiven Beitrag.

Die Rolle deines Glücks

Tatsächlich ist dein Glück das Entscheidende, der Kern deines Blühens.

Wenn wir nicht mit Herz tun, was wir tun, wenn wir es nicht aus Freude heraus tun, dann ist die Wahrscheinlichkeit sehr groß, dass es nicht einmal anderen nützt. Obwohl es prinzipiell eine hilfreiche Handlung ist.

Gute Taten, die mit Widerwillen gemacht werden, die nicht ganz von Herzen kommen, haben nicht nur einen auslaugenden Effekt auf dich. Sie deprimieren nachgewiesenermaßen auch den Empfänger dieser Tat.[172] Wir merken es, wenn andere nicht »ganz« dabei sind. Und andere merken das an uns auch.

Wir haben diesen Aspekt bereits am Ende des letztens Wachstumsschritts beleuchtet: Du darfst dich von etwas lösen, wenn keine Freude dabei ist. Das Gleiche gilt für ein Projekt, das du dir in den Kopf gesetzt hast, ohne dass dein ganzes Herz »Ja« dazu sagt. Wenn du dich dazu zwingst, im gemeinsamen Garten zu arbeiten und es eigentlich nicht genießt, wenn du mit deinem Partner zusammenziehst, obwohl du eigentlich lieber in einer großen WG leben möchtest, wenn du deine Grenzen überschreitest (oder überschreiten lässt), wenn du dich dazu zwingst, mehr Zeit mit Menschen zu verbringen, mit denen du sie eigentlich nicht verbringen möchtest; wenn du einen Weg in die Politik einschlägst, weil du glaubst, nur so etwas bewegen zu können und gleichzeitig dein Herz für etwas ganz anderes schlägt, dann wird es nicht den von dir beabsichtigten positiven Effekt haben.

Du kannst es getrost loslassen – und wo nötig auf ein für dich liebevolles Minimum reduzieren.

Du darfst auf genau die Weise blühen, auf die du es wirklich wirklich gern tust. Christiana Figueres, die Frau, die als UN Executive Secretary und Vermittlerin zwischen allen beteiligten Staaten maßgeblich das Pariser Klimaabkommen ermöglicht hat, sagte in einer flammenden Rede einmal Folgendes: »Es geht nicht darum, was du tust. Es ist egal, ob es lokal ist, global, ob es da oben, dort drüben oder hier drinnen stattfindet.« Sie zeigt auf ihr Herz. »Es geht darum, *dass* du es tust. Die

Happy Farm ist genauso wichtig, wie auf der politischen Ebene mitzuwirken. Weil sich das Bewusstsein ausbreitet. Weil sich die Inspiration ausbreitet.«[173]

Charles Eisenstein, ein Kultur- und Wandelphilosoph, stellte einmal die folgende Frage in einem Interview: »Wer war der wichtigste Mensch Südafrikas?« Er ließ einen kleinen Moment Stille entstehen. »Was, wenn Nelson Mandelas Großmutter der wichtigste Mensch Südafrikas war? Ohne die Nelson niemals als Friedensstifter aus jahrzehntelanger Haft hervorgegangen wäre?« Und dann fuhr er sinngemäß fort: »Wir wissen nicht, was unsere Taten für Folgen haben werden. Wir haben keine Ahnung. Deshalb ist der einzige Weg, dem wir vertrauen können, der, auf dem wir als Individuum gern und viel unserer Liebe hineinfließen lassen.«[174]

Das Glück deines Blühens ist so stark, dass du es als Quelle anzapfen kannst, wenn Dürren oder Eis, Sandstürme oder Sturmfluten, Engpässe oder Übergänge an der Oberfläche deines Lebens wüten. In diesen Herausforderungen, in denen unsere ganze Kraft und unser Durchhaltevermögen gefragt sind, vertieft unser ganzherziges Blühen unsere Wurzeln.

Schließe dein Blühen in dein Herz. Du bringst bereits so viel Gutes in die Welt. Und du bist auf dem Weg, immer vollständiger aufzublühen und dadurch auf deine sehr individuelle Weise Glück, Liebe, Erkenntnis, Schönheit, Wurzeln oder Flügel zu stiften. Daran darfst du dich erinnern, wenn Gegenwind, tiefe Zweifel oder lange, schwierige Phasen an dir zerren.

Deine Win-Win-Win-Entscheidung: blühen mit Erde

Hebe dein Blühen auf die nächste Ebene und verbinde dich gleichzeitig tiefer mit deinen Wurzeln. Das gelingt, indem du das Win für die Erde mit in deine nächste gute Tat nimmst. Wie kannst du mit einer alltäglichen Tat, in der du bereits blühst, die Erde erhalten oder entlasten? Genieße es, Glück zu vervielfältigen.

Wie du Dürren, Stürme und Engpässe überstehst

Keine Schwierigkeit ist das Ende. Aufgrund von Schwierigkeiten aufzugeben – das ist das Ende.

Während sich dein eigener Weg weiter entfaltet, an Klarheit gewinnt und du ihn Schritt für Schritt gehst, werden dir auch Herausforderungen begegnen.

Herausforderungen sind nichts Besonderes. Jeder Mensch erlebt sie, ob er nun seinem Herzen folgt (du erinnerst dich an Jack Ma) oder kaum in Kontakt ist mit sich. Jeder Schmetterling erlebt heiße Sommertage, Blütenknappheit, Stürme und kalte Nächte. Doch je mehr es dir am Herzen liegt, was du tust, je voller du aufgehst in deinem Blühen, desto eher könnten diese Herausforderungen dich verunsichern – oder sogar entmutigen. Genau deshalb möchte ich dir eine Prise Klarheit, einen Schluck Abenteuerlust und eine Handvoll Vertrauen mit auf den Weg geben.

Von Dürren und Stürmen

Die Sonne scheint unerbittlich auf den trockenen Boden, auf dem du gehst, und du gönnst dir nur wenige Pausen. Du weißt, dass du jetzt nicht stehen bleiben darfst. Mit deiner ganzen Kraft konzentrierst du dich auf deine Schritte und setzt einen Fuß vor den anderen. Und während du so gehst, kommen aus einem anderen Winkel in dir Zweifel auf … »Ist es das wert?« – »Muss das sein?« – »Wie lange noch?« »Doch, das ist es wert«, sagst du zu dir selbst. »Es stand in diesem Reiseführer, dass Durststrecken auftreten und ganz normal sind. Und so viele Reisende haben mir bereits ihre Erfolgsgeschichten nach solchen Dürren er-

zählt. Ich halte jetzt durch.« Du warst innerlich so beschäftigt, dass dir erst jetzt auffällt, wie dunkel es geworden ist. Ein unerwarteter Windzug lässt dich endgültig innehalten. Als du den Blick hebst, rutscht dir das Herz in die Hose. Eine gigantische schwarze Wolkenfront kommt auf dich zu. Auch das noch!

Es gibt Phasen, die deine ganze Kraft und deinen ganzen Fokus fordern, damit du das, was du Schönes in deine Mitwelt bringen möchtest, tatsächlich auch erschaffen kannst. Stürme, die als unerwarteter Gegenwind von anderen Menschen, verkorksten Umständen oder Fehlschlägen an dir zerren, können zudem stark am Mut und am Vertrauen in deinen Weg rütteln.

Für beides brauchst du Durchhaltevermögen und Klarheit über deinen Weg. Diese stabile Basis bekommst du aus deiner Authentizität, dem, was dich ausmacht. Du bekommst sie aus deinem Wurzelwerk an Selbstfürsorge, Glücksverbindung und Glücksfresser-Erfahrung, deinem gewachsenen Wissen, was du kannst und was dir wichtig ist, sowie dem erfüllenden Erleben deines Blühens.

Ganz entscheidend ist zudem deine unerschütterliche *Wachstumshaltung*, die wir im vorherigen Wachstumsschritt beleuchtet haben. Wenn du merkst, dass du genau die bei einer aktuellen Dürre oder Sturmfront gerade brauchst, kehre gern zum Kapitel »Hinein ins Wachstumsabenteuer« (S. 146) zurück und lass dich stärken.

Ein weiterer wichtiger Schlüssel, um solche Phasen zu überstehen, liegt in der Erkenntnis, dass sie vollkommen normal sind – ja, dass gerade aus solchen Dürren und Stürmen innere Stärke und Klarheit erwachsen. Auch sehr glückliche Menschen erleben diese Phasen, genauso wie sehr erfolgreiche Menschen und Menschen, die dein Leben oder das Leben vieler bereichert und verwandelt haben.

Deshalb lade ich dich ein, in die Lebensgeschichte eines Menschen einzutauchen, den du bewunderst. Ob es deine Großmutter, dein Arbeitskollege, ein erfolgreicher Mensch oder eine Weltveränderin ist: Das Leben deiner Heldin, deines Helden hält viel für dich bereit.

Mache deine Glückserfahrung: Helden-Leben

Wenn du möchtest, zücke erneut dein Notizbuch und widme dich den folgenden Fragen. Dies kannst du in Form von Stichpunkten oder Absätzen tun. Möchtest du kreativ werden, zeichne den Lebensweg dieses Menschen mit seinen besonderen Stationen auf und notiere deine Antworten drumherum.

Sein Lebensweg:

Welche Stürme und Dürren hat dieser Mensch erlebt?

Seine Meisterschaftsvorlage:

Wie ist er mit ihnen umgegangen? Wie hat er sich von ihnen formen lassen? Und wie ist es ihm gelungen, der Mensch zu werden, den du nun von Herzen bewunderst?

Deine Stärkung:

Was kannst du von diesem Menschen lernen? Was an seiner Art zu handeln oder zu leben inspiriert dich so sehr, dass du diese Qualität ebenfalls in dir nähren möchtest?

Erforsche das Leben dieses außergewöhnlichen Menschen. Durch persönliche Gespräche oder das Lesen der Biografie gewinnst du noch mehr Klarheit über seine Art, Dürren und Stürme zu meistern.

Es gibt weitere Herausforderungen, die dir im Heldenleben möglicherweise bereits begegnet sind und gleichzeitig eine etwas andere Art des Durchhaltevermögens brauchen. Deshalb werden wir zwei tückische Herausforderungen nun beleuchten.

Von Engpässen und Felswänden

Wie oft du es schon versucht hast, weißt du nicht mehr, aber nun dämmert es dir: So kommst du nicht weiter. Du befindest dich mitten in einer gigantischen Schlucht, in der steile Felswände zu beiden Seiten von dir aufragen und vor dir so eng zusammenlaufen, dass du nicht mehr hindurchpasst. Den Ausgang vor dir kannst du nur als winzigen Spalt erahnen. Grauen macht sich in dir breit. Wie bist du hier hineingeraten? Du bist doch deinem Leitstern gefolgt! Aber irgendwo hinter dir ist das Glück auf der Strecke geblieben … So, wie du den letzten Abschnitt gegangen bist, machte es jedenfalls keine Freude. Du setzt dich und kramst in deinem Rucksack. Dann kannst du jetzt auch ein Stück Kuchen essen. Genüsslich feierst du die saftigen Kirschen, die sich in ihm verstecken und blickst dich bereits gelassener und genauer um. Plötzlich packt dich die Abenteuerlust. Diese Felswände sind wie geschaffen für eine kleine Kletterpartie. Vielleicht kommst du weiter oben ja besser voran? Mit neuem Elan und Experimentierfreude wagst du dich umsichtig an den Aufstieg.

Manchmal verrennen wir uns in der Art, wie wir etwas tun oder wie wir glauben, dass es funktioniert – und stoßen damit an Grenzen. Manchmal sind es Engpässe, manchmal fühlen sie sich auch eher wie eine Felswand oder Mauer an, vor die wir immer wieder stoßen.

Diese Engpässe und Felswände bergen ganz besondere Wachstumschancen. Denn sie sind Ausdruck von einem alten Programm, das in uns abläuft, einem alten Glaubenssatz oder Muster, das uns nicht länger dient und über das wir hinauswachsen dürfen. Dabei ist das Muster, die Verhaltensweise oder der Glaubenssatz früher oftmals hilfreich gewesen. So wie das Blätterfressen für die Raupe notwendig ist, damit ein Schmetterling aus ihr werden kann, so kann die Art, wie wir unseren Weg begonnen haben, die notwendige Basis gewesen sein.

Doch an einem gewissen Punkt ist es Zeit, sich weiterzuentwickeln. Bleiben wir im alten Modus, ähneln wir einem Schmetterling, der mit seinem Rüssel versucht, Blätter zu essen und den viel besseren Nektar verpasst, der jetzt auf ihn wartet. Überwinden wir diesen Engpass, wartet hingegen eine ganz neue Leichtigkeit auf uns. Und der Engpass, die Felswand, wird so lange dableiben, bis wir in unsere Abenteuerlust und unsere Neugier zurückfinden und ihn überwinden. Die Lösung ist dabei oft viel offensichtlicher, als wir glauben – allein unsere Perspektive ist so eng, dass wir sie nicht sehen. Wir sind im Tunnel unseres eigenen »So-hab-ich-es-immer-gemacht« gefangen.

Der lustigste Engpass, in den ich bisher geraten bin, betrifft das Schreiben dieses Buches. Einem alten, bewährten Muster folgend, hielt ich mir meine Tage so frei wie möglich, um mich ganz dem Schreiben zu widmen. Sehr schnell hatte ich mich so verrannt, dass ich zehn Tage brauchte, um ein kleines Kapitel zu schreiben. Etwas blockierte so stark, dass es ein irrsinniger Kraftakt war, die in meinem Kopf so klaren Inhalte aufs Papier zu bringen. Irgendwann geriet ich in Panik – denn in diesem Tempo würde das mit der rechtzeitigen Abgabe nichts werden.

Und dann kam der Punkt, an dem ich aufgab. Der Punkt, an dem ich wusste: *So* komme ich nicht weiter. Natürlich gab ich nicht das Buch auf. Ich gab den Versuch auf, es *auf diese Weise* zu schreiben. Während ich meine Tage mit Freude füllte, »Ja« zum Engpass sagte und mich etwas neugieriger dieser Blockade widmete, fiel mir ein anderes Buch in die Hände. Ich schlug es auf und las: »Tue mehr, indem du mehr nichts tust.« Ich starrte auf die Zeile und brach in Lachen aus. Weil mir das Gelingen so ungeheuer wichtig war, war ich von der offensichtlichsten Grundlage eines glücklichen und erfüllten Lebens in einen alten Arbeitsmodus abgewichen, der für diesen langen Kreativprozess vollkommen ungeeignet war. Die folgende Woche richtete ich wieder voll auf Freude, Freunde und Kreativatmosphäre aus – und schrieb drei Kapitel in fünf Tagen.

Solche Blockaden gehören zum Weg. Sie begegnen jedem und ihre Auflösung ist manchmal so herrlich banal, dass wir von Herzen darüber lachen können – um direkt im Anschluss auf das nächste Level zu fliegen. Das wirklich Wichtige ist, dass du erkennst, wo du dich befindest.

Die meistens Menschen scheitern genau an diesem Punkt. Anstatt das Muster infrage zu stellen, mit dem sie vergeblich versuchen, vorwärts zu kommen, stellen sie ihren gesamten Herzensweg infrage und geben mitunter auf.

Wenn du dich nach einer tieferen Austauschebene mit deinen Freunden sehnst, wenn du Freizeit möchtest, die dich begeistert und nährt, wenn du deine Nachbarschaft gemeinschaftlicher gestalten möchtest, wenn du dich neu verlieben möchtest (in deinen jetzigen oder einen zukünftigen Partner), wenn du den nächsten Schritt deines beruflichen Herzensprojektes gehen willst – und es einfach nicht klappt, dann heißt das weder, dass dieser Wunsch irrational ist, noch dass du nicht dafür geschaffen wärst, ihn zu erreichen!

Wenn du dich an einem solchen Punkt befindest, lade ich dich zu einer genüsslichen Kuchenpause und der Möglichkeit ein, deine spielerische Freude, deine Abenteuerlust wiederzuentdecken – vor allem, wenn dies das Letzte ist, was du dir gerade vorstellen kannst.

Mache deine Glückserfahrung: Engpass-Abenteuer

Das Feststecken in einem Engpass oder vor einer Felswand kann unfassbar viel Druck, Stress und Panik mit sich bringen. Erinnerst du dich an den Tunnelblick, der uns nur das Problem fixieren lässt, ohne neue Handlungsmöglichkeiten zu erkennen? Genau aus diesem Tunnelblick gilt es, auszusteigen.

Genuss-Auszeit

Tue dir etwas wirklich Gutes, das die Kraft hat, dich aus der inneren Enge herauszuholen. Nimm wieder Verbindung mit dem Glück auf.

»Ent-Ernst-ung« deines Herzenswunsches

Unser ganz, ganz festes Wollen ist der häufigste Grund dafür, dass wir uns verrennen – und auch keine Genuss-Auszeit nehmen können. Wenn sich dieser Wunsch nicht erfüllt, was ist das Schlimmste, das passiert? Stärke deine Selbstliebe: *Du bist auch ohne ihn ganz!*

Den Abenteurerblick aufsetzen

»Ent-Ernst-et« und mit dem Glück verbunden ist es nun Zeit, deine geweitete Perspektive zu nutzen. In der Lage, in der du dich jetzt gerade befindest: Wie könntest du ganz abenteuerlich anders handeln – und dennoch mit deinem Wunsch verbunden bleiben?

Tue es, probiere dich aus und halte deinen spielerischen Abenteuerblick wach. Du kannst nicht versagen, du kannst nur entdecken und lernen. Und dabei darfst du Freude haben!

Auf deinem Weg warten noch viele neue Level und Abenteuerlust auf dich. Dein spielerischer Umgang damit ist unglaublich wertvoll. Zugleich gehen jedoch nicht nur Muster, sondern auch ganze Wege und Lebensphasen zu Ende und hinterlassen uns mitunter in tiefer Nacht. Die ungewissen Zeiten, die folgen, sind die Übergänge.

Von Übergängen (Nacht und Nebel)

Es ist Nacht auf deinem Waldweg. Deine Laterne ist ausgegangen und anders als es die alte Frau vorausgesagt hatte, kannst du in dieser Nacht keine Sterne sehen. Du weißt, dass du nicht zurück kannst. Das Alte hinter dir ist zu Ende. Und dennoch hast du keine Ahnung, wie es weitergeht. Kein Lichtstreif zeichnet sich vor dir ab, kein Hinweis lässt dich erkennen, was nun ansteht. Der Untergrund fühlt sich seltsam wacklig an – bist du auf einer Hängebrücke? Oder im Treibsand? Du fühlst dich richtig haltlos …

Deinem Herzen zu folgen, bringt dich auf deinen Weg und in dein Blühen. Und so magisch der Weg sein kann, wenn du ihn mutig gehst, so klar manche Schritte vor dir liegen können, genauso gehören auch Momente von Orientierungslosigkeit dazu, in denen du nicht weiterweißt. Dies sind die Übergänge. Sie gehören dazu wie der Kokon zum Schmetterling.

Wie beim Schmetterling führt uns unser Herz in unterschiedliche Phasen des Wachstums, die sich auch mal wie Stagnation oder sogar Rückschritt anfühlen können. Wie mag es für die Raupe sein, plötzlich keine Blätter mehr, sondern einfach nur ihre Ruhe haben zu wollen? Wie mag es sich für die Puppe im Kokon anfühlen, sich vollständig aufzulösen und neu zu formen? Wie mag es sein zu bemerken, dass der Kokon zu klein wird und man um jeden Preis raus will? Wie mag es sich anfühlen, total erschöpft aus dem Kokon geklettert zu sein – und dennoch warten zu müssen, bis sich die Flügel entfalten?

Tatsächlich sind diese wackeligen, dunklen, undurchsichtigen oder haltlosen Phasen ganz besondere Wachstumsschritte: Es sind Übergänge, in denen sich alte Wegabschnitte oder Umgebungen nicht mehr stimmig anfühlen, auflösen und sich neue, stimmigere formen, ohne dass wir diese bereits greifbar hätten oder erkennen könnten.

Für mich war der Verlust meiner ersten Stelle ein solches Erlebnis. Nach meinem Studium durfte ich den Glückskurs, den ich in meiner Masterarbeit entwickelt hatte, in einem Start-up weiterentwickeln. Den Gründer hatte ich ein Jahr zuvor auf einer Party kennengelernt und uns trieb die gleiche Vision an: mehr Glück in diese Welt. Neun Monate später wurde ich mitsamt Kurs und Einzel-Mentoring entlassen. Der finanzielle Engpass, der als Grund dahinterstand, änderte nichts daran, dass mir der Boden unter den Füßen weggerissen wurde. Ich kann mich an einige sehr schwierige Zeiten erinnern, aber an keine Zeit, in der ich mich so haltlos und so orientierungslos gefühlt hatte. Genau in dieser Zeit erstellte mein Partner Carlos mir eine Website, um mir Mut zu machen. Wir nannten sie happyroots.de. Jetzt, drei Jahre, zwei Wandkalender und die erste Online-Akademie später, ist dieser Blog zu einer wichtigen Säule meiner freien beruflichen Entfaltung geworden – und hat zu diesem Buch geführt.

Wie wenig anderes im Leben hat mir dieses Erlebnis Vertrauen geschenkt, dass aus den haltlosesten Situationen etwas noch Schöneres erwachsen kann. Und ich bin mir sehr sicher, dass du genau solche Erfahrungen ebenfalls kennst. Denn diese Phasen sind nicht nur normal, sie sind notwendig für Neues. Und weil sie gleichzeitig so verunsichernd sein können, lade ich dich ein, dein Vertrauen und deine innere Kraft inmitten eines solchen Übergangs zu stärken.

Mache deine Glückserfahrung: Funken im Übergang

Mach es dir gemütlich und nimm eine bequeme Sitzhaltung ein, in der deine Füße den Boden berühren können. Wenn du möchtest, schließe deine Augen und komme auf deiner Sitzunterlage an.

Und dann nimm Kontakt auf zu der Phase des Übergangs, in der du dich befindest. Spüre hinein – wie fühlt sie sich gerade an? Taucht vielleicht ein Bild auf oder ein Wort, das diesen Übergang beschreibt?

Lass dich in dieses Bild oder in das Gefühl hineinsinken. Da stehst du jetzt. Spüre deine Füße auf dem Boden, deinen Atem. Nimm mit jedem Atemzug mehr von der Schwerkraft wahr, die dich im Boden hält. Lass dich mit dem Atem tiefer in die Erde sinken und erlaube deinen Füßen und deinem Atem, dass sie dich fester mit der Erde verbinden. Da ist fester Boden unter dir, der dich trägt.

Was passiert, wenn du »Ja« zu diesem Übergang sagst, so ungewiss, oder anstrengend oder schwer auszuhalten er jetzt gerade ist?
Was passiert, wenn du dich in diesen Übergang hineinsinken lässt?

Gibt es einen Ort in deinem Körper, wo ein kleiner Funken von Vertrauen sitzt, dass es gut werden wird? Gib diesem Funken Raum.
Du allein entscheidest, worauf du deine Aufmerksamkeit richtest.
Und das, auf was du deine Aufmerksamkeit richtest, kann wachsen.

Richte deinen Blick nach vorn. Gibt es einen Ort in deinem Körper, in dem du spürst: Da ist ein Hauch Vorfreude, vielleicht sogar ein Hauch Abenteuerlust? Lass auch ihn ein klein wenig wachsen.

Beende die Übung in deinem eigenen Tempo.

Eine Audioanleitung zu dieser Übung findest du auf meiner Website unter happyroots.de/buch/glueckserfahrung.

In einer Phase des Übergangs, des Engpasses, des Rückzugs, des Sturms oder der Verletzlichkeit kann es passieren, dass wir weniger mutig sind, als wir es von uns kennen und dass uns Dinge zu viel werden, die wir zuvor mit links gemeistert haben. Auch das ist normal. Der Kokon ist nicht das Blätterparadies. Und das langsame Entfalten deiner Flügel ist nicht der sichere Kokon.

Ich lade dich ein, den Ort anzunehmen, an dem du dich jetzt gerade befindest. Ich lade dich ein, gut für dich sorgen – und *von dort* aus jeden Tag etwas zu tun, wofür du *jetzt gerade* Mut brauchst.

Unsere Selbstliebe sowie unsere innere Kraft dürfen beide genährt werden. Sie sind kein Widerspruch. Egal, wie kraftlos du dich fühlst, du darfst so sein, wie du jetzt gerade bist. Du darfst dich lieben, wie du jetzt gerade bist. Und egal, wie kraftlos du dich fühlst, du darfst deine innere Kraft liebevoll stärken, so, wie es dir heute möglich ist. Denn das Potenzial zum Fliegen ist in dir.

Deine Win-Win-Win-Entscheidung: fest verankert blühen

Während du für dein Blühen deine eigenen Wurzeln vertiefst und dich zu Stärke, Abenteuerlust und Vertrauen inspirieren lässt, kannst du dies auch im Außen säen. Pflanze Bäume – ob eigenhändig oder durch Spenden an bestehende Projekte – und trage zu einer Welt bei, die Dürren, Stürme, Engpässe und Übergänge übersteht.

Ziemlich vernetzte Wesen

Das Heben und Senken deines Brustkorbs und der sanfte Lufthauch an deiner Nase lassen dir bewusst werden, dass du jetzt gerade atmest. Dein Atem strömt sacht in dich hinein und verlässt deinen Körper wieder, ohne dass du etwas dafür tun müsstest. Einfach so. Du stutzt, hältst inne und spürst genauer hin ... Und während du deinem Atem nachspürst und seine beruhigende Qualität wahrnimmst, macht sich ein klein wenig Wohlsein in dir breit und du atmest auf. Ein und aus, ein und aus ... und plötzlich erinnerst du dich an etwas, das du fast vergessen hast. Mit jedem Einatmen atmest du das ein, was Bäume ausgeatmet haben. Und ohne jede Mühe atmest du das aus, was Bäume wieder einatmen. Ein und aus, ein und aus. Gebannt und noch etwas verwundert hältst du diese wundersame Verbindung, diesen Austausch in dir wach. Das Bild eines Waldes taucht vor deinem inneren Auge auf – ja vielleicht schaust du gerade sogar auf und blickst auf Bäume in deiner Nähe. Und du spürst diese wechselseitige Vernetzung deine Lungen füllen und sie wieder verlassen.

Mit dem Bild des Waldes weitet sich mit einem Mal erneut deine Perspektive und die nächste Erinnerung kommt zu dir zurück. Deine Füße ruhen auf einem riesigen grün-blauen Planeten, der gemächlich seine großen, großen Bahnen um die Sonne zieht – und dich mit seiner Schwerkraft bei sich hält. Deine Aufmerksamkeit sinkt in deinen Körper, in dein Gewicht, in deine Füße hinein und du spürst, vielleicht zum ersten Mal ganz wirklich: Unter deinen Füßen ist die Erde. Die riesige Erde, in deren Inneren es glüht und brodelt und deren oberste Hautschicht all das bunte, unüberschaubare, facettenreiche Leben hervorbringt, wie du es kennst. In jedem Moment gehst, stehst, sitzt, liegst, rennst, weinst, lachst und lebst du auf der Erde. Jeder einzige Moment deines Lebens findet auf diesem Planeten statt. Dein Gewicht sinkt weiter nach unten und du bemerkst, dass du es bist, der sich tiefer sinken lässt. Als wären durch diese Erinnerung ein paar Anspannungen in deinem Körper überflüssig geworden. Ein tiefes Ein- und Ausatmen lässt dich noch etwas mehr entspannen, bis das lustige Gluckern in deinem Bauchraum deine

Aufmerksamkeit tiefer nach innen in deinen Körper lenkt. Dir fallen die leckeren Dinge ein, die du gegessen hast – und plötzlich kommt eine weitere Erinnerung zu dir zurück. All das, was du isst, wächst und blüht auf der Erde, wird dort gepflanzt, verarbeitet und zubereitet, wird in dir umgewandelt und … bildet deine Zellen. Aus allem, was du isst, formt dein Körper: dich.

Wie viele Bedingungen mussten zusammenkommen, damit du an genau dem Ort bist, an dem du dich jetzt gerade befindest?

Ein Teil aus Allem

Eine der tiefsten und verlässlichsten Quellen für unser Glück ist das Gefühl, verbunden zu sein. Sowohl biologisch und evolutionär, als auch psychologisch wurde Verbundenheit bereits mehrfach als Grundbedürfnis eingeordnet.[175] Doch es ist weit mehr als ein Bedürfnis. Es ist ein Fakt, der uns in jeder Sekunde unseres Lebens umgibt, durchzieht und erhält:

Es gibt uns nur als unglaublich vernetzte Wesen. Das ist eines der ganz wenigen Dinge, die wir mit unumstößlicher Gewissheit sagen können. Nicht einmal grundlegende Dinge wie Liebe oder Glück oder das Geheimnis hinter Omas Schoko-Kirsch-Kuchen können wir mit so viel Gewissheit festmachen, wie den Fakt unseres eigenen irrsinnig komplexen Eingebundenseins in – alles andere. Ob physikalisch, chemisch, biologisch, sozial, psychologisch und sogar wirtschaftlich kommen wir um den Fakt nicht herum, dass wir selbst aus einem riesengroßen Gefüge aus unzähligen Bedingungen bestehen. Und dass wir nur dadurch existieren. Es gibt uns nicht als kleine, getrennte Einheiten. Thich Nhat Hanh nennt dies »inter-being«, übersetzt im Deutschen mit »Inter-Sein«.[176]

Tief in uns drin wissen wir, wie vernetzt wir sind. Wir wissen, dass wir ein Teil des riesigen komplexen Netzwerks namens Leben sind. Wir wissen, welchen starken Einfluss andere Menschen auf uns haben. Erinnerst du dich an die Studien aus dem Kapitel »Du bist, wen du (am häufigsten) triffst« (S. 89), die sogar den Einfluss von Freundesfreunden auf dich sichtbar machten? Wir wissen, wie anders unser Leben wäre, wenn es kein Verkehrsnetz, kein Bildungssystem, kein Gesundheitssystem und keines seiner zahlreichen Einrichtungen gäbe. Wir wissen, dass wir auf diesem wunderschönen Planeten geboren sind und ohne ihn nicht existieren würden. Wir Menschen haben lediglich die Gabe bekommen, dies zu vergessen – abgelenkt durch unseren alten Bekannten, das Gedankenhamsterrad, das uns so in Pläne, Ziele und Stress verstrickt, bis wir uns abgetrennt von unserer Mitwelt fühlen.

Wie würde es sich anfühlen, in jedem Moment deines Lebens zu wissen, zu erfahren, dass du zutiefst verbunden bist? Wie würdest du durchs Leben gehen? Wie würdest du auf Herausforderungen blicken, auf Konflikte, auf Dinge, die anders laufen als geplant?

Ich lade dich ein, hier und jetzt diese Glücksquelle anzuzapfen – und vielleicht sogar den Schritt zu wagen zu bemerken, dass sie dir tatsächlich in jedem Moment zur Verfügung steht.

Mache deine Glückserfahrung: Vernetzungserinnerung

Setze deine Vernetzungsbrille auf – und schau dich genau dort um, wo du dich gerade befindest. Erlaube Erinnerungen, wiederzukommen.

Welche drei Bedingungen (z. B. Gegebenheiten, Erfahrungen oder Begegnungen) fallen dir als Erstes ein, ohne die du diesen Moment gar nicht oder ganz anders erleben würdest? Gib dir Zeit.

Wenn du magst, öffne dich für mehr und mehr Bedingungen, die jetzt in diesem Moment zusammenfinden. Dafür brauchst du weniger etwas aktiv »tun«, sondern viel eher erlauben, dass die Erinnerungen auftauchen dürfen.

Verankere dich dann in deinem Körper und lasse genaues Zurückverfolgen los. Erlaube den Erinnerungen, von deinem Kopf tiefer zu sinken und Teil deiner lebendigen Erfahrung zu werden. Wie fühlt es sich in deinem Körper an, zu wissen, wie vernetzt du bist? Schau, was passiert, wenn du dich selbst in dein Vernetztsein hineinsinken lässt. Es erhält dich bereits dein Leben lang.

Wenn du möchtest und eine Verbildlichung deine Erfahrung vertieft oder länger für dich wachhält, halte die eindrücklichsten und bewegendsten Erinnerungen fest.

Eine Audioanleitung zu dieser Übung findest du auf meiner Website unter happyroots.de/buch/glueckserfahrung.

Da bist du also. Vernetzt und mit einem Gespür für dein Vernetztsein. Und im Kern ist dieses Vernetztsein nichts Geringeres als ein Wunder. Vielleicht ist es das, auf das Albert Einstein in seinem Zitat hinweist: »Es gibt zwei Wege, dieses Leben zu leben. So, als gäbe es keine Wunder oder so, als wäre alles ein Wunder.«

Hier knüpfen wir an das Kapitel »Rein in die Fülle« (S. 27) an und begeben uns zugleich, wie schon bei der Mut-Magie, auf ein Terrain, das die Wissenschaft gerade erst zu erschließen beginnt – unter anderem, weil es so ungeheuer komplex ist. Es ist das Terrain der glücklichen Fügungen oder Zufälle. Eine Betrachtung der Wissenschaftsgeschichte und der vielen bahnbrechenden Entdeckungen, die durch Zufall entstanden sind, veröffentlichte beispielsweise der Verlag der Princeton University[177] sowie der Chemiker Royston Roberts.[178]

Zugleich liegen sie in der Erfahrung eines jeden von uns. Bei der Mut-Magie haben wir bereits erfahren, welche Möglichkeiten, Türen und Begegnung sich ereignen und auftun, wenn wir unserem Herzen folgen. Auch all diese »magischen« Momente geschehen inmitten und ausschließlich auf der Grundlage unseres Eingebundenseins.

Doch auch ohne Mut und dem Folgen unseres Herzens, auch ohne irgendein besonderes Zutun von uns, kennen wir alle jene Momente, die der grandiose Psychotherapeut M. Scott Peck »serendipity«, auf Deutsch: »glückliche Fügungen« nennt.[179] Momente, die so unwahrscheinlich sind, dennoch geschehen und unser Leben zum Teil dramatisch verändern – oder erhalten.

Mache deine Glückserfahrung: Wunder-Sammlung Teil 2

Zücke erneut dein Notizbuch und lege eine zweite Wunder-Sammlung an, so farbig wie du möchtest. Nun geht es um die magischen Momente glücklicher Fügungen.

Welche kleinen und großen glücklichen Fügungen im riesigen Vernetzungsgefüge hast du bereits erlebt, ohne die dein Leben anders – und wahrscheinlich weniger glücklich – verlaufen wäre?

Sammle zwei bis fünf solcher Momente. Die folgenden Fragen unterstützen dich dabei:

- Wann bist du über eine wichtige Information oder Möglichkeit gestolpert?
- Wann hast du unerwartet wertvolle Hilfe erhalten?
- Wann bist du zufällig einem lieben Menschen wiederbegegnet?
- Wann ist etwas ziemlich Unwahrscheinliches geschehen, für das du sehr dankbar bist?
- In welchen Momenten ist ein Desaster haarscharf an dir vorbeigegangen?

Picke dir ein bis zwei dieser Begebenheiten heraus und halte fest, welche Bedingungen zusammenkommen mussten, dass sie genau so geschehen sind.

Zum Schluss halte kurz inne. Schaue dir deine Wunder-Sammlung an und lass sie auf dich wirken.

Einige Momente, die in meiner Wunder-Sammlung auftauchen, kennst du bereits. Beispielsweise der Moment, in dem ich in einem Engpass feststeckte und mir ein Buch in die Hände fiel, das mich genau dort hinausbeförderte. Oder das Entstehen von happyroots inmitten eines Übergangs. Ein ganz anderer Moment ereignete sich auf der Hochsauerland-Autobahn in meinem ersten Führerscheinjahr. Die Fahrbahn glitzerte, im Radio erklang »Viva la Vida« von Coldplay und plötzlich wurde ich im Zeitlupentempo Zeugin, wie sich das Auto meiner Kontrolle entzog und in voller Fahrt begann, sich zu drehen. Irgendwoher wusste ich, dass ich die Bremse auf keinen Fall betätigen durfte, während ich geradewegs in die Gesichter der Autofahrer blickte, deren Autos (eigentlich) hinter mir fuhren. Einen Atemzug später fand ich mich – wieder in Fahrtrichtung – auf dem Standstreifen wieder. Weder mir noch dem Auto, noch irgendjemand anderem war etwas passiert. Viva la Vida.

Auch in sehr rauen Zeiten unseres Blühens können wir diese Quelle anzapfen. Selbst im Dunkel des Übergangs oder in der erdrückenden Enge des Engpasses, sogar mitten im Sandsturm, in dem wir uns vielleicht verloren und abgeschnitten fühlen, sind und bleiben wir zutiefst vernetzt. Selbst in den Momenten, die an unsere Wurzeln gehen, uns vollkommen überwältigen und uns in tiefe Trauer, in tiefe Angst, in tiefe Verzweiflung stürzen, sind und bleiben wir eingebunden in ein riesiges Gefüge. Und vielleicht entdecken wir sogar in solchen Momenten auch Bedingungen, die uns unterstützen, als lediglich Bedingungen, die uns fordern.

Steckst du inmitten einer schwierigen Situation, dann schau noch einmal auf deine Wunder-Sammlung. Blicke zurück auf all die Herausforderungen, die du schon gemeistert hast. Betrachte die hilfreichen Bedingungen, die jetzt gerade in deinem Leben sind. Was wäre, wenn du dich für Vertrauen entscheidest? Wie würdest du dann den nächsten Moment angehen?

Vernetzte Einzigartigkeit

Je tiefer wir uns in unser Vernetztsein hineinsinken lassen, desto tiefer werden unsere Wurzeln. Das liegt daran, dass das Vernetztsein das ist, woher wir kommen. Zugleich – was auf den ersten Blick etwas paradox erscheint – werden wir auch standhafter und kraftvoller in unserer Authentizität. Wir werden mehr und mehr wir selbst. Wie kann das sein?

Nehmen wir uns als kleine isolierte Einheiten wahr, dann neigen wir dazu, aktiv oder passiv in Widerstand gegen Bedingungen zu gehen, die wir als bedrohlich wahrnehmen, und uns an Bedingungen zu klammern, die wir schätzen. Aus dieser isolierten Sicht heraus haben wir eigentlich gar keine andere Wahl. Und dennoch ist es in etwa so wie ein Lotussamen, der sich inmitten von ekligem, stinkendem Schlamm wiederfindet (was ich mir nicht erbaulich vorstelle) und nun entweder beschließt, alles zu geben, was er kann, um diesem Schlamm den Garaus zu machen – oder sich frustriert und eingeschüchtert in sich selbst zurückzieht. In beiden Fällen wird er nicht erblühen. In beiden Fällen verpasst er die Chance, sein einzigartiges Potenzial zu entfalten. Und in beiden Fällen widerspricht sein Verhalten seiner zutiefst vernetzten Natur.

Es gibt uns nur als unglaublich vernetzte Wesen.

Manchmal entdecken wir jedoch auch die Tendenz in uns, uns von Bedingungen und Gegebenheiten mitreißen und überwältigen zu lassen. Dabei nehmen wir vielleicht die Meinung, das Hobby oder gar den Beruf oder den Lebensstil von anderen an, ohne es wirklich mit uns selbst abgestimmt zu haben, ohne mit uns selbst in Kontakt zu sein. Auch das ist nicht, was unser Vernetztsein bedeutet. Es bedeutet nicht, sich aufzulösen. So wie ein Lotussamen nicht dafür bestimmt ist, vor seinem Blühen zu Schlamm zu werden, so würden auch wir in diesem Überwältigtsein die zweite Ebene unserer Realität vergessen: unsere Einzigartigkeit.

Beide Modi, der Widerstands- und der Überwältigungsmodus entsprechen nicht der Realität unseres Vernetztseins. Wir sind weder kleine isolierte Einheiten noch sind wir machtlose Spielbälle anderer Menschen, Systeme, Umstände oder innerer Stürme.

Wir sind aus einem riesigen Netz aus Bedingungen gefügte Individuen – mit einem individuellen Set an inneren Schätzen, Wofürs und Glück. Und wenn wir Teil des Gefüges sind, das auf uns einwirkt, dann wirken auch wir auf das Gefüge ein.

Ein Lotussamen findet sich im ekligen, stinkenden Schlamm wieder – und ist zugleich auf wundersame Weise damit in Kontakt, was er wirklich ist. Er braucht beides, um ganz zu erblühen. Er muss eingebunden sein in ein Netz aus ekligem, stinkendem Schlamm, aus trübem Wasser, der richtigen Temperatur und Sonnenlicht, das ihn zu Beginn noch kaum erreicht. Und er muss gleichzeitig seinem einzigartigen Inneren erlauben, sich inmitten dieser Bedingungen zu entfalten. Er braucht beides, um ganz er selbst zu werden.

In dieser Weise können auch wir mit beiden Facetten unseres Seins in Kontakt sein. Wir können Bedingungen annehmen, die wir vorfinden, und sie zugleich zu »unseren« machen. Wir entscheiden, wie wir auf sie reagieren. Wir entscheiden uns, sie zum Wachsen zu nutzen und aus ihnen heraus sowie inmitten von ihnen zu blühen. So wie der Lotus werden auch wir erst dann ganz wir selbst, wenn wir auf diese Weise mit dem Leben tanzen, in unserer vernetzten Einzigartigkeit.

Diese zwei Ebenen unserer Realität, unser Vernetztsein und unsere Einzigartigkeit, die aus dem Vernetztsein entsteht, sind vielleicht der Ursprung unseres zutiefst menschlichen Wunsches, etwas Gutes, Schönes und Hilfreiches zu diesem riesigen Etwas beizutragen. Es ist der Grund, warum es uns glücklich macht, andere glücklich zu machen; warum es uns glücklich macht, zu blühen. Denn hier erinnern wir uns an unser Vernetztsein – und wir handeln danach.

Wir wissen: Jede Begegnung mit einem anderen Menschen hinterlässt eine Prägung in uns. Unser Glück existiert, weil unzählige Bedingungen zusammenkamen. Und in gleicher Weise können wir Glück in der

Welt schaffen. Denn das Annehmen von aktuellen Bedingungen, von Missständen und Stürmen heißt nicht, dass wir sie unverändert lassen.

So, wie du zutiefst eingebunden bist (und dich Missstände und Stürme prägen), so hast auch du einen viel größeren Einfluss auf deine Mitwelt, als dir im Alltagstrubel vielleicht bewusst ist. Dieser Einfluss beginnt nicht erst bei deinem aktiven Tun, dessen erstaunliche Wirkung wir bereits betrachtet haben. Er beginnt weitaus früher, wie wir im Folgenden sehen werden –, und hat da vielleicht sogar die größte Wirkung.

Du bist ein Teil dieser Erde – ein wunderschöner, blühender Teil. Und du bringst das in die Welt, was in dir ist. Die Welt braucht dich: So wie du bist und in deinem immer volleren Blühen.

Deine Win-Win-Win-Entscheidung: vernetzte Genuss-Qualität

Nähre das Wunderwerk deines Körpers und feiere deine Vernetzung. Ein wunderbarer Weg dazu ist der Genuss von biologisch angebautem Essen. Dabei entdeckst du neue Geschmacksdimensionen der vernetzten Fülle um dich herum und erschaffst Glück, in dir und deiner Mitwelt.

Was die Welt wirklich braucht

Frage dich nicht, was die Welt braucht. Frage dich, was dich lebendig werden lässt und dann geh los und tu es! Was die Welt nämlich braucht, sind Menschen, die lebendig geworden sind.

Harold Whitman

Vielleicht lässt sich der Kern von unserer Reise und deinem Weg in eine einzige Frage gießen, die mir zum ersten Mal bei Joanna Macy, Begründerin der »Arbeit die wiederverbindet« und Autorin des Buches: »Die Reise ins lebendige Leben«, begegnet ist:[180] *Wann und wobei bist du wirklich lebendig?*

Manche Erfahrungen und Erlebnisse, viel freie Zeit an wunderschönen Orten, geben uns einen Geschmack davon was es heißt, lebendig zu sein. Doch deine Lebendigkeit soll nicht eingeschränkt auf ein paar Wochen im Jahr sein. Sie darf deinen Alltag, dein Leben füllen.

Tiefgreifend lebendig zu werden, inmitten aller Turbulenzen und Wunder bedeutet, zu erblühen. Tiefgreifend lebendig zu werden – in mehr und mehr Augenblicken deines Lebens – bedeutet, den vier Fäden zu folgen, die in deinem Herzen zusammenfinden. Und das ist es, was diese Welt am meisten braucht.

Du, wie du bist

Du bist lebendig, wenn du bist wie du bist. Und genau du, mit deinen Wofürs, die dich wirklich bewegen, deinem Reichtum an Stärken, Interessen und Fähigkeiten, deiner Freude an Wachstum, deinen individuellen Kontexten, in die dich dein Glück, deine Begeisterung, deine

Leidenschaft ziehen, fehlst der Welt. Und du kannst erst dann weiter erblühen, wenn du dich ganz so annimmst und umarmst wie du bist. Und dabei immer wieder und immer mehr deiner Lebendigkeit folgst.

Es gibt zwei Kräfte, die uns unsere Lebendigkeit rauben können. Die eine kommt von innen und ist uns auf der zurückliegenden Reise immer mal wieder begegnet. Es ist all das in uns, was uns klein hält: Angst, Unsicherheit, Zweifel und Selbstzweifel, die uns daran hindern, zu erblühen.

Die andere Kraft sind Kontexte oder Umstände, manchmal auch Beziehungen, in denen wir uns befinden – und in die wir uns oftmals selbst hineinmanövriert haben – die uns die Luft zum Atmen rauben. Die unsere eigene, individuelle Lebendigkeit, unsere Freude klein halten und uns viel Kraft entziehen.

Bedenke: es gibt Pinguine und Giraffen, Adler und Eichhörnchen (und unzähliges mehr). Wenn du ein Pinguin unter Eichhörnchen bist, lebst du nicht deine Lebendigkeit. Nur weil andere Menschen ehrlich glücklich sind in einer Umgebung, heißt das weder, dass diese Umgebung *deine* Lebendigkeit unterstützen muss – noch, dass etwas mit dir nicht stimmt, wenn sie es eben nicht tut. Sowohl Pinguine als auch Eichhörnchen sind supersüße Wesen und führen mit Sicherheit ein sehr aufregendes Leben – sobald sie in ihrem Element sind.

Lebendigkeitsdeckel heben. Also: Was hält deine Lebendigkeit gerade am meisten klein? Und was ist der nächste Schritt, diesen Einfluss – ob von innen oder von außen – auf dich zu verringern?

Ganz wichtig: Es ist niemandes »Schuld«. Wir alle haben Selbstzweifel, Ängste und Unsicherheiten, die uns für eine ganze Weile ernsthaft in Schach halten können. Und die Eichhörnchen geben dir Ratschläge aus der Perspektive, aus der für sie die Welt funktioniert. Sie erzählen dir, wie wichtig es ist, fleißig Nüsse zu sammeln und zu verbuddeln, die du nicht einmal runterkriegst. Sie möchten dich vor den Tücken des Winters bewahren, während du dich zu keiner Zeit im Wald so wohl fühlst wie dann, wenn der Tümpel endlich halb zugefroren ist.

Ja, sie machen sich mitunter ernsthafte Sorgen, dass du keinen so tollen buschigen Schwanz hast.

Du bist hier, um echt zu sein, nicht perfekt.

Dich trifft auch keine Schuld. Es ist lediglich so, dass allein du der Mensch bist, der in jedem Augenblick entscheiden kann, einen noch so kleinen Schritt in Richtung Freiheit zu wagen. Diese Entscheidungskraft ist keine Last (also kein Grund, dich abzuwerten, wenn du dich erneut »falsch« entschieden hast) – sie ist eine Freiheit. Deine Freiheit zu jedem noch so kleinen Schritt.

Lebendig zu sein bedeutet auch, die Herausforderungen des Lebens anzunehmen. Es bedeutet, durch Schmerz hindurchzugehen – und immer schneller zu bemerken, wenn er dich in Sackgassen oder auf weite Umwege und Abwege drängt. Es bedeutet, auch inmitten von Stürmen, Dürren, Engpässen und Übergängen an sein eigenes Blühen, an sein eigenes Potenzial zum Fliegen zu glauben und es nicht aus den Augen zu verlieren.

Genau diese Entschlossenheit ist es, die deine Mitwelt ebenfalls braucht. Und all die Herausforderungen sind Teil von dem Menschen, der du bist und werden wirst. Teil des ekligen, stinkenden Schlamms, Teil des trüben Wassers und Teil des Winters, aus dem heraus du erblühen wirst. Kein Schlamm – kein Lotus; kein Kokon – kein Schmetterling. Jede Phase darf da sein. Jede Phase ist wertvoll. Jede Phase ist die Stufe zur nächsten.

Lebendigkeits-Probe. Also: Macht dich das, was du tust, lebendig? – Bei allen Herausforderungen, die da sein mögen?

Wir sind nicht perfekt. Und die Welt braucht dich nicht perfekt. Die Welt braucht dich lebendig und echt. Die Welt braucht dein Herz, das du in das legst, was du tust.

Dein ganzes Herz

Was in dir ist, gibst du nach Außen. Wie im letzten Kapitel bereits angedeutet, endet dein Vernetztsein nicht damit, dich selbst als vollkommen vernetztes und eingebundenes Wesen zu erkennen. Denn auch du selbst beeinflusst das Gefüge, deine Mitwelt, auf deine ganz einzigartige Weise.

Dein Blühen zählt. Jede deiner Handlungen zählt. Und vielleicht noch viel mehr zählt deine innere Haltung.

Wie entscheidend unser Wohlbefinden für unser Handeln ist, beschreibt der deutsche Professor Marcel Hunecke. Nach ihm sind sechs positiv-psychologische Ressourcen ausschlaggebend für bewusstes hilfreiches Handeln. Diese Ressourcen haben wir im Verlauf unserer gemeinsamen Reise gestärkt. Es sind: Genussfähigkeit, Selbstwirksamkeit, Selbstakzeptanz, Achtsamkeit, soziale Verbundenheit und das Sinnerleben.[181]

Vielleicht erinnerst du dich daran, dass du sogar einen Effekt auf die Beobachter hast, wenn du eine gute Tat tust.[182] Vielleicht erinnerst du dich auch an die spannende Tatsache, dass unser Gegenüber es bemerkt, ob unsere Unterstützung *von Herzen* kam oder nicht.[183]

Du wirst auch damit, deinem Herzen zu folgen, andere bereichern, inspirieren und erfreuen. Selbstverständlich nicht alle. Und keinen zweiten auf die gleiche Weise. Aber die, die dafür bereit sind, ihren Schritt zu tun, wird dein Beispiel ermutigen.

All dies gilt in einem noch viel umfassenderen Maßstab. Viele faszinierende Forschungsbefunde deuten darauf hin, dass deine innere Einstellung und deine inneren Gefühle stets einen Einfluss auf deine Mitwelt haben. Versuchen wir beispielsweise, Gefühle von Trauer, Angst oder Ärger zu unterdrücken und nicht zu zeigen, hat das nicht nur Einfluss auf uns (und verstärkt sowohl die Gefühle in uns als auch unsere Stressreaktion).[184] Tatsächlich hat es auch einen Einfluss auf unser Gegenüber. Vielleicht kann dieser Mensch nicht einmal sagen, dass etwas nicht stimmt – aber sein Blutdruck steigt ebenfalls an.[185]

Selbstverständlich ist auch ungefilterte Aggression etwas, mit dem man weniger schöne Wellen im Außen produziert.

In einer anderen Studie sollten Menschen an Tüchern schnuppern, die zuvor in den Achselhöhlen von anderen Menschen deren Pheromone eingesammelt hatten, Botenstoffe, die uns über den Geruchssinn erreichen. Waren die Träger gestresst, so hatte dieses angstvolle Gefühl allein über den Geruch, die Pheromone, Auswirkung auf den Riechenden.[186]

Unser physisches Herz ist der Mittelpunkt einer der erstaunlichsten neueren Erkenntnisse über unsere unbewusste Vernetzung mit der Mitwelt. Elektrische und magnetische Wellen, die von den Nervenzellen in unseren Organen ausgehen, sind mit Elektroden messbar, die die elektrische Aktivität empfangen können. Der erste spannende Befund ist: Das elektromagnetische Feld unseres Herzens ist weitaus größer und stärker, als das unseres Gehirns. Nur das magnetische Feld des Herzens ist noch mehrere Zentimeter um unseren Körper herum klar messbar.[187]

Zugleich scheinen die elektromagnetischen Wellen unseres Herzens Informationsträger zu sein. Sind wir glücklich und wohlwollend eingestellt, gehen kohärente, das heißt harmonische, gleichmäßige Wellen von unserem Herzen aus. Je gestresster oder negativer unser Innenleben ist, desto chaotischer und unrhythmischer werden sie.[188] Und unsere Mitwelt scheint dies unbewusst wahrzunehmen. Darauf deuten jedenfalls erste Untersuchungen hin, die Dr. Rollin McCraty durchführt und zusammenträgt.[189] Herzströme zwischen Hund und Herrchen oder Pferd und Reiterin synchronisieren sich und das Tier reagiert auch auf einen bewussten Wechsel in kohärente Wellen mit entsprechend kohärenteren Herzströmen. Weitere Befunde deuten darauf hin, dass auch wir durch die Wellen unseres Umfeldes beeinflusst werden. Sind unsere eigenen Herzströme dabei jedoch ausgeglichen und kohärent, sind wir also glücklich und wohlwollend, dann sind wir weniger beeinflussbar durch chaotische Ströme im Außen. Der ruhende Pol im Chaos.

Wenn unser Herz – wie die Forscher vermuten – ein weiterer Wahrnehmungskanal ist, dann macht es sehr viel Sinn, dass wir Stress und Angst von Außen »übernehmen«, da es unser Überleben sichert. Aber es erklärt auch, dass wir uns in der Nähe liebevoller, ausgeglichener Menschen, die uns von Herzen zuhören, so viel frischer, ermutigter und freier fühlen. Denn wenn wir es zulassen, hat unser Herz die Chance, sich auf ihre Frequenz einzuschwingen.

Zu genau so einem Menschen werden wir auf unserem Weg zum Blühen. Mit jeder ausgeglichenen, freundlichen, inneren *Haltung* bringst du bereits das in die Welt was sie braucht. Und diese Haltung ist auch ausschlaggebend dafür, wie hilfreich deine *Handlung* ist.

Mit deinem Herzen veränderst du deine Mitwelt, noch viel realer, als es lediglich konzeptionell die Fäden des Buches zusammenführt oder metaphorisch nett klingt. Und diese Kapazität darfst du als einzigartig vernetzter und dennoch in dir selbst ganzer Teil fördern und erblühen lassen. Denn wie du sicher bereits ahnst, fühlen sich koheränte Herzströme nicht nur besser an und haben nicht nur einen schöneren Effekt auf deine Mitwelt. Kohärente Herzströme sind der Ausdruck von erfülltem Blühen, von tiefem Wohlbefinden, von tiefer Authentizität, die deine Mitwelt auf natürliche Weise bereichert.

Der Planet braucht keine weiteren erfolgreichen Leute. Der Planet braucht Friedensstifter, Heiler, Erneuerer, Wiederaufbauer, Geschichtenerzähler und Liebende aller Art.

David Orr

Deshalb lade ich dich nun dazu ein, deine ureigene Kraft zu stärken, Schönheit, Liebe und Glück in die Welt zu bringen.

Mache deine Glückserfahrung: Change-Maker Herz

Komm in deiner Sitzhaltung an. Wie stets darfst du auch jetzt die Anspannung, die du gerade nicht brauchst, weicher werden lassen.

Tauche in deine Vernetzung ein. Da ist die Erde unter dir, die dich trägt, die dich mit ihrer Schwerkraft sanft am Boden hält. Da ist der Atem, der dich am Leben erhält, und über den du aufs Engste mit der Pflanzenwelt verwoben bist. Und da sind viele weitere Menschen, die auf ihre ganz eigene Weise Gutes in die Welt bringen möchten.

Komme dann in deinem Brustkorb an. Spüre dem Heben und Senken deines Brustkorbes nach und lass dich ganz nieder, hier, in deiner Herzregion. Und dann, von deinem Herzen als Basis, nimm Kontakt auf zu deinem Herzensanliegen, zu dem Bereich, in den dich dein Blühen jetzt gerade am meisten zieht. Komm in Kontakt damit, was du Positives, Schönes, Liebevolles in deine Mitwelt bringen möchtest.

Mit dem Ausatmen darfst du nun Druck abfließen lassen, der mit deinem Herzensanliegen verbunden sein mag. Lass die Verantwortung von deinen Schultern hinuntergleiten, das alles allein schaffen zu müssen. Erlaube Anstrengungen und Bemühungen, die dich eher eng machen oder erschöpfen, etwas weicher zu werden.

Und dann verbinde dich mit der Qualität, die du in diesen Bereich deines Lebens und in deine Mitwelt fließen lassen möchtest. Was möchtest du in dieser Welt erschaffen? Vielleicht ist da ein Bild oder ein Wort. Gib dir Zeit.

Verankere die Qualität in deinem Herzen und erlaube deinem Herzen, es zu verstärken. Erlaube der Qualität, sich in deinem Körper auszubreiten. Erlaube ihr, etwas klarer oder stärker zu werden. Und dann lass sie von deinem Herzen aus über die elektromagnetischen Ströme, in deine Mitwelt fließen – das tut sie sowieso und ganz natürlich, wenn diese Qualität in dir wach ist.

Auch wenn du die Augen gleich wieder öffnest, bleibe weiterhin zentriert und in Kontakt mit dieser Qualität.

Erlaube der Qualität auch in deine nächsten Momente einzufließen. Lass sie dich während der nächsten Tage begleiten und nimm dafür immer wieder bewusst Kontakt zu ihr auf.

Eine Audioanleitung zu dieser Übung findest du auf meiner Website unter happyroots.de/buch/glueckserfahrung.

Dies ist einer meiner liebsten Wege, ganz bei mir, ganz in meiner größten Kraft und zugleich ganz verbunden mit der Mitwelt zu sein. Das ist das Schönste, was du geben kannst. Dein liebendes, kraftvolles, mitfühlendes, friedliches, starkes, sprudelndes, verlässliches, begeistertes, weises, mutiges, entschlossenes Herz.

Hokusai sagt

Hokusai sagt, schau sorgsam hin.
Er sagt, sei aufmerksam, bemerke.
Er sagt, schau weiter hin, bleib neugierig.
Er sagt, sehen hört niemals auf.

Er sagt, freue dich darauf, alt zu werden.
Er sagt, verändere dich,
du wirst einfach mehr zu dem, der du wirklich bist.
Er sagt, bleib stecken, nimm es an.
Wiederhole dich, solange es interessant ist.

Er sagt, tue weiter, was du liebst.
Er sagt, bete weiter.
Er sagt, jeder von uns ist ein Kind,
jeder von uns ist uralt,
jeder von uns hat einen Körper.
Er sagt, jeder Einzelne von uns hat Angst.
Er sagt, jeder Einzelne von uns muss einen Weg
finden, mit Angst zu leben.

Er sagt, alles ist lebendig –
Muscheln, Gebäude, Menschen, Fische, Berge, Bäume.
Holz ist lebendig.
Wasser ist lebendig.
Alles hat sein eigenes Leben.
Alles lebt in uns.
Er sagt, lebe mit der Welt in dir.

Er sagt, es ist nicht wichtig,
ob du malst oder Bücher schreibst.
Es ist nicht wichtig,
*ob du Boote baust oder das Feld bestellst.**
Es ist nicht wichtig, ob du zu Hause sitzt
und auf die Ameisen auf deiner Terrasse starrst
oder auf die Schatten der Bäume und
des Grases in deinem Garten.

Es ist wichtig, dass du es von Herzen tust
(that you care).
Es ist wichtig, dass du fühlst.
Es ist wichtig, dass du wahrnimmst.
Es ist wichtig, dass das Leben durch dich lebt.

Zufriedenheit ist Leben, das durch dich lebt.
Freude ist Leben, das durch dich lebt.
Erfüllung und Stärke
sind Leben, das durch dich lebt.
Frieden ist Leben, das durch dich lebt.

Er sagt, hab keine Angst.
Hab keine Angst.
Schau, fühle,
lass das Leben dich an die Hand nehmen.
Lass das Leben durch dich leben.[190]

Roger Keyes

** Zeile leicht verändert, Bedeutung bleibt erhalten.*

Hokusai sagt, was dein Glück wirklich braucht, ist deine Aufmerksamkeit. Deine offene, neugierige, freundliche, von Herzen kommende Aufmerksamkeit.

Was dein Glück wirklich braucht, ist deine Freude am Wachsen, deine Freude an deiner Entwicklung, deine Leidenschaft für deinen Weg.

Er sagt, was dein Glück wirklich braucht, ist dein Mut.

Was dein Glück wirklich braucht, ist dein Herz, in dem was du tust.

Was dein Glück wirklich braucht, ist die Erlaubnis, durch dich gelebt zu werden, durch dich zum Ausdruck zu kommen, durch dich zu blühen. Und damit ein klein wenig mehr Gutes in die Welt zu bringen.

Aufmerksam wird bewusst

Und da sind wir. Am Anfang, an dem deine Aufmerksamkeit war. Deine Aufmerksamkeit, die du auf all die vielen Facetten richten kannst, die zu deinem erfüllten Leben dazugehören.

Über unsere gemeinsame Reise hinweg hast du mit großer Wahrscheinlichkeit bemerken können: Je mehr du dich auf das Glück ausrichtest, desto mehr lernst du deinen Weg kennen, desto klarer wird dein Weg. Desto mehr lernst du auch dich selbst kennen und desto natürlicher wächst deine Liebe zu dir selbst.

Je mehr wir hinschauen, was wir wirklich brauchen und was uns wie guttut, desto leichter (und bewusster) werden wir Entscheidungen für unser Glück treffen können.

Je bewusster wir wissen: »Ah, das ist gerade Angst«, oder »Ah, das ist eine Herausforderung«, desto öfter können wir ganz bewusst mutig sein, desto stärker wird unser Mut-Muskel. Und je klarer wir unsere Vernetzung mit allem anderen sehen, erkennen und fühlen, desto bewusster wird uns:

Unser Blühen braucht das Blühen dieser Erde.

Dieses Buch ist eine Einladung an dein volles Entfalten, dein erfülltes Leben. Und es ist zugleich eine Einladung, das Leben als Ganzes zu erfüllen.

> *Du darfst am Guten in der Welt mitwirken.*
>
> *Albert Schweizer*

Jeder Schritt auf unserem Weg, jeder Atemzug, jeder glückliche Moment und jede liebevolle Begegnung mit einem anderen Menschen geschehen auf der Erde und sind nur durch die Erde möglich.

Du bist Teil dieser Welt, Bewohner dieses wunderschönen Planeten. Mit acht Milliarden weiteren Menschen und unzähligen Lebewesen zusammen. Wir alle wollen glücklich sein. Und uns alle unterstützt du dabei mit jeder Win-Win-Win-Entscheidung – die damit zugleich die Kraft hat, dein inneres Glück zu vervielfachen. Zu diesem inneren Glück tragen noch zwei weitere Glücksfaktoren bei:

Mit diesen Entscheidungen verfeinern und festigen wir unsere Integrität und Authentizität. Wir weiten den Radius unserer Werte, unserer Wofürs aus, lassen sie mehr und mehr Bereiche unseres Lebens berühren. Das vertieft und erweitert auch unser Wurzelwerk, lässt uns gestärkter und sicherer stehen.

Vor allem aber leben wir immer mehr im Einklang mit der Realität. Mit der Realität, dass es uns nicht als isolierte kleine Einheiten gibt, sondern dass wir zutiefst vernetzt sind. Und dass wir Macht haben. Dass wir mit jeder inneren Haltung und jeder äußeren Entscheidung einen Einfluss auf das Gesamte haben.

Jede Win-Win-Win-Entscheidung ist eine Entscheidung für das Leben. Sie ist eine Entscheidung für das sprudelnde, blühende, einzigartige Leben in dir, in anderen und auf dieser Erde. Und nicht umsonst ist das erste Win das Win für dich.

Deine Aufmerksamkeit für dich, für deine Wurzeln, für deine Verbindung zum Glück und dem was dich unterstützt, bringt Bewusstsein für dich selbst. Das ist deine *innere* Basis, deine innere Voraussetzung für alles andere. In allem was du tust und tun möchtest: Nimm dich ganz mit.

Sowohl die Positive Psychologie, als auch meine langjährige Meditationspraxis und das immer bewusstere Hinsehen im Alltag haben mir (manchmal mit viel Kopfschmerz vom »Gegen-die-Felswand-Laufen«) deutlich gemacht: Ich kann nur das geben, was in mir ist. Das heißt, das zu geben, was ich kann, umfasst gleichermaßen wirklich gut und liebevoll, für mich selbst zu sorgen. Mir selbst Heilungsräume zu schenken, Zeit, Muße, Freude, Wertschätzung. Dieses Mitnehmen, Pflegen, Nähren, Lieben von sich selbst ist so, so wichtig. Und es umfasst nicht nur unsere Selbstfürsorge, sondern auch unser Wie und Was für die Mitwelt.

In allem was du tust und tun möchtest:
Nimm dich ganz mit.

Wir dürfen tun, was wir lieben. Weil wir am stärksten sind mit dem, was wir lieben.

Das Beste für das Gute

Es ist Zeit, deinen nächsten Schritt zu gehen. Es ist Zeit, dein Bestes ganz konkret in deine Mitwelt fließen zu lassen. Was ist dein nächster Schritt ins Glück?

Diesen nächsten Schritt könnte man deinen persönlichen »Glückserschaffer« nennen. Glückserschaffer sind genauso wie du bist. Sie sind der Ausdruck, der sich aus all deinen wunderbaren Qualitäten ergibt und in die Richtung zielt, die dir wirklich wichtig ist. Sie sind dein ganz konkretes Blühen (und du bist ihnen bereits auf die Spur gekommen). Diese Glückserschaffer sind unabhängig davon, wo du gerade in deinem Wachstumsprozess stehst.

Noch viel weniger sind sie abhängig von einem konkreten Lebensbereich. Ob dein Glückserschaffer für dich bedeutet, ein neues liebevolles Ritual in deiner Familie einzuführen, lustige, weise oder liebevolle Botschaften in deiner Stadt zu verteilen, eine Weiterbildung zu beginnen, dich in einem Projekt zu engagieren, auf einmalige Art für deine Freunde da zu sein, deine Arbeitszeit zu reduzieren, den Balkon zu bepflanzen, ein künstlerisches Werk zu erschaffen oder etwas völlig anderes zu tun, spielt keine Rolle.

Das Beste in dir ist vor allem dadurch bestimmt, ob *du* dabei aufblühst oder nicht. Ob da Freude in dir ist, während du es tust. Ob du es von ganzem Herzen tust. Ob du liebst, was du tust. Denn dann (und nur dann) fließt deine schönste Haltung mit hinein. Nur dann teilst du deine Fülle, dein Glück, deine Stärke, deine Weisheit, deine Inspiration, deine Stabilität, deine Klarheit, deine Liebe am kraftvollsten mit deiner Mitwelt.

Mache deine Glückserfahrung: Glückserschaffer

Kehre in deinem Notizbuch zu den glücksbringenden Ideen und erfüllenden Herzensprojekten aus der Übung »Bestimmung flechten« (S. 155) zurück. Hier hast du bereits die Fäden in konkrete mögliche Schritte zusammenfließen lassen. Nun bist du noch etwas reicher an Erfahrung. An Erfahrung was es heißt, zu blühen, mutig zu sein, vernetzt zu sein, authentisch zu sein.

Schaue mit diesem vertieften Hintergrund auf deine Möglichkeiten. Welchen Glückserschaffer möchtest du leicht verändern? Welcher neue Glückserschaffer kommt vielleicht hinzu? Es geht um nichts Geringeres als um dein erfülltes Leben. Gib dir Zeit.

Und dann küre deinen nächsten Schritt: Mit welchem dieser Schritte, mit welcher Herzensidee, vertiefst du ab jetzt dein Blühen?

Lade dein Herz ein, voll dabei zu sein.

Ich danke dir sehr, dass du diese Reise mit mir begonnen hast. Und ein ganz großes Anliegen ist es mir, dich zu deinem eigenen Tempo zu ermutigen. Es geht nicht darum, um jeden Preis radikale Veränderungen in deinem Leben vorzunehmen. Manchmal ist es Zeit dafür. Doch selbst dann steht, direkt neben deinem Mut, deine Selbstfürsorge an erster Stelle. Und dein Weg besteht aus nichts anderem als aus vielen kleinen Schritten. Sie können gerannt, getanzt und genauso gut behutsam Stück für Stück gegangen werden.

Das, was wirklich entscheidend ist, ist, dass du deinen Weg liebevoll gehst, dass du dich ganz mitnimmst, bei allem was du tust. Was entscheidend ist, ist, dass du deinem Herzen folgst, das die Fäden bereits zusammenhält. Was wirklich entscheidend ist, ist, *dass* du den nächsten Schritt gehst.

Ich lade dich auf herzlichste Weise ein, in deinem eigenen Tempo deinem Leben die Erlaubnis zu geben, zu erblühen. Ich lade dich ein, deinem Leben die Erlaubnis zu geben, dich zu erfüllen.

Nimmst du die Einladung an?

Danksagung

Dieses Buch ist ein zutiefst vernetztes Werk. Neben den vielen großartigen Forscherinnen und Forschern, die Pionierarbeit zum erfüllten Leben leisten, waren viele weitere Menschen grundlegend daran beteiligt, dass es entstehen konnte.

Aus tiefsten Herzen danke ich:

Carlos Stickel für den schönsten Mutmacher und Lotussamen, der mir je geschenkt wurde, seine jahrelange Social-Media-Kreativität für happyroots.de und seinen technischen Rückhalt. Ohne dich und deine Liebe hätte mich der TRIAS-Verlag niemals kontaktieren können. Für die gemeinsame Entfaltung, für so viel heitere Leichtherzigkeit und verbindende Leitsterne – danke!

Sabine Riedel, Freundin und Herzensschwester, für ihre unverzichtbare Hilfe bei der Auflösung von Kreativblockaden, ihre liebevolle und genaue Korrektur des Manuskripts und ihre kraftgebenden Bestärkungen, wenn ich sie am meisten brauchte.

Meinen großartigen Freundinnen und Freunden, die mich ermutigen, tragen, erden und bestärken und mir immer wieder die schönsten Momente an heiterer Weite und Offenheit schenken. Insbesondere möchte ich Thomas Trost und Lilli Kuhn danken, die auf ihre ganz eigene Weise zu Kernelementen dieses Buches beigetragen haben.

Meinen Eltern und meiner Familie für stabile Wurzeln, liebevolle Unterstützung meines Wachstums, tief verankerte Leitsterne und Offenheit für das, was mich begeistert.

Bettina Snowdon für ihre umsichtige und immer herzliche Lektoratsarbeit.

Celestine Filbrandt für das magische Timing ihrer Anfrage, das Ermöglichen von nachhaltigem Druckpapier und ihre warmherzige, verständnisvolle Begleitung bei der Erstellung dieses Buches.

Roger Keyes, Kunsthistoriker und Experte für die Werke des japanischen Künstlers Hokusai, danke ich von ganzem Herzen für seine Erlaubnis, sein wunderschönes Gedicht »Hokusai says« für dieses Buch zu übersetzen und abdrucken zu dürfen.

Den vier Lehrerinnen und Lehrern aus meiner Schulzeit, ohne die das Buch wohl niemals entstanden wäre: Frau Kiewitz, die meine Begeisterung für das Schreiben von »Büchern« und Geschichten von der ersten Klasse an liebevoll ermutigte und förderte. Herrn Güldenberg, der in herausfordernden Zeiten für mich da war, mich darin bestärkte, Psychologie zu studieren und mir klar sagte, was es dafür noch zu tun gab. Herrn Thiemann, in dessen Pädagogikunterricht ich die Begeisterung für Neurowissenschaften und Glück im Schulkontext entdecken durfte. Frau Balster, die mir auf ihre einzigartige Weise Selbstvertrauen schenkte und meine Liebe zur Sprache wie zum Schreiben vertiefte und festigte.

Den vielen Menschen, die mich persönlich oder durch ihre Werke auf unterschiedlichste Weise inspiriert, angeregt und mir Puzzlesteine an Erkenntnissen geschenkt haben. Mein besonderer Dank gilt Shai Tubali für radikales Empowerment, Thich Nhat Hanh für tiefen Frieden in jedem Wort, Dr. Jon Kabat-Zinn für das wache Anstoßen einer Revolution, Christiana Figueres für den Schlüssel zur Brücke, Prof. Marcel Hunecke für das Zusammenführen von Positiver Psychologie und Nachhaltigkeit, Joanna Macy für praktische Hoffnung für das, was wirklich zählt, Paramananda (Triratna) für Poesie und Rückverbindung mit der Melodie meines Herzens, Tobi Rosswog für sein unerschütterliches Herzenswirken, Sister Chan Khong für das lebendige Vorbild an tatkräftigem Mitgefühl, Lea Hamann für den sanften Weg und John Wigham Akuppa für die Erinnerung an meinen Leitstern.

Service

Literatur

1 Fordyce, M. (2000). Chapter 14, Be Yourself – The Eleventh Fundamental, in *Volume II: The Attainment of Happiness*. Verfügbar unter: https://web.archive.org/web/20070113033801/http://www.gethappy.net:80/freebook.htm

2 Buchanan, K. E., Bardi, A. (2010). Acts of kindness and acts of novelty affect life satisfaction. *The Journal of social psychology*, *150*(3): 235–237

3 Fordyce, M. (2000). Chapter 12, Lower Your Expectations and Aspirations – The Sixth Fundamental, in *Volume II: The Attainment of Happiness*. Verfügbar unter: https://web.archive.org/web/20070113033801/http://www.gethappy.net:80/freebook.htm

4 Diener, E., Lucas, R. E., Scollon, C. N. (2009). Beyond the hedonic treadmill: Revising the adaptation theory of well-being. In *The science of well-being* (103–118). Springer

5 Brickman, P., Coates, D., Janoff-Bulman, R. (1978). Lottery winners and accident victims: Is happiness relative? *Journal of personality and social psychology* 1978; *36* (8): 917

6 Luhmann, M., Hofmann, W., Eid, M., Lucas, R. E. (2012). Subjective well-being and adaptation to life events: a meta-analysis. *Journal of personality and social psychology* 2012; *102*(3): 592

7 Sheldon, K. M., Boehm, J. K., & Lyubomirsky, S. (2012). Variety is the spice of happiness: The hedonic adaptation prevention (HAP) model. *Oxford handbook of happiness* 2012; 901–914;

Mochon, D., Norton, M. I., & Ariely, D. (2008). Getting off the hedonic treadmill, one step at a time: The impact of regular religious practice and exercise on well-being. *Journal of Economic Psychology*, *29*(5): 632–642;

Lyubomirsky, S., Sheldon, K. M., & Schkade, D. (2005). Pursuing happiness: the architecture of sustainable change. *Review of general psychology*, *9*(2), 111

8 Seligman, M. E., Steen, T. A., Park, N., & Peterson, C. (2005). Positive psychology progress: empirical validation of interventions. *American psychologist*, *60*(5), 410

9 Penfield, W. (2015). Mystery of the mind: A critical study of consciousness and the human brain. Princeton University Press

10 Diener, E., Biswas-Diener, R. (2011). *Happiness: Unlocking the mysteries of psychological wealth*. John Wiley & Son

11 Watkins, P. C., McLaughlin, T., & Parker, J. P. (2019). Gratitude and Subjective Well-Being: Cultivating Gratitude for a Harvest of Happiness. In *Scientific Concepts Behind Happiness, Kindness, and Empathy in Contemporary Society* (pp. 20–42). IGI Global;

Chan, D. W. (2010). Gratitude, gratitude intervention, and subjective well-being among Chinese school teachers in Hong Kong. *Educational Psychology, 30*(2), 139–153;

Jackowska, M., Brown, J., Ronaldson, A., & Steptoe, A. (2016). The impact of a brief gratitude intervention on subjective well-being, biology and sleep. *Journal of health psycholog 21*(10): 2207–2217

12 Sheldon, K. M., & Lyubomirsky, S. (2012). The challenge of staying happier: Testing the hedonic adaptation prevention model. *Personality and Social Psychology Bulletin 38*(5): 670–680

13 Lyubomirsky, S. (2010). 11 Hedonic Adaptations to Positive and Negative Experiences. *The Oxford handbook of stress, health, and coping*, 200

14 Wood, A. M., Joseph, S., Maltby, J. (2008). Gratitude uniquely predicts satisfaction with life: Incremental validity above the domains and facets of the five factor model. *Personality and Individual Differences, 45*(1): 49–54;

McCullough, M. E., Emmons, R. A., Tsang, J. A. (2002). The grateful disposition: a conceptual and empirical topography. *Journal of personality and social psychology, 82*(1): 112

15 Ditto, B., Eclache, M., Goldman, N. (2006). Short-term autonomic and cardiovascular effects of mindfulness body scan meditation. *Annals of Behavioral Medicine, 32*(3), 227–234

16 Gellhorn, E. (1970). The emotions and the ergotropic and trophotropic systems. *Psychologische Forschung, 34*(1): 48–66;

Bennett, M. P., Lengacher, C. (2008). Humor and laughter may influence health: III. Laughter and health outcomes. *Evidence-Based Complementary and Alternative Medicine, 5*(1): 37–40

17 Ostir, G. V., Berges, I. M., Markides, K. S., Ottenbacher, K. J. (2006). Hypertension in older adults and the role of positive emotions. *Psychosomatic medicine, 68*(5): 727

18 Steptoe, A., Wardle, J., & Marmot, M. (2005). Positive affect and health-related neuroendocrine, cardiovascular, and inflammatory processes. *Proceedings of the National Academy of Sciences, 102*(18): 6508–6512

19 Diener, E., Chan, M. Y. (2011). Happy people live longer: Subjective well-being contributes to health and longevity. *Applied Psychology: Health and Well-Being, 3* (1): 1–43

20 Rowe, G., Hirsh, J. B., Anderson, A. K. (2007). Positive affect increases the breadth of attentional selection. *Proceedings of the National Academy of Sciences, 104*(1): 383–388

21 Fredrickson, B. L., Branigan, C. (2005). Positive emotions broaden the scope of attention and thought-action repertoires. *Cognition & emotion, 19*(3): 313–332

22 Fredrickson, B. L., & Joiner, T. (2002). Positive emotions trigger upward spirals toward emotional well-being. *Psychological science, 13*(2): 172–175

23 Lundberg, U., Kadefors, R., Melin, B., Palmerud, G., Hassmén, P., Engström, M., Dohns, I. E. Psychophysiological stress and EMG activity of the trapezius muscle. *International journal of behavioral medicine* 1994; *1*(4): 354–370

24 Buchanan, T. W., Al'Absi, M., Lovallo, W. R. (1999). Cortisol fluctuates with increases and decreases in negative affect. *Psychoneuroendocrinology* 1999; *24*(2): 227–241

25 Kubzansky, L. D., Kawachi, I. (2000). Going to the heart of the matter: do negative emotions cause coronary heart disease? *Journal of psychosomatic research*, *48*(4–5), 323–337

26 Gable, P., Harmon-Jones, E. (2010). The blues broaden, but the nasty narrows: Attentional consequences of negative affects low and high in motivational intensity. *Psychological Science*, *21*(2), 211–215

27 Stein, N. L., Leventhal, B., Trabasso, T. R. (2013). The influence of positive and negative affect on cognitive organization: Some implications for development. In *Psychological and biological approaches to emotion* (pp. 93–112). Psychology Press;

Beilock, S. L., DeCaro, M. S. (2007). From poor performance to success under stress: Working memory, strategy selection, and mathematical problem solving under pressure. *Journal of Experimental Psychology: Learning, Memory, and Cognition*, *33*(6), 983

28 Fredrickson, B. L., Mancuso, R. A., Branigan, C., Tugade, M. M. (2000). The undoing effect of positive emotions. *Motivation and emotion*, *24*(4), 237–258

29 Ditto, B., Eclache, M., & Goldman, N. (2006). Short-term autonomic and cardiovascular effects of mindfulness body scan meditation. *Annals of Behavioral Medicine*, *32*(3), 227–234

30 Rosenberg, M. B. (2016). Gewaltfreie Kommunikation: eine Sprache des Lebens. *Junfermann Verlag*

31 Hirshkowitz, M., Whiton, K., Albert, S. M., Alessi, C., Bruni, O., DonCarlos, L., Neubauer, D. N. (2015). National Sleep Foundation's sleep time duration recommendations: methodology and results summary. *Sleep Health*, *1*(1), 40–43

32 Wilson, M. G., Morley, J. (2003). Impaired cognitive function and mental performance in mild dehydration. *European Journal of Clinical Nutrition*, *57*(S 2), S 24

33 Melina, V., Craig, W., Levin, S. (2016). Position of the Academy of Nutrition and Dietetics: vegetarian diets. *Journal of the Academy of Nutrition and Dietetics*, *116* (12), 1970–1980;

Campbell, T. C., Campbell, T. M. (2017). *China Study*. Bad Kötzting: Systemische Medizin

34 Aslanifar, E., Fakhri, M. K., Mirzaian, B., Kafaki, H. B. (2014) The Comparison of Personality Traits and Happiness of Vegetarians and Non-Vegetarians. Proceedings of SOCIOINT 14 *International Conference on Social Sciences and Humanities*, Istanbul, Turkey

35 Pratt, M. (1999). Benefits of lifestyle activity vs. structured exercise. *Jama*, *281*(4), 375–376

36 Diener, E., Seligman, M. E. (2002). Very happy people. *Psychological science, 13*(1), 81–84

37 Collette, J. (1984). Role demands, privacy, and psychological well-being. *International journal of social psychiatry, 30*(3), 222–230;

Himma, K. E. (2007). Separation, Risk, and the Necessity of Privacy to Well-Being: A Comment on Adam Moore's Toward Informational Privacy Rights. *San Diego L. Rev., 44*, 847

38 Luyckx, K., Soenens, B., Berzonsky, M. D., Smits, I., Goossens, L., Vansteenkiste, M. (2007). Information-oriented identity processing, identity consolidation, and well-being: The moderating role of autonomy, self-reflection, and self-rumination. *Personality and Individual Differences, 43*(5), 1099–1111

39 Public Library of Science. (2010, June 16). Experience shapes the brain's circuitry throughout adulthood. *ScienceDaily.* Retrieved January 12, 2019 from www.sciencedaily.com/releases/2010/06/100615191647.htm

40 Klingberg, T. (2009). The overflowing brain: Information overload and the limits of working memory. *Oxford University Press*

41 Ulrich, R. S., Simons, R. F., Losito, B. D., Fiorito, E., Miles, M. A., Zelson, M. (1991). Stress recovery during exposure to natural and urban environments. *Journal of environmental psychology, 11*(3), 201–230

42 Barton, J., Pretty, J. (2010). What is the best dose of nature and green exercise for improving mental health? A multi-study analysis. *Environmental science & technology, 44*(10), 3947–3955

43 Rosenberg, M. B. (2016). Kapitel 5: Verantwortung für unsere Gefühle übernehmen. In: Gewaltfreie Kommunikation: Eine Sprache des Lebens. *Junfermann Verlag*

44 Schweickhardt, A. (2006). Psychosomatische Medizin und Psychotherapie. *Springer*

45 Propach, U. (2008). Diagnose Burnout-Syndrom. Gefährdungspotenzial, Alarmsignale und Symptome. https://www.therapie.de/psyche/info/index/diagnose/burnout/artikel/ (Zuletzt aufgerufen: 14.01.2019);

Voderholzer, U. Frühe Symptome und erste Anzeichen einer Depression. https://www.neurologen-und-psychiater-im-netz.org/psychiatrie-psychosomatik-psychotherapie/stoerungen-erkrankungen/depressionen/fruehsymptome/ (Zuletzt aufgerufen: 14.01.2019)

46 Duhigg, C. (2012). Die Macht der Gewohnheit: Warum wir tun, was wir tun. *ebook Berlin Verlag*

47 Dunn, E. W., Gilbert, D. T., Wilson, T. D. (2011). If money doesn't make you happy, then you probably aren't spending it right. *Journal of Consumer Psychology, 21* (2), 115–125

48 Dunn, E. W., Aknin, L. B., Norton, M. I. (2008). Spending money on others promotes happiness. *Science, 319*(5870), 1687–1688

49 Van Boven, L. (2005). Experientialism, materialism, and the pursuit of happiness. *Review of general psychology, 9*(2), 132

50 Perschau, A., Greenpeace (2017). Usage & Attitude »Selbstreflexion Modekonsum« Ergebnisbericht. https://www.greenpeace.de/sites/www.greenpeace.de/files/publications/20170309_greenpeace_nuggets_umfrage_selbstreflektion_mode.pdf (Zuletzt aufgerufen: 14.01.2019)

51 Spitzer, M. (2005). Vorsicht Bildschirm!: Elektronische Medien, Gehirnentwicklung, Gesundheit und Gesellschaft. *Klett Verlag*

52 Cajochen, C., Frey, S., Anders, D., Späti, J., Bues, M., Pross, A., Stefani, O. (2011). Evening exposure to a light-emitting diodes (LED)-backlit computer screen affects circadian physiology and cognitive performance. *Journal of Applied Physiology, 110* (5), 1432–1438

53 Robinson, J. P., Martin, S. (2008). What do happy people do? *Social Indicators Research*, *89*(3), 565–571

54 Booth, F. (2013). The distraction trap: How to focus in a digital world. *Pearson UK*

55 Heller, A. S., van Reekum, C. M., Schaefer, S. M., Lapate, R. C., Radler, B. T., Ryff, C. D., Davidson, R. J. (2013). Sustained striatal activity predicts eudaimonic well-being and cortisol output. *Psychological Science*, *24*(11), 2191–2200

56 Hanson, R. (2016). Hardwiring happiness: The new brain science of contentment, calm, and confidence. *Rider*

57 Lyubomirsky, S. (2018). Glücklich sein: Warum Sie es in der Hand haben, zufrieden zu leben. *Campus Verlag*

58 Watkins, P. C., Cruz, L., Holben, H., Kolts, R. L. (2008). Taking care of business? Grateful processing of unpleasant memories. *The Journal of Positive Psychology, 3* (2), 87–99

59 Lyubomirsky, S. (2018). Glücklich sein: Warum Sie es in der Hand haben, zufrieden zu leben. *Campus Verlag;*

Abbe, A., Tkach, C., Lyubomirsky, S. (2003). The art of living by dispositionally happy people. *Journal of Happiness Studies*, *4*(4), 385–404;

Fordyce, M. (2000). Chapter 8, Stop Worrying – The Fifth Fundamental, in *Volume II: The Attainment of Happiness*. Verfügbar unter: https://web.archive.org/web/20070113033801/http://www.gethappy.net:80/freebook.htm

60 McGonigal, K. (2013). How to Make Stress Your Friend. *TedTalks*. Online Video: https://www.ted.com/talks/kelly_mcgonigal_how_to_make_stress_your_friend (Zuletzt aufgerufen: 14.01.2019)

61 McGonigal, K. (2013). How to Make Stress Your Friend. *TedTalks*. Online Video: https://www.ted.com/talks/kelly_mcgonigal_how_to_make_stress_your_friend (Zuletzt aufgerufen: 14.01.2019)

62 Katie, B. (2009). Wer wäre ich ohne mein Drama? Konfliktlösungen mit »The work«. *Goldmann-Verlag*

63 Kabat-Zinn, J. (2016). Mindfulness Dissolves Thoughts — Attention Is What's Left Over, with Jon Kabat-Zinn. https://www.youtube.com/watch?v=LvLRheIPY90 (Zuletzt aufgerufen: 14.01.2019)

64 Fordyce, M. (2000). Chapter 12, Develop a Healthy Personality – The Ninth Fundamental, in *Volume II: The Attainment of Happiness*. Verfügbar unter: https://web.archive.org/web/20070113033801/http://www.gethappy.net:80/freebook.htm

65 Br. Phap Dung (2017). *Heal the Wounds and Transform Our Habits*, Wake Up Earth Retreat, Plum Village. https://www.youtube.com/watch?v=Ek3xkieaZg0 (Zuletzt aufgerufen: 15.01.2019)

66 Fordyce, M. (2000). Chapter 15, Eliminate Negative Emotions – The Twelfth Fundamental, in *Volume II: The Attainment of Happiness*. Verfügbar unter: https://web.archive.org/web/20070113033801/http://www.gethappy.net:80/freebook.htm

67 Neff, K. D. (2016). Self-compassion. Embracing Suffering with Kindness. *Mindfulness in Positive Psychology: The Science of Meditation and Wellbeing*, 37

68 Kabat-Zinn, J., Wheeler, E., Light, T., Skillings, A., Scharf, M. J., Cropley, T. G., Bernhard, J. D. (1998). Influence of a mindfulness meditation-based stress reduction intervention on rates of skin clearing in patients with moderate to severe psoriasis undergoing photo therapy (UVB) and photochemotherapy (PUVA). *Psychosomatic medicine*, *60*(5), 625–632

69 Hölzel, B. K., Carmody, J., Evans, K. C., Hoge, E. A., Dusek, J. A., Morgan, L., Lazar, S. W. (2009). Stress reduction correlates with structural changes in the amygdala. *Social cognitive and affective neuroscience*, *5*(1), 11–17

70 Van Dam, N. T., Sheppard, S. C., Forsyth, J. P., Earleywine, M. (2011). Self-compassion is a better predictor than mindfulness of symptom severity and quality of life in mixed anxiety and depression. *Journal of anxiety disorders*, *25*(1), 123–130

71 Xu, W., Oei, T. P., Liu, X., Wang, X., Ding, C. (2016). The moderating and mediating roles of self-acceptance and tolerance to others in the relationship between mindfulness and subjective well-being. *Journal of health psychology*, *21*(7), 1446–1456

72 SRF (2016). Jon Kabat-Zinn: Achtsamkeit – Die neue Glücksformel? Schweizer Rundfunk. https://www.srf.ch/sendungen/sternstunde-philosophie/jon-kabat-zinn-achtsamkeit-die-neue-gluecksformel (Zuletzt abgerufen: 15.01.2019)

73 Neff, K. D. (2016). Self-compassion. Embracing Suffering with Kindness. *Mindfulness in Positive Psychology: The Science of Meditation and Wellbeing*, 37

74 Fordyce, M. (2000). Chapter 17, VALHAP The Secret Fundamental – The Fourteenth Fundamental, in *Volume II: The Attainment of Happiness*. Verfügbar unter: https://web.archive.org/web/20070113033801/http://www.gethappy.net:80/freebook.htm

75 Layous, K., Nelson, S. K., Oberle, E., Schonert-Reichl, K. A., Lyubomirsky, S. (2012). Kindness counts: Prompting prosocial behavior in preadolescents boosts peer acceptance and well-being. *PloS one*, *7*(12), e51380;

Buchanan, K. E., & Bardi, A. (2010). Acts of kindness and acts of novelty affect life satisfaction. *The Journal of social psychology*, *150*(3), 235–237

76 Neff, K., & Germer, C. (2017). Self-Compassion and Psychological Well-being. *The Oxford Handbook of Compassion Science*, 371

77 Hari, J. (2015). Everything you think you know about addiction is wrong. *TedTalks.* Online-Video https://www.ted.com/talks/johann_hari_everything_you_think_you_know_about_addiction_is_wrong#t-202527 (Zuletzt aufgerufen: 15.01.2019)

78 Jung, S. C., Martinez-Medina, A., Lopez-Raez, J. A., Pozo, M. J. (2012). Mycorrhiza-induced resistance and priming of plant defenses. *Journal of chemical ecology, 38* (6), 651–664;

Wohlleben, P. (2015). Das geheime Leben der Bäume. Was sie fühlen, wie sie kommunizieren – die Entdeckung einer verborgenen Welt, *Ludwig Verlag*

79 Beiler, K. J., Durall, D. M., Simard, S. W., Maxwell, S. A., Kretzer, A. M. (2010). Architecture of the wood-wide web: Rhizopogon spp. genets link multiple Douglas-fir cohorts. *New Phytologist*, *185*(2), 543–553

80 Diener, E., & Seligman, M. E. (2002). Very happy people. Psychological science, 13 (1), 81–84

81 Vaillant, G. E. (2012). Triumphs of experience. *Harvard University Press.*

82 Nicpon, M. F., Huser, L., Blanks, E. H., Sollenberger, S., Befort, C., Kurpius, S. E. R. (2006). The relationship of loneliness and social support with college freshmen's academic performance and persistence. *Journal of College Student Retention: Research, Theory & Practice*, *8*(3), 345–358

83 Lomi, A., Snijders, T. A., Steglich, C. E., Torló, V. J. (2011). Why are some more peer than others? Evidence from a longitudinal study of social networks and individual academic performance. *Social Science Research*, *40*(6), 1506–1520

84 Christakis, N. A., Fowler, J. H. (2008). The collective dynamics of smoking in a large social network. *New England journal of medicine*, *358*(21), 2249–2258

85 Christakis, N. A., Fowler, J. H. (2007). The spread of obesity in a large social network over 32 years. *New England journal of medicine*, *357*(4), 370–379

86 Fowler, J. H., Christakis, N. A. (2008). Dynamic spread of happiness in a large social network: longitudinal analysis over 20 years in the Framingham Heart Study. *Bmj*, *337*, a2338

87 Burkus, D. (2018). Friend of a Friend ...: Understanding the Hidden Networks that Can Transform Your Life and Your Career. *Houghton Mifflin Harcourt*

88 Ito, T. A., Larsen, J. T., Smith, N. K., Cacioppo, J. T. (1998). Negative information weighs more heavily on the brain: the negativity bias in evaluative categorizations. *Journal of personality and social psychology*, *75*(4), 887

89 Lyubomirsky, S., King, L., Diener, E. (2005). The benefits of frequent positive affect: Does happiness lead to success? *Psychological bulletin*, *131*(6), 803

90 Govindji, R., Linley, P. A. (2007). Strengths use, self-concordance and well-being: Implications for strengths coaching and coaching psychologists. *International Coaching Psychology Review*, *2*(2), 143–153

91 Proctor, C., Tsukayama, E., Wood, A. M., Maltby, J., Eades, J. F., Linley, P. A. (2011). Strengths gym: The impact of a character strengths-based intervention on the life satisfaction and well-being of adolescents. *The Journal of Positive Psychology*, 6(5), 377–388

92 Fordyce, M. (2000). Chapter 14, Be Yourself – The Eleventh Fundamental, in *Volume II: The Attainment of Happiness*. Verfügbar unter: https://web.archive.org/web/20070113033801/http://www.gethappy.net:80/freebook.htm;

Fordyce, M. (2000). Chapter 12, Develop a Healthy Personality – The Ninth Fundamental, in Volume II: The Attainment of Happiness. Verfügbar unter: https://web.archive.org/web/20070113033801/http://www.gethappy.net:80/freebook.htm

93 Reeve, S., Breiner, J. (2009). How to Love Yourself Worksheet. Self-Esteem-Experts.com. http://www.self-esteem-experts.com/support-files/howtoloveyourself-worksheet.pdf (Zuletzt aufgerufen: 15.01.2019)

94 Champagne, F. A. (2010). Early adversity and developmental outcomes: Interaction between genetics, epigenetics, and social experiences across the life span. *Perspectives on Psychological Science*, 5(5), 564–574

95 Neff, K. D. (2016). Self-compassion. Embracing Suffering with Kindness. *Mindfulness in Positive Psychology: The Science of Meditation and Wellbeing*, 37

96 Neff, K. D. (2011). Self-compassion, self-esteem, and well-being. *Social and personality psychology compass*, *5*(1), 1–12;

Ryff, C. D., Keyes, C. L. M. (1995). The structure of psychological well-being revisited. *Journal of personality and social psychology*, *69*(4), 719;

Garcia, D., Al Nima, A., Kjell, O. N. (2014). The affective profiles, psychological well-being, and harmony: environmental mastery and self-acceptance predict the sense of a harmonious life. *PeerJ*, *2*, e259

97 Neff, K. D. (2011). Self-compassion, self-esteem, and well-being. *Social and personality psychology compass*, *5*(1), 1–12

98 James, J. E. (1998). Acute and chronic effects of caffeine on performance, mood, headache, and sleep. *Neuropsychobiology*, *38*(1): 32–41

99 Fordyce, M. (2000). Chapter 6, Be Productive in Meaningful Work – The Third Fundamental, in *Volume II: The Attainment of Happiness*. Verfügbar unter: https://web.archive.org/web/20070113033801/http://www.gethappy.net:80/freebook.htm;

Fordyce, M. (2000). Chapter 4, Be Active and Keep Busy – The First Fundamental, in *Volume II: The Attainment of Happiness*. Verfügbar unter: https://web.archive.org/web/20070113033801/http://www.gethappy.net:80/freebook.htm

100 Gill, A., Womack, R., & Safranek, S. (2010). Does exercise alleviate symptoms of depression? *Clinical Inquiries, 2010 (MU)*

101 Lautenschlager, N. T., Cox, K. L., Flicker, L., Foster, J. K., van Bockxmeer, F. M., Xiao, J., Almeida, O. P. (2008). Effect of physical activity on cognitive function in older adults at risk for Alzheimer disease. *JAMA: the journal of the American Medical Association*, *300*, 1027–1037

102 Gschwandtner, A., Jewell, S. L., Kambhampati, U. S. (2016). On the Relationship between Lifestyle and Happiness in the UK (No. 1613). *School of Economics Discussion Papers*

103 Hillman, C. H., Erickson, K. I., Kramer, A. F. (2008). Be smart, exercise your heart: exercise effects on brain and cognition. *Nature reviews neuroscience*, 9(1), 58

104 Luders, E., Kurth, F., Toga, A. W., Narr, K. L., Gaser, C. (2013). Meditation effects within the hippocampal complex revealed by voxel-based morphometry and cytoarchitectonic probabilistic mapping. *Frontiers in Psychology*, *4*, 398

105 Hoge, E. A., Chen, M. M., Orr, E., Metcalf, C. A., Fischer, L. E., Pollack, M. H., Simon, N. M. (2013). Loving-Kindness Meditation practice associated with longer telomeres in women. *Brain, Behavior, and Immunity*, *32*, 159–163

106 SRF (2016). Jon Kabat-Zinn: Achtsamkeit – Die neue Glücksformel? Schweizer Rundfunk. https://www.srf.ch/sendungen/sternstunde-philosophie/jon-kabat-zinn-achtsamkeit-die-neue-gluecksformel(Zuletzt abgerufen: 15.01.2019)

107 McMartin, S. E., Jacka, F. N., Colman, I. (2013) The association between fruit and vegetable consumption and mental health disorders: evidence from five waves of a national survey of Canadians, *Preventive Medicine, vol. 56, no. 3*, 225–230

108 Beezhold, B. L., Johnston, C. S., Daigle, D. R. (2010). Vegetarian diets are associated with healthy mood states: a cross-sectional study in Seventh Day Adventist adults. *Nutrition journal*, *9*(1), 26

109 Beezhold, B. L., Johnston, C. S. (2012). Restriction of meat, fish, and poultry in omnivores improves mood: a pilot randomized controlled trial. *Nutrition journal, 11* (1), 9

110 Greger, M., Stone, G. (2016). How not to die: Discover the foods scientifically proven to prevent and reverse disease. *Pan Macmillan*

111 Ahmed, S. H., Guillem, K., & Vandaele, Y. (2013). Sugar addiction: pushing the drug-sugar analogy to the limit. *Current Opinion in Clinical Nutrition & Metabolic Care*, *16*(4), 434–439

112 Li, Q., Morimoto, K., Kobayashi, M., Inagaki, H., Katsumata, M., Hirata, Y., Kawada, T. (2008). A forest bathing trip increases human natural killer activity and expression of anti-cancer proteins in female subjects. *J Biol Regul Homeost Agents*, *22*(1), 45–55

113 Leong, L. Y. C., Fischer, R., McClure, J. (2014). Are nature lovers more innovative? The relationship between connectedness with nature and cognitive styles. *Journal of Environmental Psychology*, *40*, 57–63

114 Bratman, G. N., Daily, G. C., Levy, B. J., Gross, J. J. (2015). The benefits of nature experience: Improved affect and cognition. *Landscape and Urban Planning*, *138*, 41–50

115 Marcinkowski, N. (2016). Back to the roots: Wie Zeit in der Natur dich sofort glücklicher, gesünder & hilfsbereiter macht. *Happyroots*. https://happyroots.de/natur-waldspaziergang/ (Zuletzt aufgerufen: 16.01.2019)

116 Barton, J., & Pretty, J. (2010). What is the best dose of nature and green exercise for improving mental health? A multi-study analysis. *Environmental science & technology, 44(10)*, 3947–3955

117 Birkenbihl V. F. (2019). Finde deinen Fix-Stern: Die eigenen Lebensziele erkennen und erreichen. *mvg-verlag*

118 Alberts, H. (2016). 100th Tool in the Positive Psychology Practicioner's Toolkit. Positive Psychology Program. https://positivepsychologyprogram.com/sailboat-metaphor/ (Zuletzt aufgerufen: 15.01.2019)

119 Frankl, V. (2017). Wer ein Warum zu leben hat, erträgt fast jedes Wie. *Beltz Verlag*

120 Längle, A. (2007). Sinnvoll leben. Eine praktische Anleitung der Logotherapie. *Residenz Verlag*

121 Frankl, V. (2017). Wer ein Warum zu leben hat, erträgt fast jedes Wie. Beltz Verlag

122 Waterman, A. S. (2013). The best within us: Positive psychology perspectives on eudaimonia. *American Psychological Association*;

Keyes, C. L., & Haidt, J. E. (2003). Flourishing: Positive psychology and the life well-lived. *American Psychological Association*;

Ryan, R. M., Deci, E. L. (2001). On happiness and human potentials: A review of research on hedonic and eudaimonic well-being. *Annual review of psychology, 52* (1), 141–166;

Linley, P. A., Joseph, S. (2011). Meaning in life and posttraumatic growth. *Journal of Loss and Trauma*, *16*(2), 150–159

123 Fordyce, M. (2000). Chapter 6, Be Productive in Meaningful Work – The Third Fundamental, in Volume II: The Attainment of Happiness. Verfügbar unter: https://web.archive.org/web/20070113033801/http://www.gethappy.net:80/freebook.htm

124 Henderson, L. W., Knight, T. (2012). Integrating the hedonic and eudaimonic perspectives to more comprehensively understand wellbeing and pathways to well-being. *International Journal of Wellbeing*, *2*, 196–221;

Huta, V., Ryan, R. M. (2010). Pursuing pleasure or virtue: The differential and overlapping well-being benefits of hedonic and eudaimonic motives. *Journal of Happiness Studies*, *11*, 735–762

125 Kasser, T., Rosenblum, K. L., Sameroff, A. J., Deci, E. L., Niemiec, C. P., Ryan, R. M., Hawks, S. (2014). Changes in materialism, changes in psychological well-being: Evidence from three longitudinal studies and an intervention experiment. *Motivation and Emotion*, *38*(1), 1–22

126 Kasser, T. (2018). Materialism and living well. Handbook of well-being. Salt Lake City, UT: *DEF Publishers*. nobascholar. com

127 Lyubomirsky, S., King, L., & Diener, E. (2005). The benefits of frequent positive affect: Does happiness lead to success? *Psychological bulletin*, *131*(6), 803;

Achor, S. (2011). The happiness advantage: The seven prinicples of positive psychology that fuel sucess and performance at work. Random House.

128 Fordyce, M. (2000). Chapter 12, Lower Your Expectations and Aspirations – The Sixth Fundamental, in *Volume II: The Attainment of Happiness*. Verfügbar unter: https://web.archive.org/web/20070113033801/http://www.gethappy.net:80/freebook.htm

129 Kasser, T., Rosenblum, K. L., Sameroff, A. J., Deci, E. L., Niemiec, C. P., Ryan, R. M., ... & Hawks, S. (2014). Changes in materialism, changes in psychological well-being: Evidence from three longitudinal studies and an intervention experiment. *Motivation and Emotion, 38*(1), 1–22

130 Barolli, L., Koyama, A., Durresi, A., & De Marco, G. (2006). A web-based e-learning system for increasing study efficiency by stimulating learner's motivation. *Information Systems Frontiers, 8*(4), 297–306

131 Govindji, R., & Linley, P. A. (2007). Strengths use, self-concordance and well-being: Implications for strengths coaching and coaching psychologists. *International Coaching Psychology Review, 2(2)*, 143–153

132 Baird, B., Smallwood, J., Mrazek, M. D., Kam, J. W., Franklin, M. S., Schooler, J. W. (2012). Inspired by distraction: mind wandering facilitates creative incubation. *Psychological science, 23*(10), 1117–1122

133 Amabile, T. M. (1997). Motivating creativity in organizations: On doing what you love and loving what you do. *California management review, 40*(1), 39–58

134 Louis, G. M. B., Lum, K. J., Sundaram, R., Chen, Z., Kim, S., Lynch, C. D., Pyper, C. (2011). Stress reduces conception probabilities across the fertile window: evidence in support of relaxation. *Fertility and sterility, 95*(7), 2184–2189

135 HeartMath Institute (2017). Chapter 6: Energetic Communication. In: Science of the Heart – Exploring the Role of the Heart in Human Performance: An Overview of Research Conducted by the HeartMath Institute.https://www.heartmath.org/research/science-of-the-heart/energetic-communication/ (Zuletzt aufgerufen: 15.01.2019)

136 Damen, F., Van Knippenberg, D., Van Knippenberg, B. (2008). Leader affective displays and attributions of charisma: The role of arousal. *Journal of Applied Social Psychology, 38*(10), 2594–2614

137 Frankl, V. (2017). Wer ein Warum zu leben hat erträgt fast jedes Wie. *Beltz Verlag*; Gabriele, R. (2008). Orientations to happiness: Do they make a difference in a student's educational life?. American Secondary Education, 88–101

138 Rose, C. (2015). Charlie Rose Talks to Alibabas Jack Ma. *Blomberg Businessweek.* https://www.bloomberg.com/news/articles/2015–01–29/alibaba-s-jack-ma-on-early-obstacles-his-ambitions (Zuletzt aufgerufen: 15.01.2019)

139 Priebe, A. (2018). Alibaba vs. Amazon: So mächtig ist das chinesische Onlinehandel-Imperium. *Onlinemarketing.de.* https://onlinemarketing.de/news/alibaba-vs-amazon-infografik-online-handel (Zuletzt aufgerufen: 15.01.2019)

140 Ignatius, A. (2009*). The 2009 TIME 100: Jack Ma*. Time. http://content.time.com/time/specials/packages/article/0,28804,1894410_1893837_1894188,00.html (Zuletzt aufgerufen: 15.01.2019)

141 Job, V., Dweck, C. S., Walton, G. M. (2010). Ego depletion – Is it all in your head? Implicit theories about willpower affect self-regulation. *Psychological science, 21* (11), 1686–1693

142 Job, V., Walton, G. M., Bernecker, K., Dweck, C. S. (2015). Implicit theories about willpower predict self-regulation and grades in everyday life. *Journal of Personality and Social Psychology, 108*(4), 637

143 Bernecker, K., Herrmann, M., Brandstätter, V., Job, V. (2017). Implicit theories about willpower predict subjective well-being. *Journal of personality, 85*(2), 136–150

144 Draganski, B., Gaser, C., Busch, V., Schuierer, G., Bogdahn, U., May, A. (2004). Neuroplasticity: changes in grey matter induced by training. *Nature, 427*(6972), 311

145 Eriksson, P. S., Perfilieva, E., Björk-Eriksson, T., Alborn, A. M., Nordborg, C., Peterson, D. A., Gage, F. H. (1998). Neurogenesis in the adult human hippocampus. *Nature medicine, 4*(11), 1313

146 Dweck, C. (2014). The power of believing that you can improve. *TedTalks*. https://www.ted.com/talks/carol_dweck_the_power_of_believing_that_you_can_improve (Zuletzt aufgerufen: 16.01.2019)

147 Ho, Z. (2014). If you're still poor at 35, you deserve it! *Vulcan Post*. https://vulcanpost.com/7702/jack-ma-youre-still-poor-35-deserve/ (Zuletzt aufgerufen: 16.01.2019)

148 Rosenberg, M. B. (2016). Kapitel 9: Einen einfühlsamen Kontakt mit uns selbst aufbauen. In: Gewaltfreie Kommunikation: Eine Sprache des Lebens. *Junfermann Verlag*

149 Inzlicht, M., Schmeichel, B. J., Macrae, C. N. (2014). Why self-control seems (but may not be) limited. *Trends in cognitive sciences, 18*(3), 127–133

150 Fordyce, M. (2000). Chapter 14, Be Yourself – The Eleventh Fundamental, in *Volume II: The Attainment of Happiness*. Verfügbar unter: https://web.archive.org/web/20070113033801/http://www.gethappy.net:80/freebook.htm

151 Fordyce, M. (2000). Chapter 13, Develop an Outgoing Personality – The Tenth Fundamental, in *Volume II: The Attainment of Happiness*. Verfügbar unter: https://web.archive.org/web/20070113033801/http://www.gethappy.net:80/freebook.htm

152 Fordyce, M. (2000). Chapter 14, Be Yourself – The Eleventh Fundamental, in *Volume II: The Attainment of Happiness*. Verfügbar unter: https://web.archive.org/web/20070113033801/http://www.gethappy.net:80/freebook.htm

153 Tversky, A., Kahneman, D. (1986). Rational choice and the framing of decisions. *Journal of business*, S 251–S 278

154 HeartMath Institute (2017). Chapter 1: Heart–Brain Communication. In: Science of the Heart – Exploring the Role of the Heart in Human Performance: An Overview of Research Conducted by the HeartMath Institutehttps://www.heartmath.

org/research/science-of-the-heart/heart-brain-communication/ (Zuletzt aufgerufen: 15.01.2019)

155 Coelho, P. (2013). Der Alchimist. *Diogenes Verlag*

156 Fordyce, M. (2000). Chapter 12, Lower Your Expectations and Aspirations – The Sixth Fundamental, in *Volume II: The Attainment of Happiness*. Verfügbar unter: https://web.archive.org/web/20070113033801/http://www.gethappy.net:80/freebook.htm

157 Wiseman, R. (2004). The luck factor. *Random House Verlag*

158 Rachman, S. J. (2004). Fear and courage: A psychological perspective. *Social Research*, 149–176

159 Deacon, B. J., Abramowitz, J. S. (2004). Cognitive and behavioral treatments for anxiety disorders: A review of meta-analytic findings. *Journal of clinical psychology, 60*(4), 429–441

160 Bandura, A., Adams, N. E. (1977). Analysis of self-efficacy theory of behavioral change. *Cognitive therapy and research*, *1*(4), 287–310

161 Otake, K., Shimai, S., Tanaka-Matsumi, J., Otsui, K., Fredrickson, B. L. (2006). Happy people become happier through kindness: A counting kindnesses intervention. *Journal of happiness studies*, *7*(3), 361–375

162 Dunn, E. W., Aknin, L. B., Norton, M. I. (2008). Spending money on others promotes happiness. *Sciene*, 319(5870: 1687–1688

163 Dunn, E. W., Gilbert, D. T., & Wilson, T. D. (2011). If money doesn't make you happy, then you probably aren't spending it right. *Journal of Consumer Psychology, 21*(2), 115–125

164 Alden, L. E., Trew, J. L. (2013). If it makes you happy: Engaging in kind acts increases positive affect in socially anxious individuals. *Emotion*, *13*(1), 64

165 Otake, K., Shimai, S., Tanaka-Matsumi, J., Otsui, K., & Fredrickson, B. L. (2006). Happy people become happier through kindness: A counting kindnesses intervention. *Journal of happiness studies,* 7(3), 361–375

166 Warneken, F., Tomasello, M. (2009). The roots of human altruism. *British Journal of Psychology*, *100*(3), 455–471

167 Warneken, F., Tomasello, M. (2015). The Developmental and Evolutionary Origins of Human Helping and Sharing. *The Oxford handbook of prosocial behavior*, 100

168 Eisenberg, N., Wolchik, S. A., Goldberg, L., Engel, I. (1992). Parental values, reinforcement, and young children's prosocial behavior: A longitudinal study. *The Journal of Genetic Psychology*, *153*(1), 19–36

169 Eisenberg, N., Spinrad, T. L., Knafo-Noam, A. (2015). Prosocial development. *Handbook of child psychology and developmental science*, 1–47

170 Schnall, S., Roper, J., Fessler, D. M. (2010). Elevation leads to altruistic behavior. *Psychological science*, *21*(3), 315–320

171 Erickson, T. M., Abelson, J. L. (2012). Even the downhearted may be uplifted: Moral elevation in the daily life of clinically depressed and anxious adults. *Journal of Social and Clinical Psychology*, *31*(7), 707–728

172 Weinstein, N., Ryan, R. M. (2010). When helping helps: Autonomous motivation for prosocial behavior and its influence on well-being for the helper and recipient. *Journal of personality and social psychology*, *98*(2), 222

173 Marcinkowski, N. (2016). In drei Schritten die Welt retten – Was ich in einer flammenden Rede von Christiana Figueres lernte. *Happyroots* https://happyroots.de/welt-retten-christiana-figueres/ (Zuletzt aufgerufen: 16.01.2019)

174 Kirchner, M. (2018) Interview mit Charles Eisenstein: Verliebe dich in diese Erde, entfalte dich und beschenke die Welt! *Pioneers of Change*. https://pioneersofchange-summit.org/speaker/charles-eisenstein-n3y1/ (Zuletzt aufgerufen: 16.01.2019)

175 Leary, M. R., Baumeister, R. F. (2017). The need to belong: Desire for interpersonal attachments as a fundamental human motivation. In *Interpersonal Development* (57–89). Routledge;

Koltko-Rivera, M. E. (2006). Rediscovering the later version of Maslow's hierarchy of needs: Self-transcendence and opportunities for theory, research, and unification. *Review of general psychology*, *10*(4), 302

176 Nhat Hanh, T. (2009). Die Welt ins Herz schließen: Buddhistische Wege zu Ökologie und Frieden. *Kamphausen Verlag*

177 Merton, R. K., Barber, E. (2011). The travels and adventures of serendipity: A study in sociological semantics and the sociology of science. *Princeton University Press*

178 Roberts, R. M. (1989). Serendipity: Accidental discoveries in science. Serendipity: Accidental Discoveries in Science, by Royston M. Roberts, 288. *Wiley-VCH*

179 Peck, M. S. (2002). The road less traveled: A new psychology of love, traditional values, and spiritual growth. *Simon and Schuster*

180 Macy, J. (2011). Die Reise ins lebendige Leben: Strategien zum Aufbau einer zukunftsfähigen Welt. Ein Handbuch. *Junfermann Verlag*

181 Hunecke, M. (2013). Psychologie der Nachhaltigkeit: Psychische Ressourcen für Postwachstumsgesellschaften. *oekom Verlag*

182 Schnall, S., Roper, J., & Fessler, D. M. (2010). Elevation leads to altruistic behavior. *Psychological science*, *21*(3), 315–320

183 Weinstein, N., & Ryan, R. M. (2010). When helping helps: Autonomous motivation for prosocial behavior and its influence on well-being for the helper and recipient. *Journal of personality and social psychology*, *98*(2), 222

184 Gross, J. J. (1998). Antecedent- and response-focused emotion regulation: divergent consequences for experience, expression, and physiology. *Journal of personality and social psychology*, *74*(1), 224

185 John, O. P., Gross, J. J. (2004). Healthy and unhealthy emotion regulation: Personality processes, individual differences, and life span development. *Journal of personality*, *72*(6), 1301–1334

186 de Groot, J. H., Smeets, M. A., Kaldewaij, A., Duijndam, M. J., Semin, G. R. (2012). Chemosignals communicate human emotions. *Psychological science*, *23*(11), 1417–1424

187 Burleson, K. O., Schwartz, G. E. (2005). Cardiac torsion and electromagnetic fields: the cardiac bioinformation hypothesis. *Medical hypotheses*, *64*(6), 1109–1116

188 McCraty, R., Atkinson, M., Tomasino, D., Bradley, R. T. (2009). The Coherent Heart Heart–Brain Interactions, Psychophysiological Coherence, and the Emergence of System-Wide Order. *Integral Review: A Transdisciplinary & Transcultural Journal for New Thought, Research, & Praxis*, *5*(2)

189 HeartMath Institute (2017). Chapter 6: Energetic Communication. In: Science of the Heart – Exploring the Role of the Heart in Human Performance: An Overview of Research Conducted by the HeartMath Institute. https://www.heartmath.org/research/science-of-the-heart/energetic-communication/ (Zuletzt aufgerufen: 15.01.2019)

190 Roger Keyes: Hokusai says. Im englischen Original auf www.youtube.com/watch?v=I-_6K56uz-k

Sachverzeichnis